U0035388

裴毅然——著

紅色史褶裡的真相（三）

文革紅血・遺老紅態

自序

1978年，美國詩人保羅・安格爾（1908～1991）攜妻聶華苓抵華，尋訪大陸文學名家，痛感他們親歷的文革苦難，安格爾寫下小詩〈文化革命〉——

我拾起一塊石頭

我聽見一個聲音在裡面吼：

「不要惹我，我到這裡來躲一躲。」[1]

小詩打動無數文革親歷者，也向海外精緻傳遞文革酷烈。不過，小詩只能借形象表達最濃縮的感受，真正的文革細節估計連聽者也會躲入石頭。

本集進入赤潮頂點——文化大革命。毛共自詡文革「史無前例」、「深遠影響」。十年地獄，漫漫長夜，述往思後，真正千萬不要忘記！二十世紀全球兩大巨災——馬列赤潮、德國納粹。無論時間跨度、災難深度，馬列赤潮均在納粹之上。而全球赤災，中國尤烈，「學費」最巨。

文革乃毛共代表作。赫魯雪夫（1894～1971）都指說——

毛已經墮落到了聞所未聞的地步。想想看，他竟會任命自己的妻子來負責「文化革命」！……所以「文化革命」根本不是什麼革命，而是一場矛頭指向中國人民和中國黨的反革命。[2]

1968年內蒙旗縣以下群眾專政對「黑五類」[3]的用刑：「冷靜思

---

1 （美）保羅·安格爾：《中國印象》，荒蕪譯，福建人民出版社1981年版，頁45。

2 赫魯雪夫：《最後的遺言—赫魯雪夫回憶錄續集》，上海國際問題研究所、上海市政協編譯組譯，東方出版社（北京）1988年版，頁431。

3 黑五類：地主、富農、反革命、壞分子、右派，合稱「地富反壞右」。文革增至「黑八類」，加上資本家、黑幫（走資派）、叛徒（特務），考」（雪中受凍）、「熱情幫助」（爐上熱烤）、「驢拉磨」（騎身繞屋爬行）、「蕩秋千」（吊打）、「拉大鋸」（用繩拉通女性陰部與肛門）；「爬肉條」（燒紅爐鉤撓人）、「烙油餅」（燒紅爐蓋按人身）、「金鉤釣魚」（鼻上穿孔）、「擰麻花」（吊臂旋轉抽打）、「戴拉束」（重物掛脖）、「掛火爐」（火爐吊脖）、鐵鉗拔牙、撕耳朵、燒紅通條插入肛門、頭顱穿洞、老虎凳、跪鍘刀……號曰26刑、72法。另有「焊人」（揉鹽入傷口，再用燒紅烙鐵壓燙）、陰道內放鞭炮、強迫回民吃豬肉、強迫回女嫁漢人、強迫母子公媳當眾性交、裸體遊鄉（女的牽著拴繫男人陽具的繩子邊扭邊唱〈北京有個金太陽〉）。[4]

文革後，前新華社副社長李普（1918～2010）——

文革十年是一場邪教大騷亂。[5]

就像老毛希望史書永遠抹去大饑荒，鄧小平、胡喬木出於「階級本能」，文革剛結束就意識到必須「淡化」。巴金等名士耳邊常被絮叨「忘記，忘記！」。[6]「種桃道士」很清楚反思會駛往什麼車站——整體質疑中共革命。奈何無產階級專政弓弦已弛，「五〇後」以降陸民已不可能再像父輩「聽毛主席話，跟共產黨走」。畢竟，中共並非中國，愛國不等於愛黨，更不等於必須忠於中共的政治利益。

1996年5月，作家馮驥才（1942～ ）採訪幾十名1976年後出生的青少年。他們對文革的印象完全碎片化，一團星雲，似是而非。因為，他們未能從課本中得到精確認知，文革遠未形成國家意識形態層

最後加上知識分子，因行九，特稱「臭老九」。「紅五類」：工人、貧下中農、革命軍人、革命幹部、革命烈士。

4 吳迪：〈「內人黨」大血案始末〉，載宋永毅主編：《文革大屠殺》，開放雜誌出版社（香港）2002年版，頁68、70～72、102～104。

5 李普：〈文革十年是一場邪教大騷亂〉，載《李普自選集》，柯捷出版社（紐約）2010年版，第一冊，頁270。

6 巴金：〈重來馬賽〉（1979-7-6），載巴金：《隨想錄》，三聯書店（北京）1987年版，頁102。

面的總結，「淡化」還在播雲起霧。撮選幾段是年「文革後一代」頭腦中的文革印象——

文革還是有積極的東西。如果文革不那麼凶那麼混亂，走向極端，左的東西很難失去統治地位。改革正好揀了文革的便宜。文革對中國歷史還是有功的。（20歲，大二男生）

如果回到文革，我不反對，甚至很有興趣。一是我不覺得文革怎麼可怕；二是可能會感覺很新鮮，我想切身感受一下。是的，我有興趣。（19歲，大一男生）

文革咱沒見過，但比現在強！現在的人要多壞有多壞！（20歲，計程車「的哥」）

我想文革也不錯，不用再上課了，熱熱鬧鬧，批鬥老師，多有意思！我們同學還說呢，怎麼不「文化大革命」呢？那就不考試了。（17歲，高二女生）

我想多瞭解文革，不知從哪裡去瞭解。（17歲，高二女生）

那個時代有激情，人都很真誠，非常迷人……也打人，但那是一種為了信仰的戰鬥呀！我喜歡這種生活，哪怕被真誠欺騙了也心甘情願，現在無法生活得那樣富於激情了。（19歲，大一女生）

每個人對文革的說法都不一樣，給我的印象很亂。……有人說文革隨便打人、社會混亂，也有人說那時官員清廉、治安很好。有人說毛主席犯了錯誤，可還有人說毛主席偉大，一聲令下，全國聞風而動。我也不知誰說的對，形不成一個完整的樣子。我曾經把這些話對一個經歷過文革的人說過，他說這些全對，我聽了就更糊塗了。（19歲，男職員）[7]

向後代「說清楚」文革，難度不小吧？

文革也改變我的人生軌跡——赴大興安嶺八年，更沒想到埋下研究中共之根，以致最終妄議「偉光正」，那麼反動、那麼兇惡、那

[7] 馮驥才：《一百個人的十年》，文化藝術出版社（北京）2014年版，頁308～313。

麼……

赤潮禍華，大陸「災胞」當然不願默吞苦果，不甘終身為中共守諱——將所有苦難帶入棺材。

本集以微映宏，滴水嘗海，只列事實，毋須雄辯。

2016年6月

目次 | CONTENTS

自序 003

第五輯　文革紅血

文革之初有義士——血祭文革第一人 010
不要自由要監獄——劉文忠寧願「二進宮」 028
上海第一看守所的活耶穌 039
文革中的蕭乾 043
陳恭懷的艱澀婚戀 051
馬識途與李井泉的文革情仇 057
《吳法憲回憶錄》中的祕聞 062
邱會作撩起「九・一三」厚幕 075
艱難評林彪——一飛留亮色 093
撩看秦城 102
蹲監百感 141
國家造假 152
「學部」解散之險與幹校逸聞 163
文革狂濤中的知識分子 177

第六輯　遺老紅態

文革遺老落寞中 206
可憐聶元梓 215
民筆批御筆——愚忠戚本禹 228

評戚本禹《評李秀成》 242
「文化大革命就是好！」——驚讀《戚本禹回憶錄》 251
複雜浩然 268
周揚與丁玲 281
讀《鄧力群自述》・析中共難行民主 301
陳永貴是巨人嗎？ 314
與「紅岩一代」函辯 325
「紅二代」團拜會——赤潮最後的迴光返照 338
革命無有後來人——痛苦迷惘紅二代 343
結語 349

跋 353

第五輯

文革紅血

文革之初有義士
——血祭文革第一人

寰內何人首發否定文革之聲？誰是公開反文革第一人？據現有資料，上海青工劉文輝（1937～1967），文革之初就認識到荒謬反動，拼死公開反對〈十六條〉，成為血祭文革第一人。1967年3月23日，上海文化廣場萬人公判大會，劉文輝被判死刑，立即押赴刑場。由於眾所周知的原因，劉文輝至今尚在絕大多數國人視野之外。

家庭教育

劉文輝出身上海中產家庭，外公書畫家，兩位舅舅辛亥先烈，父親劉宗漢（1897～1989）畢業上海敬業中學，供職花旗銀行，英語流利，抗戰後任聯合國對華善後救濟總署總務科長，三次從海參崴押運救濟物資到秦皇島，移交中共伍修權。萬萬想不到，幾個月的臨時專員，1949年後倒了大楣，禍及全家。

上海陷赤前，劉宗漢本可隨單位赴台。師兄章乃器（後任中共糧食部長）則勸其勿赴港台。劉宗漢思想親共，自恃無任何反共行為，滿腔熱情留滬迎共。

1950年，華東工業部長汪道涵留用劉宗漢，依靠其人脈接收上海「敵產」。1952年，副部長程望、孫冶方聘職劉宗漢中央船舶工業局，分管總務。劉宗漢工作出色，常獲好評。後汪道涵等調離上海。1956年肅反，劉宗漢因國民黨專員，劃「歷史反革命」。劉妻出身崑山名門，略讀詩史，品格堅韌，要求子女誦習《三字經》、《弟子規》。

劉文輝性格堅毅，頭腦靈活。父親通過牧師朋友，送入寶山教會學校，少先隊中隊長，升旗手。因父叔輩與英美老外多有接觸，從小濡染西方理念。教會學校的基督博愛與樸素人文傳統，使劉文輝辨善識惡，根正苗直，擁有「與時代對抗」的價值自信。[1]家人評曰：「這既是他的大幸，也是他的大不幸。」

1920～40年代，教會學校乃抵禦赤潮的孤島。基督教的有神論、非暴力、仁慈博愛，馬列赤說無法逾越的關隘。國府「中統」局長徐恩曾（1896～1985）——

上海只有兩所教會大學——東吳與滬江，共產黨分子當時未曾滲透進去。[2]

「肅反」一起，劉宗漢因「歷反」失業，全家頓陷窘迫，劉妻只得變賣陪嫁細軟維持全家11口人生活。1952年，劉文輝16歲，剛讀初二，主動輟學入滬東造船廠為徒，以補貼家用。因勤奮好學、鑽研技術，深得師傅及蘇聯專家好評，不到三年提前滿師，很快晉升四級技工。1956年入團，車間團支書。二十剛出頭月薪66元，比兩姐姐都高。每月開薪，立交母親，自留微薄伙食費，還不時支援外地大哥。他考入總工會中專夜校進修，畢業後再考入復旦夜大、上海外國語學院夜大。

1950年代前期，劉文輝十分崇拜毛澤東，為二姐、四弟和妹妹各購一套《毛選》，指定閱讀篇目，定期「查經」，交流心得。熟讀《毛選》後，他攻讀馬恩列斯，買回《資本論》、《反杜林論》、《馬恩書信錄》、《聯共（布）黨史》，再延伸至費爾巴哈、黑格爾、傅立葉、歐文……不久，他發覺《聯共（布）黨史》多有錯誤，漸漸起疑國際共運的神聖性。

生活上，劉文輝一年到頭一套工作服，衣服鞋襪補丁摞補丁，

1　劉文忠：《反文革第一人及其同案犯》，崇適文化出版公司（澳門）2008年版，頁4～5。

2　徐恩曾：《我和共產黨戰鬥底回憶》，天人出版公司（台北）1985年版，頁35。

儘量省錢供弟妹讀書。跳舞、電影，幾乎絕緣。為多掙幾角夜班費，搶著替同事頂班。白天窩在宿舍讀書。他收集了1956～57年的《文藝報》、《文藝月刊》、《詩刊》、《收穫》、《世界知識》。大量閱讀使他眼界漸拓，從英國古典政治經濟學瞭解歐洲的重農主義、重商主義，認識了亞當·斯密、凱恩斯，獲悉馬克思在歐洲僅為經濟學者，《資本論》乃西方政治經濟學流派之一，不像中俄將馬克思奉為「紅色教皇」。劉文輝認為馬爾薩斯的人口論、馬寅初的節育觀，十分在理，對馬寅初的批判打擊實屬愚昧。

青年右派

1957年春，中共號召「大鳴大放」，向官僚主義及一切腐敗開火。優秀團員、年輕工長劉文輝積極響應，寫了要求自由鳴放、呼籲政治民主的大字報，並「結合本單位」揭露廠長拋棄患難髮妻，與女大學生暗有私情，掀起軒然大波。廠長大怒，拍案責令保衛科、團委向劉文輝施壓，逼他認錯，撤回大字報。劉文輝拒不低頭，認為全是事實。不久，運動轉向，打擊「鳴放」。劉文輝出身不佳，又「反領導」，旋劃右派，撤去工長，開除團籍。

同事「幫助」、各種檢查、批鬥孤立、監督改造，一盆盆潑身汙水，深深滲入心底。他對家人說——

父親參與聯合國救濟署工作，明明是利國利民的好事，還向解放區押送過救濟物資，怎麼會成為「人民的罪人」？……我一定要分辨是非，弄明白這是怎麼一回事？為什麼要我承擔莫明其妙的罪責？反右運動的起端、根源、目的是怎麼一回事？

毛時代蠻不講理，只能苟活性命於亂世，劉文輝偏要較真，成了他苦難的起點。劉文輝迷茫不解：不就是聽從號召說了「皇帝的新衣」——人人都知道的廠長「錯誤」？怎麼就成了反黨反人民的「右派」？

自從戴上「右帽」，淪為另類，必須「改造」——幹最髒最累的活兒。20歲的劉文輝失去開朗活躍，從此沉默寡言，不敢出頭露面，惟恐再惹禍祟。

1961年，滬東造船廠為劉文輝摘帽、恢復團籍，劉文輝將重新得到的團徽寄給共軍少尉二哥，既告知平反，亦示意毋須團徽為自己「護航」，他要輕裝走自己的路。是年，滬東船廠向外地新建船廠輸送技術骨幹，劉文輝報名支援嵊泗船廠。此時，他已萌念「出去看看」——偷渡海外，走赫爾岑流亡救國的道路。上了海島，他安裝了一架高性能短波收音機，收聽海外電台。他如饑似渴自學英語，業餘時間都撲在讀書上。每次回滬，都購買兩袋書刊，還不斷催促四弟每週淘買他所開列的書單，隨買隨寄。

十年自學，通讀了《史記》、《資治通鑒》、諸子百家、近代西方社科名著。中外經典哺育了這位「早醒者」。他向弟妹介紹肯尼迪、戴高樂、尼赫魯、赫魯雪夫、鐵托、蔣經國、蘇加諾、李普曼……尤其認同胡適的民主自由思想。這一時期，劉文輝從美國〈獨立宣言〉、法國〈人權宣言〉認識到民權乃國權之本，只有人人平等自由，社會才會和諧文明，國家才能繁榮富強。握尺既正，辨謬自易。

這一代稍有思想的大陸青年，對「不同聲音」的嚮往與渴望，後人實難想像。1950年前期香港第三勢力「中國民主自由戰鬥同盟」，主要領導人顧孟餘、張發奎、張國燾、張君勱，旗下四份刊物——《中國之聲》、《獨立論壇》、《再生》、《華僑通訊》，每種每期約銷2000份，購閱者多為大陸出來的知青。每期港售1200份，餘銷海外。[3]

1963年開始「四清」運動，[4]嵊泗列島停航封船，沒完沒了政治

---

[3] 《張發奎口述自傳》，當代中國出版社（北京）2012年版，頁379。

[4] 1963～66年5月，社會主義教育運動，以階級鬥爭為中心，亦稱「四清」—清政治、清經濟、清思想、清組織。前期針對農村基層幹部，稱「小

學習。1965年，他的偷渡計畫遭膽怯同夥揭發，東窗事泄。作為反革命主犯，劉文輝開除公職，押送原籍，戴帽管制三年，嵊泗法院的判決書將劉文輝趕回上海，使他得以直接感知文革。

反對〈十六條〉

1966年5月10日，《解放日報》刊登姚文元〈評「三家村」——〈燕山夜話〉、〈三家村札記〉的反動本質〉。《北京日報》公佈鄧拓、吳晗、廖沫沙三人「罪行材料」。劉文輝氣憤萬分，對九弟劉文忠說——

鄧拓原是《人民日報》總編輯……他寫的《燕山夜話》不僅文采好，而且含義深邃，是本好書。

憑著多年政治嗅覺，劉文輝意識到批判《海瑞罷官》、「三家村」，乃中共高層政治鬥爭信號，拋出北京市委高幹，意在市委第一書記兼市長彭真。果然，緊接著〈五・一六通知〉，北京市委「一鍋端」。劉文輝不斷喃喃自語：「國家與民族的大災難來臨了。」他向九弟分析——

北京大學向來是中國政治運動的是非之地……是培養中國知識分子獨立思考的搖籃。毛澤東批吳晗他們、支持聶元梓等人大字報，就是首先向北大開刀，向全國知識分子的核心堡壘開刀。

老毛〈炮打司令部〉大字報一發表，劉文輝再向九弟說——

毛澤東從對知識分子下毒手開始，又進一步向黨內棟梁骨幹開刀，現今要向一起打江山的老戰友、大功臣、身邊的同事開刀了。這次毛清洗黨內異見分子的規模將超越以往任何一次黨內路線鬥爭，運動殃及範圍也將大於任何一次政治運動。

「紅八月」，劉家被數次抄家，劉文輝精心收集的幾百本中外

四清」—清帳目、清倉庫、清財物、清工分。

名著扔出燒毀。劉文輝拼命奪書，遭紅衛兵拳打腳踢，皮帶揮抽。

夜晚，家徒四壁的昏暗燈下，劉文輝默默奮筆，憂心忡忡低聲說——

這樣下去，我們的國家將給毛澤東徹底搞砸了！

現今真的需要有人像普魯米修斯那樣，在這「文革」黑暗年代裡點燃一把熊熊烈火，照亮中華大地，使人民覺醒，擦亮眼睛，辨別真偽，讓億萬民眾團結起來挽倒狂瀾，遏制倒行逆施的毛澤東禍國害民路線。

舉國赤狂，全民高唱〈文化大革命就是好〉，為〈史無前例〉興奮不已。劉文輝與少尉二哥辯論——

這叫馬列的什麼主義？這是毛澤東的什麼思想？還不是搞亂社會、禍害民眾，特別是鎮壓廣大知識分子，鬧得中國大地百業難興，民不聊生，死氣沉沉。[5]

1966年8月，劉文輝撰寫〈冒牌的階級鬥爭與實踐破產論〉、〈通觀五七年以來的各項運動〉。9月28日，再寫〈駁中共中央十六條〉萬言書，九弟劉文忠複寫，10月1日寄發全國14所著名高校。劉文輝很清楚後果，對九弟說——

兄弟，這件事敗露是要殺頭的，你敢不敢做？

我們年輕人再不能繼承爸爸的軟弱可欺了，而要發揚兩位舅舅的傲骨抗爭，學習歷代志士仁人「挽狂瀾於既倒」的大無畏精神，古今中外反專制反獨裁必然有人以身許國、拋頭顱灑熱血，喚起苦難而軟弱的民眾奮起反抗，那麼今天就從我劉文輝開始吧！[6]

很快，寄往14所高校的萬言傳單〈駁中共中央十六條〉，公安部列為重大反革命要案，全力偵破。11月23日夜，劉文輝、劉文忠被

---

[5] 劉文忠：《風雨人生路》，崇適文化出版公司（澳門）2005年版，頁51、56、37。

[6] 劉文忠：《反文革第一人及其同案犯》，崇適文化出版公司（澳門）2008年版，頁79、82～83、89

捕。1967年3月23日，劉文輝被斃。3月20日，這位青年思想者在兩張紙上正反兩面密密麻麻寫下遺書，刺血簽名，緊折密疊嵌藏被絮。提籃橋監獄此時仍沿舊習，犯人自備用品，家屬可領回處決犯遺物，遺書得傳。

筆者讀到劉文輝遺書，邊讀邊驚：「還有這樣的第一人！」較之林昭、遇羅克、張志新等文革英烈，劉文輝的「先進性」不僅僅明確反文革，還明確反毛。這在文革基層義士中，實屬獨步。當年反文革已屬不易，懷疑毛澤東更是「石破天驚」，敢於公開反毛等於神經病，類同反對天上有太陽。劉文輝到達的認識深度，使他躍上時代之巔。也正因為站得太高，走在最前面，還是個「實幹家」——不願保持沉默，支付了最高代價——30歲的生命。

遺書由其母拆洗獄被時發現，劉父提心吊膽保存數月，轉交下鄉雲南的老五。懾於環境，「五哥」用毛選下劃字的辦法隱存遺書，燒掉原稿。

據抄寫萬言傳單的九弟劉文忠回憶，再參考法院判決書，這份寄送14所高校的〈駁中共中央十六條〉，主要內容——

文化大革命是一場「文化大浩劫」，毛澤東以解放世界2/3的人民之謬論，以支援亞非拉輸出革命為由，是完全不顧中國人民的死活。今天中國所謂的社會主義革命新階段實質上是毛推行的鎖國排他主義，是一場反民主自由、反經濟實業運動……

文化大革命是一次暴力革命，暴力革命必然走上恐怖暴政，推行法西斯主義……當今共產黨內不存在所謂走資本主義道路的當權派，只有權力集團的鬥爭，只有集權與民主、專制與改革、封閉與開放的鬥爭，如果盲目接受毛的路線將貽害無窮……

中國要走民主與自由之路必然要遵循胡適的教誨……無產階級文化大革命實質上是一場「全民政治大迫害運動」，紅衛兵和工農造反派只是毛澤東利用的對象和工具，毛達到目的之後，他們最終將落得「卸磨殺驢吃」的下場……

坚決反對毛的階級鬥爭路線，反對毛的無產階級專政下繼續革命的謬論，階級鬥爭是毛一貫惡性報復奴役人民的手段，所謂「文化大革命重點是整頓黨內走資派」是個幌子騙局，毛實質目的是要清除黨內異己，進一步打擊中國知識分子獨立思考的精神。……

文化大革命是大規模革命，必然也要大規模地尋找「反革命」，而這場運動真實目的是建立毛天下，是強姦民意，瘋狂迫害民眾。……中國民主主義者應在抗暴鬥爭旗幟下聯合起來，建立抗暴統一戰線，不要怯懦，要揭竿而起，軍隊與幹部要站在人民一邊，奪取武器、佔領黨政軍警、機關、監獄、機場、碼頭、電台、報社……

批判資產階級是一場大倒退，是毛精心策劃的又一場洗腦陰謀，就如57年的反右派「陽謀」一樣……毛對知識分子的高壓政策從55年反胡風運動就開始，57年反右是高峰，而這場文化大革命是毛一貫推行的焚書坑儒政策的延續，是對中國知識分子史無前例的迫害，比秦始皇有過之而無不及，知識分子不要屈辱、輕易自殺，而是起來反抗，抵制洗腦，就是要死，也要學越南僧侶一樣，去上海人民廣場和北京天安門廣場上自焚，以此來喚醒愚昧無知的民眾……中國應該走軍隊國家化道路，部隊是國家的，是人民的，不是獨裁者的家兵與黨兵……號召軍隊要參與抗暴，武裝部署，裡應外合，推翻毛的暴政。

文革初期，大霧彌夜，一位青年眾醉獨醒，公開反對文革，血薦軒轅。筆者多年研究文革，自以為見多識廣，仍倒抽一口冷氣，聳然大驚。十分驚疑：出身少先隊中隊長的車間團支書，叛逆思想從何而生？思想資源從何獲得？1957年還在家中組織弟妹學習毛著，1963年怎麼看出中蘇大爭論為轉移視線，逃避大饑荒「人禍」追責？1966年居然站上時代之巔，成為「反文革鬥士」？他如何產生對中共的一系列「為什麼」？對劉文輝那一代青年來說，宏觀檢視毛澤東與「史無前例」的文革，實屬幾無可能的歷史局限。

劉文輝二哥，1949年初參加蘇南游擊隊，1951年6月參加抗美援朝、入黨，負傷立功的少尉，勸誡三弟——

愛護黨，愛護新社會，就應該事事跟共產黨走，句句聽毛主席話！一切服從黨的領導，做黨的馴服工具，這不僅是每個共產黨員的天職，而且也是每個革命青年應具有的品質。[7]

案發前後

1966年，劉文輝年近三旬，不可能不識一點時務。是年「十・一」，他派殘腿九弟上杭州投寄「萬言反動傳單」，採取一定「反偵查」。九弟一早快車抵杭，城站下車後，一路尋找郵筒，直至靈隱寺。之所以未集中投遞，也是三哥的「反偵查」：每封厚厚一疊，集中投遞怕遭攔截，有可能一封都寄不出去。劉家兄弟認為匿名易地投遞，萬無一失。

下午15時，劉文忠來到靈隱，名寺荒涼，遊客寂寥，正感歎「破四舊」的威力，一摸背包，還有一封未投出，「任務」尚未完成，劉文忠向寺門口一女紅袖章打聽附近可有郵筒？「紅袖章」揚手指點：轉彎牆上掛著一隻綠郵箱。畢竟年輕的劉文忠，拖著跛腿投出這致命的最後一封。接著，他趕著返程，連夜回滬。

是案被破，實「反偵查」未到位，諸因如下：

一、根據14封信郵戳，投遞軌跡十分清晰——從城站至靈隱，寄信人估計外地來杭，一下火車就「作案」。筆者母親時為杭州湖濱郵電所營業員，其中一封投入該所郵箱，案警仔細盤問母親。那晚，母親回家後慌張講述「反動信」，是情是景，至今歷歷。

二、最後一封在靈隱，郵箱背靜，外人很難找到，加上此箱信件很少，一問值班「紅袖章」，劉文忠跛腿，特徵鮮明。

三、劉家「歷史反革命」（老子）+「現行反革命」（兒子），左鄰

---

7 劉文忠：《反文革第一人及其同案犯》，崇適文化出版公司（澳門）2008年版，頁90～93、54。

右舍一直受派出所、居委會打招呼，監視一舉一動。10月1日劉文忠背著一隻鼓囊囊的包晨出夜歸，早被彙報至派出所。

四、根據「反動信」內容，判定出於「資深反革命」，劉家兄弟已進入「第一包圍圈」——第一批排查對象。

五、信紙下端印有出品單位及編號，從劉家抄出同一批次信封信紙，鐵證如山。

「反革命」背景、有一定文化、跛腿、那天晨出夜歸，幾個特徵一碰，劉氏兄弟無隱遁矣。

逮捕時抄家，警方不僅抄出「匿名信」用紙、信封，還有劉文輝所寫〈冒牌的階級鬥爭與實踐破產論〉、〈通觀五七年以來的各項運動〉手稿，思想內容與「反動傳單」一脈相承。人證物證俱在，證據鏈完整，劉家兄弟無法「狡辯抵賴」。

劉家苦難

1967年3月9日上海第一看守所，向劉文輝宣佈死刑，移押市監，等待23日公審大會。按張春橋指示，槍斃劉文輝等「反文革犯」為新成立的上海革委會祭旗。那天，文化廣場召開萬人公判大會。劉文輝第一個被五花大綁推出，一位堂兄目睹劉文輝已被折磨得不成樣，但仍青筋暴凸、臉頰通紅，堅毅昂立，兩旁警察強力摁頭，他拼命掙扎要呼喊，但發不出聲。劉家後知：公判大會前，政治犯嘴塞橡皮，頸部綁繩，以防發聲。內部人員告知：文革時期對死囚都採取「割破聲帶」，你家三哥概莫能外，起碼事先敲落下巴，怕臨死前猖狂一跳——呼喊反動口號。

劉文輝被殺那天，數百人圍住劉家，踏塌後園籬笆，砸碎門窗，聲嘶力竭發喊：「打倒反革命分子劉文輝、劉文忠、劉宗漢！」劉宗漢被里弄專政隊押著，跪在家門口，頭戴高帽，上書打紅叉的「反革命分子劉宗漢」，脖懸一塊厚重大牌，上寫「鎮壓反革命分子劉文輝！」背後再寫上「嚴懲反革命分子劉文忠！」劉某某處均打上血紅大叉。

派出所警察擲出劉文輝判決書與法院通知，高叫：「快快交出子彈費！」劉母忍著眼淚，默默拿出二角錢。警察拿著「子彈費」，擠出人群：「對反革命分子就要毫不留情！」下午至天黑，門窗不斷遭石頭襲砸，晚上只得掛床單稍擋春寒。夜靜後，一家人圍在電燈下，大姐顫抖雙手，驚恐萬分打開警察擲下的〈刑事判決書〉，邊哭邊輕聲念給父母聽。

次日，「槍決罪大惡極、死心塌地『現反』劉文輝」的佈告貼滿大街小巷。此後數月，一批批「參觀者」天天圍著劉家指指戳戳：「這家出了三個反革命」、「『殺』、『關』、『管』典型戶」。不久，劉家長女單位江南造船廠沒收劉家日暉四村12號2樓16室。理由：這家三個反革命，反革命老頭還有什麼資格居住工人新村？造反派把劉家所有東西——家具、衣被、生活用品扔出門，一些人趁機哄搶。大姐夫也拒絕老丈人進門，生怕影響自己一家。

高級白領劉宗漢，金融人才，拒赴港台的「愛國人士」、支持兒子參加地下黨與「抗美援朝」，此時白天掃地通陰溝，流浪街旁巷頭，晚上龜縮樓梯牆角，夜裡凍得刮刮抖。為「劃清界限」，外孫只能偷偷給外公送點衣食。一周後，饑寒交迫的劉宗漢病倒牆角。派出所與里弄專政組怕出人命，強迫大姐夫接收老丈人，劉宗漢這才結束「門外流浪」。

上海斜土路日暉四村12號全樓24戶，清一色江南造船廠職工，態度鮮明地監督「反革命劉宗漢」，階級立場呵！老三文輝吃槍斃、老九文忠「搭進去」、長子在無錫農村「內控」、四子進學習班、五子隔離審查，幼女遠在陝西，在滬兩長女已嫁，亦無力保護父母。老人只得向外地黨員幹部的老二求援，他家是父母惟一可寄望的安全島。

老二劉文彬（1931～2015），1948年尚在讀高中，就被地下黨送入蘇南游擊隊，1951年6月參軍入朝入黨，首長改名劉文兵，志願軍二級英雄（差點犧牲），黨性使他忠孝難全，深陷尷尬，忠於黨就不能盡孝，盡孝就無法忠於黨。二媳乃部隊醫院護士長（黨員）。家屬院貼出大字報，勒令「反革命婆娘滾出去」。二媳迫於壓力，為了軍籍黨籍，沉下臉趕婆婆回滬。老二夫婦認為老三反黨反領袖，自作自受，連累家族。二媳尤怨「現反」小叔影響自己晉升，終身一個護士長。「驅婆事件」深深刺痛劉家兄妹，隔閡終身。劉家幾十口人至今與二媳無來往，但她的兩個兒子成年後很敬重三爺叔劉文輝，文革還在劉家實質性發散「深遠歷史影響」。[8]

被趕回滬的劉母，不堪忍受「里弄專政」——無時不刻闖進來開批鬥會，更不忍看丈夫被折磨的慘樣，逃奔陝西寶雞大山溝三女兒家。「小三線」國防單位，相對與世隔絕，老母總算躲過文革最酷烈的年頭。

劉文輝遺書

劉文輝遇難後，家屬領回遺物，雙親知道兒子一定會留遺言，細心拆除被單，終於從被角找出兩張折疊很小的紙團。處境太險惡，劉宗漢天天為定時炸彈般的輝兒遺書擔心。1968年春節，雲南老五劉文龍回滬探親，臨走前劉父囑他帶回遺書。遺書為兩張16開練習簿紙，正反兩面寫得密密麻麻，最後的簽名和詩詞為咬破手指鮮血所寫。

三月九日四時許，我在法警強力訓逼之下，在不大於五平方的私堂給我檢察院起訴書，五分鐘後仍由此人代表中級法院宣判我死

---

[8] 2014年，劉文兵病痾漸沉，劉家兄妹前往蘇州探望得像「地下工作」以避二嫂。劉家兄妹覺得時遠事遙—「算了」，二嫂仍難解扣。二哥遺言誡子：「要以我青年時代迷陷左潮為鑒……」這位志願軍二級英雄，1949年初參加蘇南游擊隊，因無檔案，證明人已死，不能辦理離休。2015年初打進口治癌針，一支近萬（自費），耗盡積蓄，準備賣房，屢函中央，從無回訊。2015年6月28日，劉文兵去世。

刑，立即執行。僅隔二小時左右，高級法院就駁回上訴，維持原判。事實上，我的上訴書剛寫好，高院未卜先知，如此猴急，只能證明我使他們十分害怕，惟恐我多活一天反抗他們的殘忍。此外說明披法袍的法者是多麼「遵紀守法」啊！莊嚴而鄭重的法律程序手續總是到處被他們強姦。此遺書一定要保存，讓我死得明白。我說它是私堂並不汙誣它。

親人，我想但不能寫明你們的名字，顯然是怕當局迫害你們，因此希望我們從這不能盡訴的遺信最後見面，我不久就將死去。

我為什麼被害，因為我寫了二本小冊子：《冒牌的階級鬥爭與實踐破產論》、《通觀五七年以來的各項運動》，此稿已被紅衛兵抄去。另一本是傳單〈反十六條〉……此傳單是由忠弟投寄出了事故，也正是我被害的導線。

你們是瞭解我的情操的，它可以用詩概括之：……反右幸嘗智慧果／敢做普魯米修斯……今赴屠場眺晨曦／共和繁榮真民主。

我是個實行者，敢說更敢做。如今就義正是最高的歸宿。我在經濟上對家庭大公無私，自己在政治上也大公無私。這正是你們有我而自豪之處。所以我要求你們不要難過，不要從私情上庸俗地讚揚我，應明智些，不因當局的壓迫、愚弄而誤會我的生平。我相信如同斯大林死後俄國升起希望一樣，那就是我死後，中國的民主主義者，共產黨中的現實主義者將會朝著世界潮流行駛。中國是會有希望的，那就是民主、自由、平等。

我堅決反對鎖國排他主義、軍國主義、反民主自由、反經濟實業、焚書坑儒主義。階級鬥爭是惡性報復，為奴役人民的手段，反對所謂解放世界三分之二的人民之謬論。

我的家庭不要因悲痛、受侮辱和受迫害而誤解我，相信我的正義行為，毛時不易證明，就留待日後吧！

外甥們成長吧！要相信烈士遺書的價值。我的血不會白流。請把我的詩與血書銘刻在烈士碑上，不要枉我此身。

某（按：指九弟）在一所，他不會死。

祝親人能見到我立碑的榮耀。

我在第一所，1211，在滬監牢號167（也可能761號）。我的手腳被銬著，不准我寫信和要求見親人面。此遺書是寫上訴書時偷寫的，不容易，也不能盡述我的心情。唯一希望見此書後，祕密妥善保管。

我的死，在毛政權下你們只能受侮辱、損害，但毛政權倒台後，作為烈士，必能恢復你們光榮，洗白我家庭，所以請你們將書交給我的弟。

今3月18日（可能20日），閻羅殿的判官到監獄來，告知明或後天將開群眾大會，要我態度放老實點，言明將視態度而改判與否。我鬥爭很激烈，我當然立志於「將頭磨鈍屠刀，把血濺汙道袍」，也即站著死，不跪著生，這是宗旨。但是我最大的遺恨是不能做更生動的更重大的貢獻與人民。如今我風華正茂，血氣方剛，更因毛在江河日下、氣息奄奄之際。我多麼想活下去，再來個反戈一擊其死命啊！我應當為人民做些事。……那我只好試著委曲求全的方式來賺取微弱可能的寬訴。我曾在前過程中寫過的請求書，希望人們也不要把它當作我的變節，卑躬屈膝的行為對大權的屈服，絕不是意願，而是必要，猶如在屋簷下必低頭一樣，從積極的意義看是為了跳躍而屈腿。

我寫的上訴，應當在毛政權垮台後提出。我的祖國，人民應有……

凡是掌握民命者、國家前途者都必須是理智現實謙虛的愛國者，而不能是狂妄熱昏好戰的陰謀者，我甘願為毛的戰爭政策失敗而鬥爭、為鎖國排他主義而鬥爭。……毛發瘋，冒天下之大不韙，將億萬人民作孤注一擲，拼其偉大理想之實現。正因為此危險計畫在實施，所以作為匹夫有責，我就願意敢與它鬥爭。這才是死得其所，重如泰山。

我和毛澤東詩詞共七首，分別收藏在衣服中查收。其中一首：

龐然世界二瘋子，毛林發作，幾下抽搐、幾下嚎叫，踞功自傲，誇口最舵手。世界革命變何易，入漩渦急轉石岩。迫害急，億萬性命竟玩忽……

有朝一日請將它發表。

臨刑前十分抱憾，不能著手寫心中久已策劃的一份《人人報》或「層層駁」，其內容是針對毛反動方面，希望有人接任。

毛作為歷史人物對中國人民是否有功由歷史評論。但自56、57、58、59年後就轉化到反動方面去了。整個世界在變化，但他竟這樣昏聵、剛愎自用、踞功自傲，自翊為救世主，以至內政、外交竟是亂弱難定，計劃越來越冒險，成為國家的災星。無產階級文化大革命正是強制人民服從、清除戰友政異、怠忽職守、草菅人命。我向世界人民上訴，我是個國際主義者，我反抗毛所謂解放三分之二的謊言野心，反毛的擴張主義；先烈們，我上訴毛貪天下之功為己功，把先烈血換的家業作為實現自己野心的本錢。我向世界人民上訴，毛的階級鬥爭理論與實踐是反動的，是奴役廣大人民的。

我將死而後悔嗎？不！絕不！人生自古誰無死？留取丹心照汗青。從來暴政是要用志士的血軀來摧毀。我的死證：毛政權下有義士。我在毛的紅色恐怖下不做順民，甘做義士！

輝

寫於1967年3月20日

1978年底，劉家開始申訴，數次駁回。1982年1月6日，艱難平反。申訴長達三年餘，按當時政策：反文革可平反，反毛則不可；反文革屬路線問題，反毛則屬立場問題。劉文輝那幾篇文章，篇篇反毛。[9]

2013年8月29日，劉文忠函示：三哥乃最後一批平反的文革冤

[9] 劉文忠：《反文革第一人及其同案犯》，崇適文化出版公司（澳門）2008年版，頁218～222、390。

案。劉家通過關係向北京遞交申訴。上海高院辦案人員後告知：中央政法負責人（可能彭真）發話複查此案，這才重新立案，最終平反。高院還要劉家體諒政府（經費嚴重短缺），最後僅賠墓葬費一千元。劉家未得到劉文輝最重要的遺產——兩本小冊子及〈反16條〉萬言傳單原稿。

九弟劉文忠

劉文輝事蹟得以傳世，全靠九弟劉文忠。同案犯九弟，赴杭寄信，也支付高昂代價——失去自由與尊嚴12年半。

殘腿九弟念念不忘三哥。2000年，劉文忠在成功經商的巔峰處歇落，隱退著書，捧三哥事蹟於世——千萬不要忘記！北京企業家張大中，其母王佩英也是被斃的文革受難者，出資七萬購買劉文忠百冊回憶錄，作為對劉氏兄弟壯舉的歷史回應。

2008年，劉文忠在澳門出版《反文革第一人及其同案犯》，詳述該案，一本很詳實的傳記。不僅震撼我們這一代文革經歷者，也讓後代大開眼界，真切感知「史無前例」。

回眸凝思

劉文輝飛蛾撲火，微軀擋輪，明知不可為而為之，「使所有苟活者都失去重量」。但對一個國家來說，需要用鮮血換取認識、用頭顱證明價值，青山有幸迎忠骨，槍彈無辜射英傑，代價也實在太大太殘酷了——烈士的光芒竟以社會黑暗為天幕！

大陸政諺：「領先三年是先進，領先三十年成先烈」。劉文輝用年輕的生命捍衛領先的認識，聳起一道民間脊梁，劃下文革長夜中一抹光亮——還有如此一位清醒者、一位公開反毛勇士。入獄後，劉文輝稍識時務、低頭服軟，至少可免殺身，案警多次如此這般開導他。

寒風蕭瑟，壯士不還。文革之初有義士，劉文輝昂首走了，將無限愛國深情化為一紙思考，靜留於世。1982年的有限平反，拖著很粗的尾巴。劉文輝以鮮血捍衛的認識，至今仍不合時宜。2013年春，大陸最解放的《炎黃春秋》都不敢接受本文，中國尚未真正迎回劉文輝烈士。時代與劉文輝的差距，既是劉文輝悲壯的「領先」，也是中國的真正落後，尚未完成的「社會進步」。只有完全理解先行者，接受先行者的認識，才算找齊他們拋留的差距，才是真正尊重獻出生命的先烈。

青史迎英烈，相信大陸不久將迎回這位久埋史塵的英烈。

初稿：2008-1-21～22、8-12；後增補
原載：《前哨》（香港）2009年第7期（初稿）
全文：《往事微痕》（北京）第117期，2012-7-15
（原標題：〈青史迎英烈——有這樣一對同案犯〉）

附記：

文革末期，湘西漵浦鄉村小學教師武文俊（40歲），1976年4月匿名信致華國鋒，控訴毛澤東禍華。漵浦農民蕭和清（34歲），初小文化，1976年9月18日全國悼毛大會，張貼兩小張「反標」——（毛）死得最好，他做事做得絕。1977年1月9日，兩人同時被斃縣城。1982年平反——「有罪錯殺」，各償800元。[10]

被處決的文革烈士：王申酉，王佩英，陳卓然，石仁祥、方運孚、吳曉飛、史雲峰、官明華、張坤豪、欣元華、李九蓮、鍾海源、丁祖曉、李啟順、毛應星、王篤良、吳述森、魯志立、吳述樟、李守中……

1966年9月24日，北京外國語學院女生王容芬（1948～ ），函詰

[10] 向繼東：《歷史深處有暗角》，秀威資訊公司（台北）2013年版，頁323～324。

毛澤東——

請您以一個共產黨員的名義想一想：您在幹什麼？

請您以黨的名義想一想：眼前發生的一切意味著什麼？

請您以中國人民的名義想一想：您將把中國引向何處去？

文化大革命不是一場群眾運動，是一個人在用槍桿子運動群眾。

「這個國家完了！這世界太髒，不能再活下去！」她義無反顧退團。判刑10年，追加無期，1979年出獄。

1976年春，廣州青工莊辛辛寄函《人民日報》：「打倒江青、張春橋、姚文元」，判刑15年，1978年平反。[11]

截止1979年底，全國法院複查文革冤案24.1萬餘件，糾正13.1萬餘件；同時複查刑案50.7萬餘件，糾正35.8萬餘件；[12]全國仍有約4.6萬餘件「反革命」案、50餘萬件普通刑案未複查。[13]

---

[11] 楊克林：《文化大革命博物館》，天地圖書公司、新大陸出版社（香港）2002年再版，下冊，頁535、548～549

[12] 馬齊彬、陳文斌等編：《中國共產黨執政四十年》，中共黨史出版社（北京）1991年版，頁443。

[13] 董寶訓、丁龍嘉：《沉冤昭雪：平反冤假錯案》，安徽人民出版社2003年版，頁116。

不要自由要監獄
——劉文忠寧願「二進宮」

2008年1月4日，寒冬午後，上海閘北蘇州河邊「兩岸」咖啡店，第一次見到61歲的劉文忠先生。他剛剛讀了拙文〈文革狂濤中的知識分子〉，指著其中一句——「文革中，監獄成為最安全的地方」——

這句話很準確，你怎麼知道的？

他知道筆者無入獄經歷。我答：「看來的。」是夜，閱讀他所贈回憶錄《風雨人生路》（《反文革第一人及其同案犯》首版），讀到他第二次主動要求入獄，一下子明白了他何以有此一問。

劉文忠（1947～ ），劉文輝九弟，左腿殘疾，1966年9月29日幫三哥謄抄萬言〈駁中共中央十六條〉，10月1日赴杭州投遞，11月23日晚與劉文輝一起被捕。1969年1月下旬押回原單位——上海徐匯五金廠（街道企業），管制三年，監督勞動，戴帽「反革命」，各類「牛鬼」中罪行最反動、性質最嚴重，每月只發生活費18元。

還不如「裡面」

劉文忠「六進七出」——早晨六點進廠，晚上七點離廠，一進廠先向群專隊報到，然後押著一個個車間轉過去批鬥，人盡可辱的活靶子，高潮時每天揪鬥四五場。以前和睦親密的工友，一個個對他毒罵惡打，似懷深仇大恨，口口聲聲：「我們是用毛澤東思想武裝起來的革命群眾！」

批鬥頻率低下來後，派給他最重最髒最苦最危險的活，儘管他拖著殘腿，仍是「牛鬼蛇神勞改隊」主力。不久，增派三項八小時外「光榮任務」——打掃最髒的男廁所、清理沖床車間早晚兩班廢料、打掃兩個車間與男浴室。

每天開工前，劉文忠得清理昨天晚班廢料、搬運今天日班用料；傍晚，工人下班，他打掃廁所、浴室，19點才能完活。午休時，工人階級休息，他則進牛棚接受訓話。加班、挨批，不到20點不准回家，有時得拖到21點。如批鬥耽誤幹活，須加班幹完才能回家。他是廠裡任何人都可差使的「免費勞力」，隨時隨地都可進行「幫助」——侮辱批鬥。

天不亮逃出自己居住的里弄，晚上街燈齊亮後悄悄回家。我真像見不得「光明」的鬼……怕見到一切熟人、同學、朋友、鄰居。[1]

最初，22歲劉文忠認為外面總比監獄好，雖受各種侮辱，任何人都可呼來喚去，到底多一點自由，只要努力幹活，總可少受摧殘，得一點同情。然而，「我還是個不知深淺的青年」。

一天，打掃女廁的女「牛鬼」生病，張姓女造反隊員（破鞋）喝令劉文忠頂班。劉無奈，只得進去打掃。弄乾淨後，張氏進去如廁，出來後又喝令：「嘸沒打掃清爽！再去打掃！」劉文忠只得進去，三四張血淋淋月經紙拋散在地，頓時胃翻噁心。明明剛打掃乾淨，「革命破鞋」惡作劇丟撒月經紙，喝令單身未婚的劉文忠「一張張撿起來」，忍無可忍，劉文忠雙目射出仇恨：「下流，你不要逼我！」轉身拎起掃把走出女廁。張氏一邊拉開上衣弄亂頭髮，一邊呼喊跑向群專隊：「非禮啊非禮！反革命要殺人啦！」群專隊衝進車間，二話不說捆起劉文忠，押到食堂，召開緊急現場會——批鬥「現反兇犯」。

劉文忠反綁雙手，兩名群專隊員各摁一臂，請他「坐噴氣式」。破鞋敲響開場鑼，哭訴「現反」如何在女廁非禮自己，如何用掃把打她，還威脅要殺她。廠裡大多數人都不相信老實厚道的劉文忠會「鋌而走險」，加之腿殘，怎會去惹這位女煞星？但「革命破鞋」

---

[1] 劉文忠：《風雨人生路》，崇適文化出版公司（澳門）2005年版，頁180。

乃區造反派頭目姘頭，沒人敢替「兇犯」爭取申辯權。

很快，「兇犯」脖掛十幾斤重鐵牌，上書「反革命行兇犯」，雙膝跪在三角鐵上，皮帶、棍棒交雜拷打，一邊喝問：「為什麼用仇恨的眼光看人?!」「『不要逼我』，什麼意思?!」「階級報復！想殺人放火燒廠房！」

無休止的揭發、無休止的汙蔑，我像一個古羅馬奴隸跪著，任憑宗教神權與奴隸主們的謾罵毒打。造反派們懷著妒忌邪惡的凶眼，用手拳用木棒戳我胸肌腹肌，恨不得把我身上的肌肉一塊塊刮割下來。

「革命群眾」的揭發值得列述一二：

——「群專」女隊員：劉文忠早晚在車間打掃衛生，無人時邊打掃邊鍛煉身體，拉門框引體向上、凳上練腹肌，一邊練還一邊吃胡蘿蔔，好開心，根本不像管制分子。

——女工：這個反革命每晚冷水擦身，肌肉練得像運動員。「革命破鞋」立即扒開劉文忠上衣：「看這反革命雪白滾肚！」「一頓要吃八兩飯！」「反革命憑什麼長肌肉？是不是想復辟?!」

最噁心的一幕上演了：「革命破鞋」從女廁掏來一桶髒水，從劉文忠頭上澆淋而下，「搞臭他！搞臭他！」這還沒完，「革命破鞋」將那幾張劉文忠不肯撿拾的月經紙塞進塑膠袋，懸掛他頭上。劉文忠渾身發臭，滿腔怒火，拒不答話，批鬥者持一木板撬嘴捅牙，「兇犯」頓時滿口淌血，膝下又是堅硬無比的三角鐵，癱倒在地。革命群眾也累了，只得收場，規定劉文忠今後「三不准」——

一、不准練身體，見一次鬥一次；

二、不准用仇恨眼光看人；

三、不准一頓飯超出四兩。

鬥爭別人既可表現自己，更可保護自己，無數次批鬥中——

那些相識的朋友也上來打我，打得我越凶，越說明「劃清界限」。……二年多前曾和睦相處的工友同志們，怎麼一下子變得個個對我不相識又懷著深仇大恨了？他們許多人變成了殘酷無情的暴徒，開口毒罵我，動不動毒打我……學得比法西斯還法西斯。他們口口聲聲稱自己是「用毛澤東思想武裝起來的革命群眾」，可他們武裝起來的是什麼思想？什麼主義？……我雖然一腳走出關押人體的監獄，但另一腳又踏進了無時無刻不在摧殘我精神、摧殘我肉體的更大的社會監獄！[2]

國人淪為文盲、法盲、流氓。捐出陸機〈平復帖〉及杜牧、范仲淹、黃庭堅書法作品的張伯駒（1898～1982），年近七旬，批鬥大會上被拉著繞場爬行。[3]

劉文忠有時哼哼革命歌曲〈寶貝〉，被問唱〈寶貝〉什麼意思？是不是想女人了?!又被批鬥兩個多小時，挨了三四耳光。

一直支撐他的愛情幽火也熄滅了。那位兄弟廠女統計（手微殘），托小姐妹退還劉被捕前所贈《普希金詩集》，內夾短信：

好好改造，重新做人。——曾經喜歡過你的人。

來人轉告——

你人品教養都使她很喜歡，但她不理解你為什麼要走這條自取滅亡的路！[4]

家裡冰如窟

三哥劉文輝是被鎮壓的「特反」，老爸「歷反」，劉文忠「現反」，一門三「反」，劉家上下三十餘口人縮瑟於「無產階級專政」鐵拳之下。

---

[2] 劉文忠：《反文革第一人及其同案犯》，崇適文化出版公司（澳門）2008年版，頁237～243。

[3] 張傳綵：〈父親張伯駒的人生沉浮〉，載《各界》（西安）2015年第12期（上半月），頁23。

[4] 劉文忠：《風雨人生路》，崇適文化出版公司（澳門）2005年版，頁206。

最麻煩的是沒地方住。劉父原住日暉四村12號二樓16室（15平米），江南造船廠收回，已近八旬的劉父掃地出門，蜷縮樓梯轉彎處（一周）。12號一樓4室24平米（大小兩間），大姐一家六口擠16平米大間，父母、他住10平米小間，父子睡地鋪。這還是派出所強制大姐夫「收容」岳父、九弟，大姐夫本不願家裡住進兩個「反革命」。

劉家乃里弄出名的「關・管・殺」——「關押」（九弟）、「管制」（劉父）、「殺掉」（三哥）。家人面前，劉文忠也抬不起頭，全家因他心驚膽顫。大姐一家對他這個「小舅舅」既憐又怕、既疼又防——

大姐一家，由於我與輝哥出事使他們遭遇打擊，恐怖陰影籠罩心頭，對我既憐憫又驚懼。一個活生生的反革命兄弟天天住在他們家裡，儘管我不聲不響每天早出晚歸，睡鋪也是夜攤早收，仍使大姐一家提心吊膽。姐姐、姐夫更害怕他們年幼的孩子會受我這個小舅舅的壞影響而招來危險……他們年幼還弄不清所謂「反革命」、「管制分子」的全部內涵，但幾年來由於我與輝哥（三舅舅）的事，使他們遭受別人的歧視、辱罵，同學的欺侮、挨打……所以自我回家與他們同住，他們處處同小舅舅保持距離，露出驚懼疑慮的眼光，不敢越雷池一步親近我。整個家庭中，沒有歡樂，沒有笑聲，只有擔心懼怕，全然成了一間冷氣撲面的小牢房，時不時聽見老母親與大姐在暗中長吁短嘆嚶嚶泣泣。[5]

劉父早被折磨成一具「活僵屍」。劉母得知幼子釋放，從陝西趕回，她知道「管制」難熬，怕幼子再走老三的反抗之路。母親知道大女婿一家對她很孝順，她隔在中間，幼子會好過一些。劉文忠回家第一天，老母就警告——

你大姐夫一家是無奈接納你的，你千萬不能再學老三，否則我只有死給你看。

5　劉文忠：《風雨人生路》，崇適文化出版公司（澳門）2005年版，頁207。

日子一長，九弟在家裡處境日益尷尬。同一屋簷，形同陌路。里弄口遇見同學髮小，對方像見瘟神迅速避開。歲月似煎，度日如年，想想何必出獄？回來幹什麼？家裡的拖累者、社會的拋棄者，自由還有什麼意義？一天，紅十字會採血車來廠，他上前捋袖亮臂，群專隊員馬上責問：「怎麼，想打人？」「不，獻血。」群專隊員一聲冷笑——

你的血是「牛血」，有毒，不夠獻的資格！[6]

寧願「二進宮」

到處是揭發，動輒受監督，連累家庭、禍害親戚，他覺得真不該出獄，情願二進宮。天無絕人之路，命運十分眷顧。1971年6月10日，突然將他叫到辦公室，兩位市裡的「公檢法」要他揭發同監犯的獄中言論，嚴正告知——

給你好好考慮一星期，坦白交代就不一定進去，可以繼續留在單位接受管制改造。單位為你講了好話，你這兩年半在廠裡改造基本還算老實，不然今天就抓你進去，警車就在廠門口等著。

原來，劉文忠在「第一看守所」私下說過攻擊文革的「反動言論」，牢友最近揭發出來。「公檢法」給他一個坦白檢舉的立功機會，否則立刻搭進去。劉文忠必須「狗咬狗」，賣友才能自保。

下班後，24歲的劉文忠鑽入街邊小花園，抱頭苦思幾個鐘頭：三年管制已熬剩半年，要他揭發的那位難友胡懋峰1970年3月已槍斃，保牢自己不算「叛變」。不過，監牢固為地獄，外面「管制」也等於下油鍋，與其在外面活受罪，還不如「二進宮」，進去安耽。第一看守所講的「反動話」、辦的「讀書會」不是死罪，最多加判五年。

監牢裡面固然是地獄，外面受管制也天天遭油煎……我已經不

---

[6] 劉文忠：《反文革第一人及其同案犯》，崇適文化出版公司（澳門）2008年版，頁269、264。

是初入監的「亞瑟」了，深知坦白仍會從嚴，還不如抗拒到底「二進宮」。

他決定不揭發，不要「立功贖罪」，既然「東山老虎要吃我，西山猛獅也要吃我」——人民專政天羅地網，與其在外面連累全家，還是識相點，「抓住機會」進去。「進去」好處也不少：一可避開批鬥，牢監裡都是犯人，腳碰腳，反而平等，靈魂相對清靜；二可為全家住宿減負，自己也有合法鋪位；三則監獄裡有不少高知，可上免費大學。[7]

他拒絕「從寬」，要求「從嚴」：「還是進去吧！」僅僅要求抓捕在廠裡進行，不要讓母親與小外甥看到他「吃銬兒」。終於，他重遊舊地，回到老地方——上海第一看守所。由於「二進宮」，且態度惡劣——同室獄犯已揭發，還頑固對抗「無產階級專政」，1972年8月2日重判七年。先押市監獄，1975年初押往安徽白茅嶺勞改農場，蹲足刑期，1978年6月9日獲釋，仍留白茅嶺農場「二勞改」。

劉文忠吃牢飯九年三個月，管制兩年五個月，勞改農場「二勞改」九個月，總難期12年5個月。他自嘲在獄中讀了大學、碩士、博士、博士後。

主動「二進宮」，戲分甚足，為深挖劉先生當時真實心態，筆者特發專郵諮詢劉先生。劉先生答函——

對四類分子特別是反革命管制分子的鬥爭場面與摧殘程度，遠遠超過監獄大牆內。在外面，除了能吃飽肚子、呼吸到新鮮空氣，所遭受的人格侮辱、精神折磨遠甚於大牆內，而且日復一日、年復一年、看不到盡頭。特別是親屬，他們為我遭受到的壓力，大牆內我眼不見為淨。可管制生活天天擠在一起，我猶如釘十字架的感受。兩年多期間，我除了心痛，流不出一滴眼淚，對遭受的迫害充滿仇恨，甚至產生與折磨我的人同歸於盡的念頭，或像輝哥提倡的去人民廣場自

---

[7] 劉文忠：《反文革第一人及其同案犯》，崇適文化出版公司（澳門）2008年版，頁267～270。

焚。此外，當時整個中國就是四類分子的大監獄，無法出逃，沒有戶口也無法生存，惟有再進監獄。我當時認為進監獄是我精神思想的解放與避免靈魂拷打的「出路」，特別進上海市第一看守所，與政治犯同牢是我渴求的一個解脫。

讀完劉先生的故事，十分佩服他的「不要自由要監獄」，很想殘酷地對他說：「你真了不起！如果在外面，一定自殺成功！」

1979年3月15日，劉文忠平反。16日，上海高院派車從安徽白茅嶺接回，按滿師後月薪36元補發5400元（12年5個月）。半年後，撥給不遠處大木橋路江南二村一樓三室，折抵沒收同面積日暉四村12號二樓16室，劉家居住之窘得解。

1982年1月6日，劉文輝也艱難平反（經北京最高法院過問），國家賠償1000元安葬費，說是「要體諒國家困難」、「文革平反已結束，國庫沒錢了。」[8]

補充資料

1967年6月22日，李立三俄妻李莎押入秦城監獄——

鐵門「咣噹」一聲，關上以後，一種莫名其妙的輕鬆感萌生在心中，我長長地歎了一口氣，心想我再也不會被揪鬥，再也聽不到紅衛兵的喊聲了！秦城死一般的寂靜比起批鬥會上的狂喊尖叫總要強一些。

同日，李立三（1899～1967）受不了被冤「蘇修特務」，成功自殺。1980年3月20日李立三追悼會，彭真主持、王震致悼詞，胡耀邦、鄧小平出席，撫恤金也僅千餘元。[9]

---

[8] 劉文忠：《反文革第一人及其同案犯》，崇適文化出版公司（澳門）2008年版，頁390。
政府償額，劉文忠先生2015年6月17日確認。

[9] 李莎：《我的中國緣分》，外語教學與研究出版社（北京）2009年版，

1967年6月10日，1926年入黨的女特工黃慕蘭（1907～）再入秦城，很慶幸「二進宮」——

獄中的醫療衛生條件依舊，醫生護士的態度亦仍很好，為我治好了被打斷的肋骨。我覺得軟禁在此，倒是使我免受外面「文化大革命」風暴衝擊折磨之苦，乃是對我們的一種保護措施。[10]

再補充一點「黑五類」文革生活。天津一位擁有二十間舊房的小業主，「四清」沒劃上資本家，一直沒定成分，但也不是「紅五類」——

我們家這麼一來，點兒就低了，一下子街道鄰居全變樣，好賽他們無形中點兒高了。……遭白眼、挨罵，有時吃著飯一塊磚頭飛進來，玻璃窗粉粉碎。我們也不敢言聲。你能說嘛？你能找誰說去？我母親被同院一個小伙子拿拔火罐把腦袋砸得呼呼流血，我14歲小弟弟叫同街一個小子拿磚頭把後腦袋砸破，縫了九針。當時滿臉的血呀，看不清鼻子、眼睛、嘴。我們是人呵，哪能受這侮辱，叫他們騎脖子拉屎，連頭還不許抬抬。打到派出所，可你家裡有問題，你就沒理，完事還得叫我們認錯。挨打時反駁幾句也算錯，算挑事兒。……為嘛人都變成這樣？為嘛我們受這個？我可說句粗話了——都為了操他媽的「文化大革命」。[11]

1949年後，大陸成了一座大監獄。每逢重大節假日或什麼特殊日子，五類分子就集中「學習」。1972年，某公社將五類分子關了兩個多月，釋放時要家屬交21元（伙食費、看守費、燈油費）。一位右派知道家裡拿不出錢，打算就在裡面熬下去算了。因為，就算出去了，說不定哪天還會再抓進來。公社政法頭頭問他——

政府放你，為何賴著不走？想把牢底坐穿？

頁314、339～340。

[10] 《黃慕蘭自傳》，中國大百科全書出版社（北京）2012年版，頁360～361。

[11] 馮驥才：《一百個人的十年》，江蘇文藝出版社1991年版，頁244～246。

我是想走，實因交不出21塊錢。

你對交錢走人有什麼看法，談談！

交看守費、燈油費，我還沒想通。是你們抓我來，又不是我要借這裡落腳。

你這傢伙真不老實！我們槍斃犯人還要家屬交子彈費哩，難道是犯人要我們斃了他?!我們按毛主席教導辦事，絕對正確。你聽著：「凡是敵人反對的，我們就要擁護；凡是敵人擁護的，我們就要反對。」你反對我們收費，說明我們做對了。[12]

還有一則「裡面比外面強」。復旦新聞系學生右派姚福申（1936～），1968年說了一句「我們想要出去，只有等報上出現黑框框」（按：老毛死），「惡攻偉大領袖」反革命罪，判刑七年，安徽白茅嶺「兩勞」農場召開公判大會，送回上海提籃橋監獄服刑——

農場裡每次批鬥都要實行體罰並直接動手毆打，似乎不如此不足以顯示其革命熱忱和無產階級專政的強大威力。幹部們很少親自動手打人，但他們是批鬥會的組織者與指揮者。只要管教幹部念毛主席語錄：「對於反動派，你不打他就不倒。」那班「積極分子」便立即心領神會，拳足交加。「牛鬼蛇神」們每天都要掛著侮辱人的牌子生活和勞動，牌子上的細鐵絲嵌在頭頸裡入肉三分，每個被批鬥的人誰不曾有過求死之心？我想每一位被批鬥過的人都可以為我上面的陳述作證。然而文革期間上海提籃橋監獄比起勞教農場要相對文明些。雖然也經常開批鬥會，但動手動腳的現象較少，也遠遠沒有農場裡那樣兇狠，更沒有喊「你不打他就不倒」在一旁指揮的幹部。……我很慶幸自己被判了刑，脫離了地獄般的勞教農場，我以自己親身經驗證實了「勞教不如勞改」。

……

因為勞改農場屬於監獄一部分，經費開支納入國家預算和決

---

[12] 李普：《李普自選集》第三冊，柯捷出版社（紐約）2010年版，頁176～177。

算，勞改犯生活有最基本的保障。而勞教農場則屬於自負盈虧的地方國營農場體制，國家一般不再給予補貼。其高壓強制的管理手段和毫無希望的終身圈禁生活，無法激起就業者（按：勞教者）的積極性，所以在當時情況下，無論生活條件還是勞動強度都遠比勞改生活艱苦。[13]

在勞改農場躲過紅衛兵暴力的勞教犯杜高（1930～ ）——

文化大革命爆發後，我們幸運地從「專政對象」變成了「保護對象」……紅衛兵幾次要來衝擊這個右派勞教隊，都被公安局擋回去了，說有命令「不准衝擊監獄和專政單位！」……如果真的讓紅衛兵衝進來，那我們只有等著被他們打死。我們被封鎖起來，與世隔絕，反而得救了。[14]

初稿：2008-1-24～26；增補：2015-10

原載：《往事微痕》（北京）第117期（2014-7-15）

附記：

1993年10月29日《新民晚報》：一支中外探險隊在西部沙漠發現絕世老人鍾劍鋒。1969年，鍾劍鋒無法忍受「成分」逃進沙漠24年，不知外面變化。[15]

---

[13] 姚福申：〈世事茫茫難自料〉，載張大芝等主編：《陰晴雨雪旦復旦》，香港華泰出版社2008年版，頁305、309。

[14] 杜高：《又見昨天》，北京十月文藝出版社2004年版，頁169。

[15] 景凱旋：〈一個革命話語的產生〉，原載《隨筆》（廣州）2009年第5期。參見向繼東主編：《遮蔽與記憶》，湖南人民出版社2010年版，頁151。

上海第一看守所的活耶穌

1949年大陸赤沉，中共很快發起對「精神鴉片」宗教的滅剿。1951年反梵蒂岡運動（歷時一年半），驅逐梵蒂岡駐華公使黎培理。1953年「反帝愛國運動」，驅逐所有外國傳教士。1955年9月8日夜，逮捕所有抵制「三自」（自治自傳自養）的教士。上海地區，龔品梅、金魯賢等三十餘神父及300餘教徒被捕，不少人判刑二十年或無期。

文革紅色恐怖，取締一切宗教，關閉所有寺觀廟宇。紅衛兵揪鬥教士，遊街示眾，即便撤至「愛天主也愛毛澤東」，仍被逼令呼喊「打倒天主！毛主席萬歲！」教士只有一條路：「叛離天主，只愛毛澤東」。《聖經》、十字架踩踏於地，還須手持小紅本（《語錄》）高呼：「打倒聖母瑪利亞！」「打倒聖子耶穌！」那些按要求呼喊者，得到革命小將寬恕——脫離批鬥。不肯屈服者一個個乘坐噴氣式（雙臂反翹）、逼令下跪、拳打腳踢。

幾小時後，上海徐家匯天主教堂批鬥現場，所有天主教士都屈服了，最後幾位流淚叫了一聲「打倒上帝」。僅剩一位盲人修士還在堅持，未讓紅衛兵「澈底勝利」。紅小將滿懷革命義憤，撬嘴敲牙，逼他呼喊「打倒天主」，但從這張吐出鮮血與碎齒的嘴中，呼出的竟是：「蔣介石萬歲！」盲修士認為蔣氏夫婦都是基督徒，如果他們主政中國，絕不會這樣迫害教徒。紅衛兵傻了，這位「不想活」的瞎眼教徒不是美蔣特務就是梵蒂岡間諜，那些凹凸不平的盲文肯定是祕密情報。

盲人修士金林生（1917？～1972），出生上海浦東教徒家庭，就讀教會學校，終身侍神（不婚），奉職徐家匯天主教堂。29歲一場大病奪去光明，此後主要翻譯宗教文獻，獨自待在教堂閣樓，從不出頭露面，數次滅教運動均「漏網」。進入文革，造反派逼他學《毛選》，遭拒絕；拖進學習班，仍唯讀天主經書，毆打後堅不為動——只奉天主不奉毛澤東；只接受《聖經》教義，不接受毛澤東思想。他數次要求入獄，那麼多兄弟姐妹都進過監獄，惟自己尚未「沾享」這份榮耀。

思想的力量確實很強大，許多天主教徒都把監獄當作考驗意志的場所。他們堅信活著是暫時的，死亡才是永恆的，都願殺身成仁，靈魂進天堂。

終於，金林生如願進入上海第一看守所。冬天來臨，金修士只有一套單薄修士服。獄卒有意折磨他，只發給一套釋囚舊棉衣褲、一條薄被。深秋11月，外面教徒送給金林生的棉被衣服，次年4月才給他。獄方想要拯救這位不識好歹的迷途者，希望瞎子開口求饒。零下冰凍，金修士瑟瑟發抖，臉面發青，原本肺病就嚴重，陣陣咳嗽，數次高燒吐血，送提籃橋市獄醫院搶救。盲修士就是不屈服不求饒。最後，獄方降低門檻，只要金修士寫下放棄天主的保證書，哪怕只說一句話，表示向無產階級專政投降，馬上對他實行革命人道主義——提供病號飯、通知外面送藥送物。偏偏瞎子不識抬舉，每天正襟危坐，口念經文，心向天主。

一次，獄方誘惑金林生，打開一個外面教徒寄給他的郵包，除了衣服日用品營養品，還有一本盲文《聖經》。訓導員要他認錯，不再祈禱，便可領走這些物品，金修士搖頭拒絕，只要求給他那本盲文《聖經》。訓導員惱羞成怒，大發無產階級義憤，狠狠撕扯盲文《聖經》，砸向瞎子臉上：「去你媽的上帝！去你奶奶的天主！」金修士顫抖雙手，摸索著被撕毀的《聖經》，流下入獄後第一行眼淚。

獄中週五開葷，長期關押的囚犯，油水刮盡，一小塊豬肉彌足珍貴，前一天就興奮起來。但天主教週五小齋，不能食葷。金修士如僅僅為避齋日，可申請穆斯林餐。但獄方擺出條件：必須開口批判一聲天主。這是他無法交換的籌碼。每到週五，金修士便絕食抗議，自罰肉身，拯救靈魂，數年沒沾一點葷腥。饑腸轆轆的獄友們無不感歎，敬佩不已。一同室難友回憶錄中：「這是常人所不敢想像的。」

瞎子病重，沉痾難起，獄方不願他死在獄中，一難聽二難弄，有意放他出去——保外就醫，惟一條件就是低頭認罪、放棄天主。保外就醫，任何囚犯都不願放棄的機會，獄友都勸他「寫張認罪書先逃出地獄」，金修士還是拒絕了——

現在是假神取代了真神，我不能做叛徒猶大。我要保持信仰的純潔，不要為了活命為了求生而糟蹋自己的人格，這是不值得的。其實死與生是一回事，天主是知道的，會安排一切。

他對獄友說——

為義受迫害的人有福，跟主走苦路，是主給我的恩寵。

難友以「韓信故事」勸他，好漢不吃眼前虧，留得青山，先低低頭換取實惠。金修士搖搖頭，認為那是對上帝的褻瀆，罪孽深重，堅決不能為。難友都為他純淨正義的靈魂所感動，稱他「『一看』活耶穌」。

金修士從不責備別人，所有難友都是兄弟，不厭其煩向難友「傳福音」，教他們禱告、要他們託付主跟從主，克服自身軟弱。尤其對那些先利用後踢進來的造反派頭頭，金修士深為他們的罪孽痛苦不安，替他們懺悔、禱告。

記錄金修士「一看」事蹟的是小難友劉文忠。劉先生蹲「一看」四年餘，詳述獄方如何以食物控制犯人。1967年初，「一月風暴」刮進上海監獄，司法系統造反派奪權，「改革獄政」——進一步貫徹階級路線，落實對階級敵人的仇恨，絕不向敵人施仁政。同時，「節約鬧革命」，三餐改兩頓。上午9點三兩稀粥，下午16點四兩半乾飯。每天1500cc開水節約至1200cc。

一早，犯人肚子就轉起來，伸長脖頸等粥。送粥的電梯一響，粥香馬上飄來，一個個端著飯盒守在囚室門口。下午16點開飯，21點睡覺，肚子早空了，叫個不停，只能巴望早點睡著，「放下」饑餓，奈何越餓越睡不著。

上海第一看守所分大中小灶，小灶兩餐有葷，專供外籍犯人與著名人士，如陳璧君、龔品梅。中灶一餐有葷，供給有地位的犯人及處級以上犯官、揭發有功者，如著名右派王造時、孫大雨。大灶一週一葷，全獄犯人每週伸長脖頸就等禮拜五，那個興奮那個激動，只有親歷者才能真正體會。[1]

「一看」關押的均為政治犯，意志堅強度不算低，但在盲人金修士面前都找到差距，一致公認他才是「精神不敗」、道成肉身，目盲心明。在大陸紅色教難的祭壇上，盲人金修士放上自己的堅守，讓相當一部分人「失去重量」。

1972年，金修士入獄後第六年，死於「一看」。

2008-2-7於滬

原載：《爭鳴》（香港）2008年10月號

---

[1] 劉文忠：《風雨人生路》，崇適文化出版公司（澳門）2005年版，頁287、128、114、112、128。

文革中的蕭乾

蕭乾（1910～1999），1930～40年代《大公報》著名報人、二戰歐洲戰場唯一中國記者、中國新聞史上不能不提及的人物。蕭乾乃遺腹子，出生北京貧民區蒙族家庭，母親傭工為生，一月回家一次。靠母親及家族勒帶供學，蕭乾入燕京新聞系，1935年畢業，1939年赴英，倫敦大學東方學院講師、劍橋皇家學院英文系研究生。

回國報效

1949年初，蕭乾供職香港報界，收入不菲。母校劍橋大學中文系邀聘教席。燕京同學、周恩來女祕楊剛（後任《人民日報》副總編）則力勸他回國服務。劍橋何倫（Gustar Haloun）教授專程赴港接駕，提供全家旅費，允終身教職。這位老友詳述戰後中歐赤國近況，認為蕭乾在西方待了七年，紅色政權下沒好果子吃，「知識分子同共產黨的蜜月長不了。」

人生十字路口，港報同仁為他謀劃——

上策，接下劍橋這份聘書。中策，暫留香港工作，既可保持現在的生活方式，受到一定禮遇，又可靜觀一下。這麼進去太冒失，進去容易出來難哪！延安有老朋友瞭解你？等鬥你的時候，越是老朋友就越得多來上幾句。衝你這個燕京畢業，在國外待了七年，不把你打成間諜特務，也得罵你一通洋奴。[1]

別看香港這些大黨員眼下同你老兄長老兄短，等人家當了大官兒，你當了下屬的時候再瞧吧。[2]

1　《蕭乾回憶錄》，中國工人出版社（北京）2005年版，頁203。

2　蕭乾：〈往事三瞥〉，載張岱年、鄧九平主編：《往事如煙》，北京師

1947年5月，蕭乾撰文抨擊郭沫若「年甫五十，即稱公稱老，大張壽筵」。1948年3月，郭沫若〈斥反動文藝〉一文將他列為「黑色」，指為「反動作家」、「反動之尤」、「標準買辦型」。但蕭乾還是進來了，他要國籍要回家，「我像隻戀家的鴿子，奔回自己的出生地。」

1950年9月，原定參加訪英代表團，臨行前夜通知被涮。上峰告知：「你還是在國內走走吧。」意謂他不宜出國。反右前，蕭乾的日子還不難過，過了幾年「心情大致舒暢的日子」，先後任《人民中國》（英文版）副主編，《譯文》編輯部副主任、《人民日報》文藝版顧問。[3]

1956年，胡喬木推薦蕭乾出任《文藝報》副主編，[4]劉白羽、張光年三番五次上門動員，蕭乾極不情願地接下活，「沒想到只幹了幾個月，還鬧了個『篡奪領導權』。跟著就成了『右派』。」[5]因蕭乾發表〈放心・容忍・人事工作〉，右派+洋奴，發配勞改農場。

塞翁失馬，焉知非福，1957年淪「右」，使蕭乾在更猛烈的文革得以成為次要陪鬥。若非「右帽」，九年「不著一字」，到了文革，他就不是陪鬥的「死老虎」，待遇絕不會比鄧拓、吳晗、廖沫沙更好。1995年，85歲的蕭乾總結——

在非撒謊不可的年代裡，是當個沒人待見的準處理品好還是當個搶手貨好？所以1948年和1957年的禍，其實是替我種下了福根，我不但不埋怨，還打心眼兒裡感謝。[6]

範大學出版社1997年版，頁131。

[3] 《蕭乾回憶錄》，中國工人出版社（北京）2005年版，頁198、203、287、212。

[4] 張光年：〈回憶周揚〉，載王蒙、袁鷹主編：《憶周揚》，內蒙古人民出版社1998年版，頁11。

[5] 李輝編著：《搖盪的秋千—是是非非說周揚》，海天出版社（深圳）1998年版，頁51。

[6] 蕭乾：〈我這兩輩子〉，載《蕭乾全集》，湖北人民出版社2005年版，第4卷，頁855。

並不輕鬆的「陪鬥」

說是次要「陪鬥」，亦非輕鬆任務。1966年6月，蕭乾做好挨鬥心理準備，進了京郊文化部集訓班。最初像夏令營：床單潔白，飯食可口，晚上放三十年代老影片，週末大巴接進城回家，只是不准出大門。開會學習也是一片和風細雨，大家都使勁抖落身上「修」菌。

進入8月，突轉暴風驟雨，再由淒慘慘一變血淋淋。集訓班上，黃世仁扮演者戴上高帽、罰跪挨鬥，打得頭破血流，居然質問他為什麼逼死貧農楊白勞？蕭乾「開始明白這是個皂白青紅不分的運動。它觸及的僅是皮肉，觸不到靈魂，因為領頭的也根本不知靈魂為何物。」[7]

我們胡同垃圾堆上出現六具屍體，有人說還沒斷氣就拉到火葬場去了。大孩子告訴我，他們高中那位幹了一輩子教育工作的老教師被打死後，造反派非逼著校長在陽台上抱著死屍跳舞——他乾脆跳了樓。

混亂無序、茫然無依，生活信念與道德觀念徹底崩塌。

1966年8月23日，北京豆嘴胡同41號蕭家四合院，湧進一幫十來歲紅衛兵，砸得一片稀巴爛，扯碎蕭乾多年收集的歐洲版畫，燒掉幾十年積累的寫作卡片及幾百封友人書信（包括眾多中外著名作家）。妻子文潔若乃一水純潔「三門幹部」（家門、校門、機關門），也被戴上高帽，拉到院裡大車上挨鬥。十四五歲的孩子，臉上帶著獸性，「用銅頭皮帶抽打她，一綹綹地薅下她的頭髮，異口同聲地說：『這還便宜你了哪！你到一中去看看，一群群的死屍，眼珠子都挖出來啦。』」

蕭乾——

那陣子，對不少人來說，死比活著美麗多了，有吸引力多了。

7　蕭乾：〈「文革」雜憶〉，載《往事隨想—蕭乾》，四川人民出版社2000年版，頁206。

我也幾乎加入了那個行列。當我看到我的家被砸得稀巴爛，多年辛辛苦苦搜集的歐洲版畫被扯個粉碎，當我看到「三門」幹部文潔若挨鬥的時候，我對身邊這個世界失去了興趣。

瘦小頑強的文潔若，1954年與蕭乾結婚，剛有孩子，就被「反右」捲入漩渦。在女人紛紛離開「右派」丈夫的時候，文潔若頂住壓力。文革漫漫十年，再陪伴蕭乾度過最艱難的日子。蕭乾——

結縭三年，我就背上了右派黑鍋，倘若她那時捨我而去，也是人情之常，無可厚非。但是她「反了常」，使得我在凌辱之下有了繼續活下去的勇氣。[8]

從自殺到無家可歸

1966年9月4日，蕭乾從「牛棚」放回，見「精神支柱」的文潔若也遭人格侮辱，澈底絕望。5日夜，蕭乾吞食一瓶安眠藥，灌了半瓶白乾，留下遺言——

潔若：新社會固然美好，只是我擠不進去。我先走一步，孩子們只好都托給你了。乾九月四日。

他交代那一時期「黑思想」——

自殺之前我的內心邏輯基本上是：先死比後死幸運，死了比活著幸運，因為死了就不能有知覺和感情了。

一個知識分子在新中國得個善終可真不容易！

但他被撈救回來。第二天晌午，「我發現自己居然又回到人間，躺在隆福醫院的病床上。」他感悟到自殺並不能制止暴行，痛言——

We must out live the mall！——我們一定要比他們活得更長！

蕭乾發誓：再也不尋死了！

---

8 《蕭乾回憶錄》，中國工人出版社（北京）2005年版，頁256～258、520。

自從1966年8月趕出豆嘴胡同小四合院，蕭乾一家流離失所。1971年，他在湖北咸寧幹校辦退休，表格上的照片，臨時在豬圈前照的。回京後，民政局發覺他在北京連一張單人床的位置也沒有，拒絕接受。朋友向他透露，他頭上那頂「隱行帽」——摘帽右派，只配到山溝裡退休。這回，連一直鎮定的文潔若也慌了——再不回城，影響下一代的教育呵！為不繼續連累全家，蕭乾打報告——

儘管我是北京土生土長的，儘管在幹校雙搶（按：搶收搶種）中得了冠心病，只要能讓文潔若從幹校調回北京，我甘願去任何僻遠山鄉退休，了此一生。立此為據，絕不反悔。

1973年，蕭乾回京看望孩子。老友翁獨健將蕭乾介紹給甚缺教師的外語學院，可解決住房。院長得知蕭乾的留洋履歷，十分歡迎，但該院某教師乃蕭乾舊日同事，打了小報告，此事告吹。為了住房，房管所每一接待日，蕭乾必一早趕到，同許多困難戶擠一條長凳，一屁股一屁股往前挪，褲子都快在那排椅子上磨破了。房管所副所長曾為文學青年，蕭乾幫著改稿發在一家大報，副所長雪中送炭，硬將一處門洞兩頭堵死，一頭安門一頭安窗，蕭家四口總算有一棲所。

入住「新居」，窗下一下水道，院中幾十口人的尿池。夏天連條窗縫都不開，屋裡還是臭烘烘。由於是堵了門洞的「違章建築」，觸犯眾怒，有人故意往下水道倒屎。七八平米的惡劣環境中，蕭乾一家住了六年，狼狽接待一些前輩、朋友（每次只限一人），一把破籐椅吊懸頂棚，客人進屋才放下。孩子放學後得先在街巷兜轉，客人離去才能進門。每晨，蕭乾一家得去胡同公廁排隊「辦公」，風雨無阻。1978年，幾位同病相憐的文友勸他寫狀翻案，漫畫家丁聰在大庭廣眾之下為他鳴冤，他都拒絕了。他只渴望有個正常生活的窩。

1957年成「右」後，直至1978年秋人事科通知參加北京飯店宴會，21年間沒人請過一頓便餐。[9]

9　《蕭乾回憶錄》，中國工人出版社（北京）2005年版，頁257～258、291、272～275、280、277。

真正覺悟

十年浩劫，對大陸士林來說，最深重的傷害還是思想禁錮。1949年後，「舊知識分子」都急於自我否定，擠進「新社會」。蕭乾也不例外，放到書架上的拙作只有一本配合土改的《土地回老家》。文潔若：「這書不像是乾的文筆，而是任何人都寫得出的八股文。」[10]林徽因稱讚蕭乾23歲寫的短篇小說〈蠶〉——「是用情感寫的」，而「43歲的蕭乾的文筆已經失去了個人的光彩」。

蕭乾重新拿起筆，已入古稀。文章刊出後，朋友紛紛來信祝賀，只有「畏友」巴金來信責備，說那不是他的文筆。邵燕祥也從蕭乾的文字中發現冰碴。這些直言對他觸動很大。寫作權利恢復了，內心卻未解凍，冰凍三尺，非一日之暖可解。

經過二十多年的冷凍，自家靈魂的解凍可困難得多了。一提起筆，「梁效」那張猙獰的面孔就在我眼前晃悠。我害怕，打哆嗦。

1979年蕭乾訪美，一舉一動，都要由同行的黨員作家「掌舵」。哈佛大學邀請蕭乾前往，他回絕了，改請二人同行，才予接受。[11]

他決心像巴金那樣，把說真話放在第一位——

把真話憋在心裡，一憋經年，確實比孕婦難產要痛苦多了。難產者所面臨的，僅是個生不出的問題，她不需要生個假娃娃；而不能講真話，往往就還得違心的編造一番假話。[12]

1969年，一個含淚的自殺笑話使他確認真話絕跡。

由於那種窒息的氣氛以及講真話者落到的悲慘下場，人們不但上意識習慣於講假話，連下意識也不放鬆警惕了。[13]

---

[10] 〈文潔若憶蕭乾〉，載《文匯報》（上海）2003年11月12日。

[11] 《蕭乾回憶錄》，中國工人出版社（北京）2005年版，頁286、288。

[12] 蕭乾：〈「文革」雜憶〉，載《往事隨想—蕭乾》，四川人民出版社2000年版，頁210。

[13] 蕭乾：〈改正之後〉，載《往事隨想—蕭乾》，四川人民出版社2000年版，頁217。

某人跳樓自殺，彌留時說了最後一句謊話：「我夢見——有特務——我追——就跳了——」為了死後不被誣「畏罪自殺」、「自絕於人民」。

蕭乾說他有生之年不再違心說話，即使不能說真話，寧守沉默，不說假話——

對於巴金所提倡的說真話，我既由衷地擁護，又從實際出發而有所保留。我再也不求「講個痛快」而執筆了。我為自己劃了條線，我只敢在勉強允許的範圍內，儘量說真話。[14]

徐城北（1942～）說蕭乾此語體現了北方人的皮實，巴金則態度堅定「要說真話」，蕭乾拐了個彎——儘量說真話，堅決不說假話。[15]

文革後，蕭乾一直努力解凍思想，掰扭被僵化的意識。十幾年裡，說了許多「實質性」真話，有些涉及政治敏感。他用「便祕和腹瀉」為喻說點真話（可窺知1990年代初期說真話的難度）——

腹瀉雖讓人喪失元氣，卻畢竟把體內有害的沉澱傾瀉出去，總比聽任它繼續積存在體內要好。便祕則不然，體內各種毒素雜質都排不出去，最後必然死於中毒。

我並不喜歡腹瀉，但我嚮往順暢，順暢，順暢。那終將會使我們這個民族的肌體豐腴健壯。[16]

有關文革博物館，蕭乾乃最早觸及話題者。1985年初，他參觀慕尼墨「納粹興亡史」，於《人民日報》發表〈歐行冥想錄〉，提出為文革死難者修建永久紀念館，「家醜不外揚」並不能代替「知恥近乎

14　《蕭乾回憶錄》，中國工人出版社（北京）2005年版，頁286。

15　2006年1月25日，紀念蕭乾誕辰96周年並慶《蕭乾全集》出版，文潔若接受人民網「文化論壇」專題訪談。http://culture.people.com.cn/GB/42496/42501/4062642.html

16　蕭乾：〈我的醫藥哲學〉，載《蕭乾全集》，湖北人民出版社2005年版，第4卷，頁635～636。

勇」[17]蕭乾已超越個人遭遇，有所解凍，重現自由主義光彩。

蕭乾那一代知識分子確實「價廉物美」。蕭乾自殺被救，文潔若痛曰——

早知如此，何必當初。你要是1949年去了劍橋，這17年，你起碼也是個著作等身的劍橋教授了。絕不會落到這步田地。

蕭乾神色淒厲加重語氣——

想那些幹嗎！我是中國人，就應該接受中國人的命運。[18]

右派改正後，每當有人悄悄為當年的批判向蕭乾示歉，他一律回答：「怪不得你。」他晚年常說——

倘若過去那段日子能成為扭轉乾坤的契機，個人犧牲二十幾年時光也是值得的。[19]

1989年，蕭乾任中央文史研究館長，全國政協七、八屆常委，九屆委員，晚年與文潔若合譯詹姆斯・喬伊絲名著——《尤利西斯》。1999年2月11日，病逝北京。

（本文與2005級碩士生蔡莉莉合作）

2007-10於滬

原載：《南方都市報》（廣州）2010年12月14日

---

17 蕭乾：〈歐行冥想錄〉，載《蕭乾全集》，湖北人民出版社2005年版，第4卷，頁376。

18 〈文潔若自白〉，載鄧瑞全主編：《名士自白—我在文革中》，內蒙古人民出版社1999年版，下冊，頁781。

19 《蕭乾回憶錄》，中國工人出版社（北京）2005年版，頁282。

陳恭懷的艱澀婚戀

1940年10月21日，陳企霞長子出生延安中央醫院，故名「延安」，又名陳恭懷，行「恭」，祖父遠在老家寧波鄞縣，只能懷念，故拈字「懷」。

1966年7月，六六屆大中專畢業生都未等來久盼的畢業分配（可領薪），驟然降臨的文革打亂一切日程，大中專畢業生留校「鬧革命」，連中小學畢業生都停擺——未能升學。1967年底，全國六六屆、六七屆畢業生一再要求畢業。杭州大學外語系畢業生陳恭懷與同學上省府請願，口號「『發米嘍』拿來」（杭音）——試用期月薪43.5元。經周恩來批准，尚未離校的六六屆大專畢業生發試用期工資。1968年元旦後，六六屆大專畢業生分配工作，陸續離校。

當時大學生畢業分配潛規則：遠分對，近分贅，不遠不近分光棍。

「遠分對」，指違反「不准戀愛」規定的一對兒，「照顧」你倆，上遠處幹革命去。「近分贅」，有殘有病者，「贅」——累贅是也，分配得近一些。「不遠不近分光棍」，單身男女分到不遠不近處。[1]

陳恭懷因是「丁陳反黨集團」、文藝界大右派陳企霞之子，標準「黑五類」，雖為單身，仍發配浙江偏遠山區仙居縣，一所公社中學會計，不久再「下伸」隊辦小學。原本高高在上的紅色公子，儘管落難鄉野，畢竟身高一米七五，儀表堂堂，月薪42.5元，無家庭負擔，在鄉村還是很扎眼。那年月，農民全年分紅一次，相當多「倒掛戶」——分不到一分錢，還倒欠隊裡口糧錢。農民普遍口袋乾癟，任

[1] 馮驥才：《一百個人的十年》，江蘇文藝出版社1991年版，頁234。

何「拿工資」的公家人都令他們豔羨。

文革爆發後，僻縣仙居分來不少「成分」不佳的知青。大學生很自然形成鬆散團體，彼此關心，大小聚會，互通資訊，分享經驗。經驗之一：不可娶鄉姑。因為，不僅自己這輩子無法回城，連子女都得永居「農門」。陳恭懷年齡最長，不少好心人為他撮合介紹。

畢竟年近三十，陳恭懷不免「蠢蠢欲動」，想在大學生中尋覓物色。那兩年分配仙居的大學生三十多人，高於1949年以來總和。可惜女生不多，且不是已婚就是有主。最關鍵都知道他底細——「墨墨黑」的父親，對他不是敬而遠之就是避而遠之。很快，他發現自己在女生那兒行情甚低。城裡一位小學女教師，二十七八了，容貌一般般，陳恭懷遠遠掃過一眼。還未正式見面，介紹人就回話：「人家不願意。」未交待原因卻顯而易見，不多說了。

同事中一對杭州的大學生夫婦，對陳恭懷很關心，一再鼓勵他主動出擊，還幫他選擇目標。一次，他們打聽到公社醫院一位29歲女醫生，再三慫恿。陳恭懷終下決心，發出約會信，約見公路某路標。時間未到，便興沖沖前往，望眼欲穿對著她可能來的方向，直至傍晚也不見蹤影。懊惱至極，兩天後上醫院「問罪」，態度不敢過於冒犯。女醫生客氣回答：已有對象，不久將婚。情報有誤，陳恭懷無法怪罪那對好心同事。

陳恭懷的婚事也引起校內其他人關心。造反派頭頭、革委會委員，廚房大師傅王大志的胖老婆，整天坐著輪椅過問學校大情小事。一天，胖嫂喚來陳恭懷，一副盛氣凌人居高臨下的神態，如數家珍報了一溜女性，讓他挑選。由於均為農村戶口，陳恭懷沒表態。見他不吱聲，胖夫人重點推出一個帶孩子的38歲女人，一再擺說此婦如何如何好。陳恭懷很不是滋味，自己雖非英俊美男，卻也高大健康，正宗大學畢業生，怎麼能找大七八歲且帶孩子的「處理品」？心裡嘀咕：「這不是要我賣身為奴麼？」胖嫂見他不感興趣，不屑一顧地推著輪椅走了。

大學生的婚戀，鄉人飯後茶餘的段子，流傳不少「黑五類」子女找對象的笑話，很快擺弄出順口溜。剛來時，這些成分不佳的大學生，覓偶標準：「臉俏身苗條；能唱又會跳；自帶飯菜票。」一年後，取消第一條；第二年仍沒搞定，取消第二句；第三年還懸著，最後的「飯菜票」（有薪水）都只好取消，只要是個女的就行。

陳恭懷出身「大右派」，先天不足，給他介紹的雖然不少，但都是三等貨，還遞話過來：「成分太高，不作考慮！」

我還不到三十，身強力壯，前途無量，怎麼這麼看低我？我真難受得連話也說不出來。

終於，學校來了三四個剛畢業的女中專生。縣裡要求學校組織文藝小分隊，語文組趙老師任輔導。趙老師五十來歲，能拉琴，也會唱兩句，因出身不佳，一直不受重用，但卻常常被「使用」。趙老師把陳恭懷拉入小分隊，天天看排演，機會似乎真來了。陳恭懷看上一位黃岩姑娘，秀麗端莊、文靜謙和、識禮大方，也談得來。在趙老師鼓勵下，陳恭懷大膽向她遞詩——

斗膽冒犯敢相問，交個朋友行不行？望眼欲穿盼佳音，莫使悲漢再傷神！

去遞詩的趙老師感覺那位黃岩姑娘對陳恭懷印象不錯，出門時很有信心：「只管等我的好消息吧！」

午餐，陳恭懷在食堂門口碰到黃岩姑娘，往常她總是主動打招呼，今天眼睛紅紅，急急避臉，陳恭懷情知不妙。飯後，「信使」一臉喪氣交還詩條，搖搖頭，深深歎氣。陳恭懷像一頭撞上冰冷鐵牆的熱漢，那個鬱悶那個羞憤，隨手抽紙，再塗一詩——

老來眼昏不識花，幾欲採摘又怕扎；待到群芳鬥豔日，再看哪枝到咱家！[2]

一項「大右派」成分，那麼金貴的大學生、拿工資的國家幹

[2] 陳恭懷：〈我的父親陳企霞〉，載林賢治主編：《烙印》，花城出版社（廣州）2010年版，頁34、56。

部，硬是找不回這點差距。四處碰鼻，深傷自尊。晚年特述這段經歷，標題〈碰壁〉。政治標準第一呵！當今青年已很難理解這「第一」的斤量了。

大學生不行、中專生不幹、高中生也不肯，只好降至初中生。1971年1月，陳恭懷娶一初中畢業生（臨海籍），還是政治為媒。女生之父乃赴台書商，與其母早早離婚，在台灣另行成家。其母牽著一對兒女在大陸艱難度日。女兒上初中時，與班級輔導員（上屆男生）產生情愫。母親不同意，嫌那男生出身複雜。自家已是可怕的「台灣關係」，怎能再嫁「出身複雜」？黑黑結合，怎麼得了?!好事告吹。男生高中畢業，果然因成分不好下鄉支農，很快娶妻生子。姑娘等了幾年，沒找到合適的，只好嫁給「大右派之子」。雖說黑黑結合，誰也別嫌誰，畢竟大學生，多少有點「找」回來。這位初中姑娘因「成分」痛苦失戀，再因「成分」出嫁。

當今中青年對「成分」缺乏感性認識。1957年秋，某高校教室，學生正在晚自習，班支書進來傳達文件，大吼一聲「右派分子全滾出去！」

我們幾個右派學生趕緊退出教室，嘰哩咕嚕的，那份狼狽、那份慌張、那種對人的傷害……說到對人的傷害，這是現在的認識，當時並不覺得，好像自己天經地義就是右派，就是人下人，三等公民，慌慌張張滾出教室時，就像自己攆自己一樣。

紅色暴力硬是得到受害者認可哩！他們首先「面矮」——自己先不好意思。

一位右派家裡死人，死在鐵道邊，無外傷，也不知怎麼死的——

那時我們這種人家死個人像死條狗，誰還管驗屍，反正死了，刨個坑埋了。

唐山大地震，發放救災餅乾，只發給貧下中農，成分有問題的沒份兒——

貧下中農兩手捧著餅乾，臉上那種優越感呀！而我們這種人不聲不響，垂頭喪氣的樣子！就這點東西就明顯地把人分成兩個階層……那些有餅乾吃的鄉親絕不會讓給你一點兒，你就像條狗蹲在一邊。[3]

毛澤東欽點的知青典型孫立哲，其舅舅患癌癥，只因出身地主，堅持「為人民服務」的醫院（北京）拒絕收治。[4]突破人道底線的不平等，竟被賦予「正義」價值。

1973年11月7日，北大革委會副主任周培源致函毛澤東，要求解決1966～70屆八十餘萬大專畢業生的轉正定級，六六屆畢業6年了。毛澤東批示政治局「考慮作出決定」。[5]1974年，陳恭懷才拿到轉正工資50元／月，「國家整整少給我們每人近千元」。

文革結束，臨海姑娘初戀男友返城，進了物資局，發了一點財。二人重遇，舊情複燃，各自返身離婚，續上前緣。陳恭懷——

他們的愛情戰勝了我們這些不會經營感情的笨蛋。我畢竟單純愚鈍、書生氣太濃，不會處理如此複雜的感情糾葛。

1982年2月，陳恭懷離婚，已有一子一女。

1979年「丁陳」案平反，陳企霞復出，陳恭懷難期到頭，先通過關係調至廊坊師專。1983年初，經母親牽線，陳恭懷與另一「文藝界大右派」秦兆陽之女通信。她也因出身不佳，憂鬱單身。不久，秦曉晴趁出差看望臨海陳恭懷，1984年初在京結婚。「右右」結合，負負得正，性情相投，琴瑟相諧，2013年自印合集《晨情‧陳情集》。

1988年陳企霞去世，中組部「落實政策」，陳恭懷調京。

人生成故事，痛苦釀杯酒。那段「激情燃燒的歲月」就這麼走過來的。要死要活的「成分」就如此這般擺弄一代人。陳恭懷前妻被

3　馮驥才：《一百個人的十年》，江蘇文藝出版社1991年版，頁261～262、267～269。

4　王克明：〈我對赤腳醫生和孫立哲的認識〉，載《各界》（西安）2016年第7期（上半月），頁16。

5　中央文獻研究室編：《毛澤東年譜》（1949～1976），中央文獻出版社（北京）2013年版，第6卷，頁454～455。

「成分」拆散初戀，十多年後要求彌補，也不能指責他們「第三者插足」，人家也是時代受傷者，重續前緣亦非「不道德」，也符合現代婚姻觀——以愛情為基礎。

歷史畢竟不是影視文藝，針腳歪扭，醜陋難看。所謂「激情燃燒的歲月」，籠罩著透不過氣的紅色高壓，不宜入居呵！

此文呈陳恭懷先生審定，回函最後一句——

整個故事都是那個時代平常而又平常的悲劇。時代發展了，悲劇只能由劇中的主人公自己品味其中甘苦。

2014-5-14～16於滬

原載：《檔案春秋》（上海）2015年第1期

收入：《中國文史精品年度佳作2015》貴州人民出版社

馬識途與李井泉的文革情仇

馬識途（1915～ ），西南聯大中文系畢業生，1938年加入中共，「職業學生」——專事學運，老不畢業。1949年前，川康特委副書記（省級）；1949年後西南局宣傳部副部長；文革爆發，馬識途被李井泉第一個拋出，四川第一位走資派，晚年撰憶文革《滄桑十年》。他與李井泉的文革仇情，甚值咀嚼。

李井泉（1909～1989），江西第三師範生，1927年春入團，參加南昌暴動，1930年轉黨，1931年紅35軍政委，參加長征，1942年「抗大」政委；1949年後主政川省16年的「西南王」——西南局第一書記兼成都軍區第一政委，1958年進政治局，被呼「浮誇書記」——「二十億斤糧食換了一個政治局委員」（多報二十億斤產量），千萬川民餓死於大饑荒。[1]《戚本禹回憶錄》揭發——

四川省委書記李井泉，在他的報告中就說，四川省糧食產量最高的是畝產上萬斤，平均是畝產兩千多斤。……他一出來，那是前呼後擁，不得了的。[2]

國際間諜

文革初興，中宣部被毛澤東稱「閻王殿」，部長陸定一、副部長周揚，正副「閻王」。各省緊跟，先後拋出省級宣傳系統「走資派」（走資本主義道路當權派）。之所以均上宣傳部找「走資派」，一則仿習中央，二則以言定罪，宣傳系統最有辮子可抓。否則，一時

1　馬識途：《滄桑十年》，載《馬識途文集》第八卷，四川文藝出版社2005年版，頁120。

2　《戚本禹回憶錄》，中國文革歷史出版社（香港）2016年版，頁181、195。

半會兒上哪挖找必須得有的「走資派」？

1964年末，馬識途下放南充縣委副書記，專搞階級鬥爭為中心的「四清」運動。文革後，馬識途才知此時已被懷疑有重大政治問題。西南聯大期間，他奉命接觸美國大兵搞統戰；1950年代，出任省建委主任，與蘇聯專家有接觸，中蘇關係惡化後仍互寄年卡。就這麼一點「雲」，小人密報，成了「雨」——「國際間諜」。李井泉成立九人專案組，馬識途下放乃特殊「流放」，意在「不受干擾」搞他的專案。馬識途抱怨——

對於一個在白區出生入死幹了許多年的老同志如此不信任，動輒懷疑，是沒有道理的。而那對待同志的手法，也未免太惡劣了。黨內正常的政治生活受到嚴重的破壞，上上下下都是書記說了算，一個人可以掌握許多幹部的生死命運，可以決定許多人的吉凶禍福。可以僅憑一句道聽途說，便叫一個幹部大禍臨頭。我就正是這樣，糊裡糊塗地就成為裡通外國的嫌疑犯了。[3]

1949年前，李井泉在老區就以「左」出名，獨斷專行。1949年後，毛澤東對白區地下黨根深蒂固不信任，制訂「後十六字方針」——降級安排，控制使用，就地消化，逐步淘汰。[4]白區地下黨一律壓低使用，李井泉忠實執行。馬識途1947年就是省級，1949年後降任成都市委組織部長（廳級）。1950年代初，北京上調馬識途赴英國搞外事，李井泉攔阻。馬識途建設廳長任上，建設部指派出席捷克國際學術會議，李井泉也格擋。川省工作中，馬識途認為四川不宜普遍植棉，在水利等科技問題上未緊跟李井泉，李對馬識途印象惡劣：「此人可用不可信」。[5]

---

3 馬識途：《滄桑十年》，載《馬識途文集》第八卷，四川文藝出版社2005年版，頁23～25。

4 穆廣仁：〈有關地下黨的另一個十六字方針〉，載燕凌等編著：《紅岩兒女》（第三部·下），真相出版社（香港）2012年版，頁709～710。

5 馬識途：《滄桑十年》，載《馬識途文集》第八卷，四川文藝出版社2005年版，頁26～48。

1966年5月，馬識途在南充忽接指示——帶上組織關係回西南局參加文化大革命。馬識途雖兩次頂撞「政委」（李井泉），但未想到會獲祭旗「殊榮」——四川第一位「走資派」。罪證是他寫了一系列反黨反社會主義小說。西南局機關大會，當場宣佈「反革命修正主義分子」、停職反省。他目瞪口呆，嚇得幾乎昏死，無法站起來。報刊廣播旋點名批判，各種批鬥機關槍掃射、大炮轟擊，病妻王放驚懼而死。馬識途監禁六年，三個孩子掃地出門，寄食於人。

李井泉也被打倒

命運弄人，隨著「文化大革命勝利深入」，李井泉也被打倒，但被接往北京保護起來。其妻肖理（省輕工業廳副廳長）代夫受過，遭衝擊批鬥，與馬識途、沙汀、艾蕪同為成都昭覺寺監獄難友。「第一夫人」挨鬥，馬識途陪鬥。馬當然沒好臉色給「第一夫人」，肖理卻熱面孔貼冷屁股，放風時總向馬識途遞微笑，以博好感。

一次，她終於對馬識途說——

我知道他做的有些事情對不起你，希望你能諒解。那個時候他也是莫奈何，從北京宣佈中宣部是閻王殿後，各地都拋出宣傳部長來，他不得不把你和李業群拋出來呀。

馬識途回答——

你現在來說那些所謂「莫奈何」的話，還有什麼意思呢？現在我們都被抓進來了，不都是一樣的命運嗎？

肖理默然，過了一會兒——

你的命運和我不同，你是出得去的，我是出不去的了。他們強迫我寫揭發他的材料，我一張也沒有寫。我只希望你出去後，告訴他，我沒有做一件對不起他的事。

過了幾天，肖理靠每天藏在舌根下積攢的安眠片成功自殺。雖然那會兒「走資派」經常自殺，但肖理的自殺使馬識途久難平靜，想到人家自殺已有把握時托咐遺囑，自己竟毫無感覺，未加勸阻，甚失悔。

忠人之托

可肖理丈夫畢竟是自己的仇人，挨鬥時曾立誓——

將來我要是平反了，他如果不向我表示道歉，我絕不再去看他，無論他做多大的官。

文革後，李井泉升任全國人大副委員長，成了「黨和國家領導人」，許多老部下去看他，馬識途沒去。後來，馬識途當了全國人大代表，每年李井泉看望來京參加「兩會」的四川團，馬識途均走避。李井泉向另一位挨過他整的人道歉，但沒向馬識途道歉，上南充仍說地下黨的壞話，馬識途更反感了。鄧小平上成都，接見川省老幹部，李井泉也來了，馬識途坐得遠遠的。但想到肖理的臨終之托，又覺得對不起肖理，很糾結。

一次，馬識途上成都金牛賓館看戲，發現李井泉又來成都，坐在前排沙發。馬識途心裡一陣敲鼓，最後聽從良心召喚，徑直走到李井泉身後，李向他打招呼，馬識途不及回禮，匆匆說：

我和肖理關在一個監獄裡，她自殺了。她自殺前對我說，要我出來告訴你，她沒有寫一份揭發材料，沒有做一件對不起你的事。

李井泉眼圈登時紅了，用手絹擦淚，不斷「唔唔」哼著。馬識途沒告辭，徑回後排。回憶錄中——

我完成了我應該完成的任務，心裡馬上感到平靜了。奇怪，我忽然在心裡產生了一種快感，一種幸災樂禍的心理：「你也有今天呀。你的愛人在『文革』中自殺了，你很傷心。你哪裡知道我在『文革』初挨你的整時，我的愛人也被折磨死了，我很傷心。」[6]

---

6 馬識途：《滄桑十年》，載《馬識途文集》第八卷，四川文藝出版社2005年版，頁264～268。

李井泉在文革中不僅喪妻，而且失子。次子李明清（1943～1967）在北京航空學院與同學為劉少奇等喊冤叫屈，寫大字報劍指中央文革，被紅衛兵亂棍打死。[7]

還算老實

季羨林為馬識途自傳撰序。季羨老曾呼吁「寫下文革親歷」，言者諄諄，聽者藐藐，季羨老「極大失望」。馬識途詳細寫出文革親歷（33萬字），季譽為「空谷足音」。

縱觀馬識途自傳，雖因黨性必有隱避，敘及部分則基本可信，且實錄一些心態，如對李井泉的仇怨，文革後寧願看大門掃廁所也不願復任宣傳部副部長（主管文藝）。他對自己也冤枉過人真誠懺悔，說了一些老實話——

資本主義道路我是不敢走了，就是社會主義道路我也不想走了。

他給續弦的最初情書——

不幸的命運把我們兩個扭在一起，卻給我們帶來了幸運。

馬識途第三任妻子乃重慶某報編輯（羅廣斌同學），前夫也是中共官員，文革中自殺。[8]

筆者讀傳有一「不良傾向」——直寫情事者較易博我信任。

2013-9-29～30；後增補

原載：《動向》（香港）2014年3月號

7　王曉建、雙石：《李井泉和他的家人》，載《黨史博覽》（鄭州）2014年第11期。

8　馬識途：《滄桑十年》，載《馬識途文集》第八卷，四川文藝出版社2005年版，頁3（序）、334、321、289、325～326。

《吳法憲回憶錄》中的祕聞

回憶錄裡的「新聞」都是舊聞，因眾所周知的原由，2007年港版《吳法憲回憶錄》許多內容，對大陸「革命人民」還是重大新聞。

舊聞成新聞·中將攄上將

1962年初「七千人大會」，劉少奇起草報告，承認「三年困難」七分人禍三分天災，公社化搞早搞急了。毛澤東閱後召集中委擴大會議，印發劉的報告稿，看看能不能用。中委不知毛的底牌，不少中委對「人民公社」本有意見，亦不便批評「二把手」的報告。見沒人提異議，毛只好自己說——

從1961年11月份以來，我們連續召開了兩個會議，前面開了一個人大，這次召開了中央工作會議。在人大的報告中，說全國形勢一片大好一片光明。這次七千人的大會，卻完全相反，來一個一片黑暗，沒有前途。這樣我們怎麼向全國人民交代呢？這個稿子只看到一點現象，沒有分析，不能成立，不能用，要研究，要重寫一個。

毛的表態震動了高幹，紛紛轉向，完全同意，全國形勢當然又是「一片大好」。吳法憲說——

這就當場給劉少奇一個下不了台，因為原來的稿子是劉少奇主持起草的。他只好來了一個不吭聲，一句話也沒說。

在毛眼裡，形勢判斷並非根據客觀事實，而是主觀判認，且必須「一片大好」，故而不顧已餓死四千萬階級兄弟，仍然「形勢大好」，否則「無法向全國人民交代」。

劉少奇不服，儘管修改稿中刪去「三分天災七分人禍」，大會發言中仍引湖南農民的話——「三分天災七分人禍」，還說「你不承認，人家就不服」，公開頂毛。毛見劉如此「不聽話」，歧意發露，遂下決心「倒劉」。

吳法憲（1915～2004）挖掘「七千人大會」之所以擁毛不擁劉的深層根源——

像信陽這樣餓死很多人的地方，在全國應該還有不少。在這種情況下，無論對此有責任還是沒有責任的，大家都有一肚子的意見。但是，對著誰出氣呢？對縣委書記、省委書記、黨中央、毛澤東？誰敢呀！另外，到會的許多人，他們自己就是當事人、責任者。甚至可以說，參加「七千人大會」的絕大多數人，都在響應毛澤東「大躍進」的號召下，不同程度地說過一些錯話、辦過一些錯事。因此，一旦反映了客觀實際情況，就會反到自己頭上。真要這樣，烏紗帽就戴不成了。再者，彭德懷在廬山被撤職被批判，被定為「反黨集團」，這記憶猶新的前車之鑒，使得許多人心裡有疑慮，想講又不敢講。有的剛講了一個開頭，就堅決要求不登簡報。實際上，在這樣的會議上是發揚不了民主的。

吳在回憶錄中多處認錯。武漢「七·二〇」事件後，中央軍委擴大會議批判陳再道、鍾漢華，中將吳法憲出於「無產階級義憤」，以下犯上，打了上將陳再道一記耳光。吳還檢討「錯誤地批判朱德委員長與李先念副總理」。[1]據《戚本禹回憶錄》，吳法憲揪住陳再道的耳朵，打了兩記耳光，休息時命令陳再道罰站，並摘去陳再道的領章帽徽。[2]

---

1 《吳法憲回憶錄》，北星出版社（香港）2007年第二版，下卷，頁545～546、549、691、666。

2 《戚本禹回憶錄》（下），中國文革歷史出版社（香港）2016年版，頁658～659。

林彪吐實話・空投井岡山

「七千人大會」上，林彪說工作中的錯誤皆因沒聽毛話，保駕有功。但林彪私下承認說了違心話——

我這樣講是出於無奈。不這樣講，毛主席的威信受到影響，整個局勢就不好維持了。

但毛對林彪的「抬轎子」十分感奮，批示——

這是一篇很好的文章，看了會使人大為高興，要發給大家學習。

毛問羅瑞卿：你能講出這樣的話嗎？文革爆發，林彪地位日隆，但「林彪對於『文革』的態度是越來越消極」。

文革初期，幾十萬紅衛兵湧上「革命聖地」井岡山，山上很快斷糧，上山學生竟有餓死。周恩來動員贛鄂閩浙粵等大城市與部隊蒸饅頭做點心，軍機空投。

我們前後一共向井岡山空投了半個多月的食品，才使大多數的學生們免於餓死。不過，最後還是餓死了極少數的幾個人，還有因為饑餓一下吃多了，撐死的也有。這樣的現象不僅僅局限於井岡山一地，在韶山等其他的「革命聖地」，也發生了類似的情況。

二十年後，兩位當年上了井岡山的紅衛兵合撰〈井岡山紅衛兵大串連20周年祭〉——

三天裡，三大軍區（按：福州、廣州、武漢）出動大型運輸機31架次，投下乾糧百餘萬斤。……還有一些包子、饅頭，丟下來時，手隔著兩層麻袋一摸還是熱的，這是來自長沙的。湖南省軍區向駐長沙的部隊下達了命令，每個連送一蒸籠包子或饅頭。

紅衛兵運動勃興，全國大串連，大中學生免費飽覽祖國大好河山，朝拜革命聖地。江西傾全省之力供應井岡山，1966年7月～1967年1月，耗資250萬元接待百餘萬紅衛兵。盤山道上每天兩列車隊——上山的運糧卡車、下山的運糞拖拉機。

缺乏詩意的是山上數不清的永久性暫時性、露天和非露天的廁所、便池。……山上十幾萬人拉下的大便，一天不及時組織拉下去，就足以臭倒井岡山！

1966年11月底，盛傳毛澤東要來井岡山接見紅衛兵，三平方公里的茨坪駐紮了20萬紅衛兵。400床位的井岡山大廈擠進一萬人，絕大多數紅衛兵只能捱在四面透風的田中大棚，3～6人蓋一條被子。六名紅衛兵得腦膜炎死在井岡山，五名迷山餓死（1967年6月發現最後一具女屍）。一架運藥直升機，一男生以為毛澤東來了，衝上前想第一個與毛握手，被直升機漿葉削去天靈蓋。井岡山接待幹部成了「刻意製造惡劣生活環境妄圖趕走紅衛兵的走資派」。[3]

吳法憲認為毛檢閱紅衛兵很享受——

像這樣面對面接受紅衛兵的頂禮膜拜，毛澤東自己可能也覺得是一種心理上的享受。

然而，數百萬人湧入北京，交通、住宿、糧食全線告急，周恩來實在沒轍了，只得請毛限制進京人數。毛不滿意——

現在才接見了六、七百萬，少了，要再加一倍，還要保吃保住保行。

毛高高在上發指令，只管政治不慮經濟，不管衣食住行這些麻煩事，才有如此「無產階級領袖大氣魄」。八次大接見，合計1100萬紅衛兵，幸虧73歲的毛吃不消，終於鬆口「不能再見了」，下面才敢發通知阻止學生進京。吳感歎——

毛澤東八次接見紅衛兵，不知道花了多少的人力物力和財力，也不知道給國家、社會和有關地區的政府、人民帶來了多麼大的負擔。幸虧是毛澤東最後自己受不了了，如果當時真的是像他說的那樣，接見人數再增加一倍的話，情況不知會糟到一個什麼樣的地步。[4]

3　胡平、張勝友：〈井岡山紅衛兵大串連20周年祭〉，載伍仁編：《共和國重大事件紀實》，西北大學出版社（西安）1992年版，卷二，頁70、78、47、50～51、67～68、74、79。

4　《吳法憲回憶錄》，北星出版社（香港）2007年第二版，下卷，頁742、毛大接見的用意：向劉鄧等黨內反對派顯示政治實力——中央高層我可能不占「多數」，但在民眾基層卻是絕對「多數」，打倒你們只要動一根小指頭。

八次紅衛兵大接見，百萬青年膜拜歡呼，怎麼看都像紐倫堡納粹集會，煽動宗教式狂熱，標誌意識形態嚴重偏斜——國家進入災難頂點。

江青訓恩來・林彪訓江青

江青、葉群兩大夫人參政——出席中常會與中央文革碰頭會，全是毛的安排。

江青訓周恩來一節，流傳甚廣，但均為旁聽旁聞，吳法憲親歷親見，描繪精細，估計會令很多「周迷」大吃一驚。江青在中央文革碰頭會上對周大發雷霆——

你周恩來，不是我們中央文革保你，你早就被打倒了。老娘是「赤條條來去無牽掛」，對你沒有什麼可怕的。你周恩來比我強的，只是組織才能，這點我佩服。但是你掌握原則、大政方針是不行的。

周勉強說：江青同志，你比我強，我得向你學習。

江青則說：我們兩個配合起來處理問題，就是完人了。

會場一片寂靜，康生出來敲邊鼓——

希望周恩來同志多尊重江青同志的意見，你們兩個人密切合作，就成了中央文革碰頭會議的領導核心，可以為毛主席多出主意，江青同志領會毛主席的意圖是很快的。

周只好點頭稱是。吳法憲——

以後江青越來越囂張，而周恩來對江青，唯唯諾諾不敢犯顏……陳伯達只是中央文革小組一個有名無實的組長，只有江青才說

610～612。

了算。江青上能通天，下能命令周恩來，除了康生以外，其他人都不在她的眼裡。

1967年2月20日，林彪為保護蕭華痛斥江青一節，吳法憲詳敘頭尾，音容宛然，包括嚇壞了的葉群哭抱林彪大腿，強阻他拉江青去見毛。吳的分析甚到位——

這次林彪與江青大鬧，撕開的裂痕是很深的，可以說是種下了分裂的種子。林彪對江青是不滿的，但是又怕得罪了毛主席，不敢過分譴責。

林江矛盾由此一直延續到「九・一三」。當時敢當面斥責江青，除了毛，只有林了。[5]

王關戚倒台・專案組龐大

王關戚倒台一直語焉不詳，尤其戚本禹的「滯後」，資訊模糊，吳法憲說毛本還想保一下戚，毛一直十分器重戚本禹。1966年3月20日，毛將姚文元、戚本禹、尹達列為「現在的權威」。江青也經常帶著戚進進出出，戚本禹鋒頭一時蓋壓張春橋、姚文元。吳法憲說戚有點飄起來，送了一套《紅樓夢》給李訥，似意「駙馬」，引起江青警覺，對毛說戚改造不了，要拿掉，毛同意了，夫妻一體，云云。

1968年1月12日夜，戚被逮捕，他根本沒想到——

為什麼要銬我？我究竟犯了什麼罪？什麼都沒有對我宣佈就把我銬起來，這是哪一條法律呀?!

戚本禹這時才想到法律。他對江青還抱幻想，臨上車前，連叫三聲——

姚文元，請代我問江青同志好！

5　《吳法憲回憶錄》，北星出版社（香港）2007年第二版，下卷，頁659、681、654～655。

「九・一三」以前，14個中央專案組，成員多為軍師級幹部，500多人。周恩來半個月召開一次大會，四五百人全體到會，從晚上八九點開到次晨，累得不行了才散會。周恩來才是各中央專案組真正組長。

吳法憲認為毛周才是彭德懷冤案的責任人——

彭德懷的問題應該由毛澤東來負全部或主要責任，算到黃永勝的頭上是不公正和不公平的。黃永勝對彭德懷的問題是沒有決定權的。……為什麼只算沒有決定權的黃永勝的賬，而不算有決定權的毛澤東和周恩來的賬呢？

不能說牽連到我們的都是「反革命犯罪」，牽連到毛主席的就都是「失誤」，牽連到周恩來的就都是「違心的」。

中央文革小組14名成員——陳伯達、康生、陶鑄、王任重、江青、張春橋、姚文元、劉志堅、王力、關鋒、戚本禹、穆欣、尹達、謝鏜忠，「九・一三」後，只剩下康生、江青、張春橋、姚文元四人，其他都「拿掉」了。

「二月逆流」全版本・「三個副詞」出小平

第一次讀到「二月逆流」譚震林講話全版本，「三不該」尤點睛——

我從來沒有哭過，現在哭了三次。哭都沒地方哭，想來想去，自己不該那麼早參加革命，不該活到65歲，不該跟著毛主席。

江青說：「你敢再說一遍嗎？」她馬上打電話向毛告狀。毛讓譚接電話：「譚震林，你說這話什麼意思？上井岡山是我請你去的嗎？」不久，毛當面挖苦譚震林——

你說你不該那麼早入黨，不該活到65歲，不該跟著我革命，那你可以退黨嘛！可以不革命嘛！可以不跟我嘛！至於你該不該活65歲，那怎麼辦哪，你已經活了嘛。

毛從此深忌譚震林。參與「二月逆流」的四帥三副（副總理）——陳毅、徐向前、葉劍英、聶榮臻、譚震林、李富春、李先念，享受「特別待遇」——各家黨支部每週「幫助」首長，祕書、警衛、司機、廚師開首長的「批鬥會」。

「二月逆流」後，毛怕老帥受批判有異動，派人監視徐、葉、聶三帥。幸虧「臥底」的空軍副司令王秉璋兩份報告都說老帥受批判後有轉變，一致認為文革搞得好——「對反修防修和防止資本主義復辟起很大作用」，毛這才解除對三帥的懷疑。而停止老帥家中的支部批判會，乃林彪建議。林對毛說：「這種辦法不宜多搞，會把老帥們的身體搞壞。」1967年2月開始的「內批」，1969年4月結束。但毛不肯放過譚震林，譚家黨支部繼續「內部幫助」，譚亦未得出席八屆十二中全會。

「九大」鬧得轟轟烈烈捧毛的「三個副詞」——天才地、創造性地、全面地繼承、捍衛和發展馬克思列寧主義，首創者原來不是林彪而是鄧小平！[6]

徐海東請毛交班・許世友揭發「伍豪」

《吳法憲回憶錄》還抖出一些勁爆「舊聞」。1959年，徐海東大將給毛寫信——

毛主席年歲大了，應該交班了，應該交給劉少奇。

毛從此不理徐，徐海東（1900～1970）「長期休養」。

吳法憲說向中央呈遞「伍豪」材料的是許世友。楊成武與吳法憲當時就明白江青搞「兩條路線鬥爭史提綱」，只寫毛林江，意在為她日後掌權鋪墊。吳轉述林彪語——

6　《吳法憲回憶錄》，北星出版社（香港）2007年第二版，下卷，頁694、700、978、658～663。

在延安，是江青追毛主席。她通過康生，想盡一切辦法接近毛主席，經常是毛主席一邊寫文章，她就在一邊打毛衣，一打就是一天。她是拼死拼活去追毛主席，以後才結了婚。

1937年9月25日平型關戰鬥前，八路軍115師參謀長周昆赴洛陽第一戰區，領取該師第一筆國府軍餉三萬銀元。周昆攜款私逃，莫知去向，「至今下落不明」。

1950年代，廈門一高炮師長逃到台灣並升了官。

1965年10月，空軍首次「跑飛機」——南京空八師李顯斌駕駛「轟5」逃台。

中共「九大」甚至出現非黨員代表；這些「舊聞」對大陸國人都有爆炸性。

「九・一三」後，儘管黃永勝、吳法憲、李作鵬積極配合周恩來善後，堅決站在「毛主席革命路線」一邊，揭發批判林彪，不僅仍打為林彪死黨，且整個空軍海軍系統都受懷疑，每個機場、港口進駐一營陸軍。軍以上高幹立案審查800餘，全軍受審查幾十萬。大渡河十七勇士之一、空軍副司令曾國華中將，整死在「學習班」。[7]

伴君如伴虎・邱會作機敏

1970年九屆二中廬山會議，吳聽毛澤東說與陳伯達「30年沒有很好地合作」，心裡嘀咕——

既然是這樣，那為什麼要把陳伯達一直留在身邊，而且一直提到中央常委，成為黨內第四號人物呢？這是怎麼共事的呢？一有了意見，就算總帳、算老賬，一得罪就得罪到底，把人打入十八層地獄。對彭德懷、劉少奇都是如此。真是伴君如伴虎，讓人心寒哪！

[7] 《吳法憲回憶錄》，北星出版社（香港）2007年第二版，下卷，頁664、755、185、866、969、980。

毛澤東在廬山對林彪說——

陳伯達在全黨全國的威信太高了，這次廬山會議要把他拿下來。

吳當時就腹誹——

「陳伯達威信太高了，所以要把他拿下來。」這是什麼理由嘛！其實陳伯達的威信一點都不高，在中央文革裡，他就像個受氣的「小媳婦」，康生、江青都是隨便罵他諷刺他。

廬山會議前期，文革派受林彪軍派猛攻。1970年8月25日上午，江青帶著張春橋、姚文元未經預約求見毛澤東，毛最初不想見，對江青說：「你走」。但見了張、姚，兩人抱著毛的大腿痛哭，把毛的褲子都弄濕了。「這個張春橋真有辦法，到毛主席那裡去一哭，就把毛主席哭過來了。」這才有毛扭轉乾坤的〈我的一點意見〉，明確保江抑林。

廬山翻船後，吳法憲——

深深後悔自己不該到中央來，如果我仍然在空軍工作的話也不會有如此的遭遇。我想還是林彪說得對，我們這些「丘八」不懂政治，鬥不過他們。

李作鵬在下山回京的飛機上——

我們這些人太不適應中央的政治生活了。

「九大」以後，周恩來外出均由康生代理周主持中央工作，稱「康代總理」，但兩人關係一直不甚親熱。廬山會議後回京，周康同機，十分熱絡。吳當時便想——

周總理很值得我們學習，善於「看風使舵」。

廬山會議後，毛澤東讀了邱會作的檢討，對邱說——

邱會作，你的字寫得很好嘛。我死了以後你可以當主席。

邱趕緊起立：毛主席萬壽無疆！

廬山會議後，林彪「五虎將」被批，林彪頂住壓力就是不檢討。吳法憲——

我應當實事求是地說明，從九屆二中全會之後，我沒有聽到林彪說過一句對毛主席不滿的話。林彪的思想上是不是有一個禁區，或者是有什麼其他想法，我就不知道了。[8]

毛崇拜瓦解・還是人間好

1981年，吳法憲保外就醫於濟南，才讀到1971年8月毛〈南巡講話〉——

當我在事情發生十餘年後，看到他這些談話時，心情很不平靜。幾十年來，毛主席在我心目中，一直都是一個光輝形象。我始終認為，毛主席是我們黨的最高領袖，我對毛主席是最崇敬的。把毛主席看作了真理正義的化身。遇到任何問題，都要想是不是忠於毛主席。但是看了這樣的一個講話，毛主席在我心中的形象，真的是瓦解了。用一句話來說：毛主席言行不一。……毛澤東經常親自宣導「批評與自我批評」。但是他自己有意見當面不講，或者是只講好聽的，卻跑到下面去煽風點火，還一再對我們封鎖消息，不准參加談話的人把這些情況告訴我們。他有意見可以擺到桌面來談嘛！他自己老是說「要光明正大，不要搞陰謀詭計，」但是他自己這樣做是光明正大嗎？

吳還說張春橋原很有希望成為接班人，毛澤東向林彪表露過此意。但一下子將張手下的王洪文提起來，推上中央副主席，排位第三，「王洪文和張春橋在許多方面是無法比的」。吳非常不理解毛何以棄張就王。

四人幫倒台後，「我當時也存在很大的幻想，我總認為葉帥、汪東興他們對黃吳李邱都是瞭解的，我們的問題很有可能得到解

---

[8] 《吳法憲回憶錄》，北星出版社（香港）2007年第二版，下卷，頁811～812、800～801、821～824、836、843。

決。」不料，反而由隔離審查升級正式逮捕，進了秦城監獄。

剛被隔離時，吳法憲的伙食待遇每年大約七八百元（用自己工資），月均60元以上，相當21級幹部月薪。吃得很好了，筆者當年生活費三倍以上。保外就醫後，前空軍司令自理生活，居然不會燒水，分不清人民幣一塊二塊，看來此前確實「一心一意撲在工作上」。

回憶錄最後部分針對「判決書」逐條駁斥，自己為自己平反。吳至少說了一句大實話——

當時的一些問題，並不是本身不清楚，而是出於利害關係和實際需要不想說清楚，或者不允許別人說清楚。

吳法憲提供一組數據：文革全國73萬人遭迫害，其中34800人被整死，平均每省27071人受迫害，1242人被整死。佐以其他資料，顯屬一個大大縮水的數字。饒是大大縮水，也已「實質性」控訴文革。

吳法憲完全同意改革開放——

通過比較，我認為這才應該是真正的社會主義，我從內心裡擁護我們黨改革開放的根本國策。

吳法憲最後的結束語——

我衷心地希望這樣的日子不再有、希望我們的子孫後代永遠不再經歷我們這一代人所經歷過的痛苦與磨難。……因為在幾十年的黨內殘酷鬥爭過程中，很難找出幾個沒有整過別人的黨內幹部。

吳晚年常常教導子女：「高處不勝寒，還是人間好！」這位空軍司令確實很窩囊，「運輸大隊長」兼江青的「人質」——江青每次乘機一定要吳陪同，要吳絕對負責她的安全。[9]

《吳法憲回憶錄》記錄文革時期中共政治局如何開會、如何明爭暗鬥、如何一詞一語過招，暗度陳倉。所有政治局委員均以揣摩毛意為要，仰承皇威為職，盡透「社會主義民主」之底。

[9] 《吳法憲回憶錄》，北星出版社（香港）2007年第二版，下卷，頁859～860、907～909、953～954、899、982、969、978、983、785。

像所有「汙點人物」一樣，《吳法憲回憶錄》免不了掖掖藏藏，但也提供了一些「三親」（親歷、親見、親聞），有助文革研究。

2008-2-16～17於滬；後增補

原載：《北京之春》（美國）2010年4月號

轉載：2010-8-7共識網（北京）

邱會作撩起「九・一三」厚幕

40年了，驚天一爆的「九・一三」仍濃雲密佈、帷幕深深。「九・一三」使文革神話破產，毛澤東一夜愁老。1971年11月20日，毛在周恩來、李先念等出席的一次會議上，承認林彪事件使「中央臉上無光」。1972年2月12日，毛突然休克，差點「嗚呼」。[1]

因缺乏內幕資訊，缺乏最關鍵的實證，親歷者不開口或開假口（如汪東興），「九・一三」仍是中共黨史最大懸謎。再深入一步，毛林裂隙始於何時？毛澤東南巡向林彪「拋石頭」，一路到底說了什麼？文革之初毛在韶山滴水洞給江青的那封信，原文還是修改件？毛那時對林就有預感？林彪好端端的「接班人」，坐等就可上位，何必急猴猴「搶班奪權」？近年又說林彪叛飛乃毛所逼，具體如何逼的？毛有哪些政治動作？林彪又根據什麼判定毛將對自己下手？九屆二中全會毛林鬥法真相如何？……「林彪死黨」邱會作二子在香港出版《邱會作回憶錄》、《心靈的對話》（父子談話錄），捅出一些新資料，庶可撩揭「九・一三」一角。

廬山會議實況

中共「九大」以後，林江兩派分歧公開，裂痕越來越大，繼續演繹「鬥完別人鬥自己」。九屆二中全會前，兩大集團內訌已快浮出水面，葉群從北戴河頻頻打電話給四虎將，要他們抓住張春橋、康生的一些話鬥一下。吳法憲——

因為他們公開影射林彪是赫魯雪夫，引起了林彪的不滿。當

[1] 中央文獻研究室編：《毛澤東年譜》（1949～1976），中央文獻出版社（北京）2013年版，第6卷，頁419、426。

時，我們都預料會上會有一場衝突。[2]

1970年8月23日，九屆二中全會在廬山大禮堂開幕。會前，毛林在休息室單獨談話半小時，毛澤東叫葉群把門，以防江青闖入。8月20日，林彪剛上山就去看毛，向毛請示自己開幕式講話兩大內容：一、評價憲法修改；二、如何對待毛澤東思想。政治局成員都明白「如何對待毛澤東思想」劍指張春橋。8月13日，吳法憲與張春橋在政治局會議上剛剛發生激爭，圍繞憲法是否寫入「天才地」（毛澤東天才地發展馬列主義）與「毛澤東思想是全國一切工作的指導方針」，陳伯達三寫，張春橋三刪（估計從毛處得到「精神」）。吳法憲不明就裡，向張春橋拍了桌子，陳伯達形容「聲震屋瓦」。此前，張春橋起草《人民日報》「八一社論」，將一慣用語加了四個字：「偉大領袖毛主席親自締造和領導的、毛主席和林副主席直接指揮的中國人民解放軍」，淡化了林彪地位，毛澤東雖圈去張春橋所加四字——「毛主席和」，林派對張春橋強烈不滿，衝突公開化。文字之爭當然都是借碴，要害是林彪的軍派想刺一下張春橋，出一出文革以來「被造反」的惡氣。

開幕式上，林彪講了不到兩小時，毛聽得很認真，講憲法修改時，頻露笑容，帶頭鼓了幾次掌。講第二部分時，毛有些不耐煩，不鼓掌了，開幕式一結束，起身就走。張春橋起先樂滋滋的，修改憲法是他的功勞。當林彪講第二部分，聽到「他那個中央」，張春橋臉色蒼白，額角沁汗，迅速記錄。林彪一講完，張春橋摸出一枝煙，剛遞到嘴上，楞了一下轉身恭敬遞給身旁邱會作，劃火柴時劃了兩三根都沒劃著。

次日，林彪講話錄音連放兩遍（毛同意），廬山沸騰了，掀起揪張高潮。陳伯達、汪東興、吳法憲、葉群、李作鵬、邱會作都做了「倒張」發言。聶榮臻、李先念、陳雲、粟裕也發了言，陳毅甚至

[2] 《吳法憲回憶錄》，北星出版社（香港）2007年第二版，下冊，頁784。

發了兩次言。空四軍政委王維國（1919～1993）指著王洪文（1935～1992）鼻子——

你王洪文算是個什麼東西？就是上海灘的一個小癟三！幹那些反對毛澤東思想勾當的就是你們。

南京軍區司令兼江蘇革委會主任許世友（1905～1985），連聲叫好，說那些家伙天天喊造反，黨和國家都被他們搞亂了，提議將「那個反對毛主席的人」下放農村，勞動改造幾年。福建軍區司令兼省革委會主任、上將韓先楚（1913～1986）、江西省軍區政委兼省革委會主任、少將程世清（1918～2008）等老紅軍，也都發言激烈。浙江革委會第一副主任、空五軍政委陳勵耘（1919～2004），在華東組對張春橋大聲說：「你自己站出來嘛！」剎那間，全場目光齊射張春橋，張臉色如土，猛吸香煙，一聲不吭。連康生在政治局會議上也批評張春橋，要他檢討「爭取主動」。中委們感覺這次上海幫倒楣了、要栽了，高興呵、串門呵、沸騰呵，廬山上酒耗量大增。邱會作（1914～2002）：「張春橋嚇得差點尿褲子！」

「沸騰的廬山」使毛意識到林彪在中委擁有相當基礎，既擔心林彪「尾大不掉」、「劉少奇第二」，更擔心林彪否定文革路線，砸了他的「馬列主義第三塊里程碑」。毛澤東正在猶豫，8月25日中午，江青帶著張、姚跪膝「哭宮」，眼淚鼻涕弄髒毛衣褲。毛權衡再三，感覺張倒江孤，下午召集政治局常委擴大會，大發雷霆，剎住倒張運動。8月31日，又寫〈我的一點意見〉，拋出陳伯達以「轉移鬥爭大方向」。繼「二月逆流」之後，上海幫又一次大獲全勝。姚文元稱廬山會議是「八月逆流」。[3]

林彪倒張，要算文革的賬，毛不同意；可驟然倒林，又不合適，未到時機，只能犧牲陳伯達，搬借他的政治頭顱為震懾林彪軍派，扭轉全會形勢。陳伯達就是《三國演義》官渡之戰那個糧秣官王

[3] 《邱會作回憶錄》，新世紀出版公司（香港）2010年版，下冊，頁611、786。

壼，曹操先用其人（小斛解決缺糧），再「借」其頭（以平軍憤）。毛澤東先用陳伯達搞文革，再借他「頭」祭文革。

林彪雖然助毛發動文革、打倒劉少奇，但對一步登天的文革派一直看不慣，尤難容忍他們的霸道，廬山會議乃「厚積薄發」。說到底，還是文革使毛林廬山生隙，裂痕公開。

林彪早知那封信

1966年7月8日，毛在韶山滴水洞給江青的那封信（黑話連連），「九・一三」後向全國傳達。國人皆以為林彪不知此信，事實卻是江青接信之初就四處炫耀，證明深得毛寵。楊成武、葉群都看了原件。林彪當然思想起疙瘩：發現毛在重大問題上言行不一。如毛默許搞個人崇拜，信中則說並非本意；毛一再說團結廣大高幹，信中卻表現出對江青等中央文革的特殊依賴；毛交代林彪1966年5月政治局會議前部署軍事，命林在會上講「防政變」，信中卻說違心同意，因為有人借助鍾馗在打鬼。陳伯達、周恩來也都知道此信。更關鍵的是，「九・一三」後公佈的是修改件，「適應形勢，對信的內容作了一些『充實』」（周恩來語）。邱會作：「若原信如此，江青不會給葉群看。」[4]這封信至少使林彪對毛有所不滿，「九・一三」遠因之一。

國家主席

「九・一三」後，毛澤東將「設置國家主席」說成林彪反黨集團「政治綱領」。其實「關於設國家主席的意見，幾次都是來自下面」。邱會作——

林彪同意設國家主席，全國基層同意設國家主席，幾個常委都

4　程光：《心靈的對話》，香港北星出版社2011年版，頁166～167。

同意設國家主席，全黨全國從上到下，從中央到地方，都是從國家體制去考慮，建議設國家主席。只有毛主席說不設國家主席，雖然他說是為改變國家體制，實際上主席的目的就是不想讓林彪當。

關於國家主席的問題，林彪看得最清楚，他只提了一次建議，以後再沒有發表意見。

主席的心思林彪很快就明白了，主席說不設國家主席，主要是不想讓林彪當，不設國家主席目的就是不給林彪留位子。

毛澤東為什麼非要扭著全黨硬不設國家主席，當然不好明說——以免林彪威信太高而心生謀逆。

直到九屆二中廬山會議，林派並未意識到毛的心思，認為毛當林當國家主席都很正常，根本沒當什麼事兒。他們絕對想不到，這是毛開始悄悄倒林的信號。

「不設國家主席，林彪往哪裡擺？」乃汪東興所說，「九・一三」後，為證明林彪有野心，強迫吳法憲做偽證，將這句話挪給葉群。丘八吳胖子不懂「中央政治」，亂說一氣，栽贓林彪、葉群，造成很大麻煩。[5]

1971年8月毛澤東「南巡」，一路對諸侯說：「有人看我老了，快要上天了，他們急於想當國家主席。」對這些毛澤東言論，以及將林彪稱毛「天才」說成林彪反黨集團「理論綱領」，邱會作評曰：「這就是毛主席不實事求是了」。

「九大」後，黃、吳、李、邱等林派人物進入政治局，周恩來向他們面授中央政治祕訣：「中央政治就是處理好主席、林副主席、江青的關係。」四虎將都笑起來，原以為「中央政治」很高深，沒想到竟是這麼一句話，「如此普通」?!直到倒台，邱會作才真正體會周恩來此語的深刻：簡單明瞭恰到好處。葉劍英也說周：「總理很顧全大局，又很能抓住問題的關鍵。」葉劍英所說的周恩來「顧全大

[5] 吳法憲交代材料，1971-10-21。載逢先知、金沖及主編：《毛澤東傳（1949～1976）》，中央文獻出版社（北京）2003年版，下冊，頁1567。

局」、「抓住問題關鍵」，就是對毛澤東高度瞭解，一招一式心領神會，能按老毛的意思將事情「順利」辦下來。

九屆二中全會前，毛澤東就開始忽悠林彪。邱會作——

毛主席的確是一個大政治家，他說出來的話，向左向右都可以理解，而且主席每次說完也在等著看，對他有利則前進，否則就當成說了點幽默，所以毛主席九大以後說了很多對林總的話，我們並不是看得很重，直到廬山會議才如夢初醒（或半醒）。諸如毛主席說「四個偉大討嫌」、去掉「三個副詞」、去掉大會堂的語錄、「締造的不能指揮呀」，等等。我們沒有往毛主席和林總之間有隙處想，反而認為是毛主席謙虛。我們沒有真正懂得中央政治，在中央的政治鬥爭中是幼稚的。當然，毛主席和江青的真實關係，我們也沒有看清楚。[6]

南巡談話

南巡前，毛澤東發給政治局委員人手一本《何典》——清代借鬼說事的吳語諷刺小說，內有「藥醫不死病，死病無藥醫；說嘴郎中無好藥，一雙空手見閻王」，已在布引子，做「轉彎子」的前期工作。吳法憲、邱會作等覺得蹊蹺，這段話似乎影射病中的林彪，但又不敢多想。[7]

1971年8月15日毛澤東突然南巡，兩天後才通知政治局。毛一路找「諸侯」談話，敲山震虎，劍指林彪，然談話內容一直半遮半露，民間甚費猜詳。這回邱會作提供了。8月16日，毛第一站至武昌，當天與次日，找武漢軍區政委劉豐少將、河南省委第一書記劉建勳、武漢軍區副政委王新等人談話，汪東興在座。次日再接著談。毛說——

廬山的問題是路線問題，是兩個司令部的鬥爭，這個問題還沒

---

6 《邱會作回憶錄》，新世紀出版公司（香港）2011年版，下冊，頁678～681、688～689。

7 《吳憲法回憶錄》，北星出版社（香港）2007年第二版，下冊，頁860。

有完，陳伯達後面還有大人物。在三中全會對這個問題要講清楚，你們不講，我來講。總是要把問題講清楚的。我希望你們要搞馬克思主義，不要搞修正主義；要團結，不要分裂，不要搞宗派主義；要光明正大，不要搞陰謀詭計。軍隊的幾個人，黃永勝、吳法憲、葉群、李作鵬、邱會作等人在廬山跟著起鬨，他們搞突然襲擊，地下活動，是有計劃、有組織、有綱領的。他們看到我老了，急於想當國家主席，實際上是想奪權，分裂黨。廬山會議以後，我採取了甩石頭、摻沙子、挖牆腳三個辦法。批發38軍的報告是甩石頭，叫紀登奎參加軍委辦事組是摻沙子，改組北京軍區是挖牆腳。軍委座談會開了那麼長時間，根本不批陳，犯了路線性、方向性錯誤，為首的改也難，在中央工作會議上他們做了檢討，但吞吞吐吐並沒有把問題講清楚。大人物不開口，其他的人即使講，也是些無關重要的問題。

我就不相信軍隊會跟他們造反，軍下面還有師團，還有司政後機關。你調軍隊來，他們會聽嗎？……廬山的問題，林彪同志要負一些責任的，我同林彪同志談過，他有些話說得不妥，什麼中國幾千年才出現一個天才，不符合事實嘛！我不是天才，……從去年下山到今天，一年多了，我一直都睡不好，很難休息好。但你們要保護林彪同志。……反對自己的老婆當自己的辦公室主任。今天我們的談話，你們要進行座談，有什麼意見都可以提出來，你們討論之後，寫個簡要的報告給我，我們還要談一次。

「諸侯」聽得面面相覷，莫知應答。毛澤東還要劉豐、劉建勳、王新、汪東興討論一下，大概想得知他們的「聽後感」。上述「南巡談話」得到2013年版《毛澤東年譜》坐實，但大幅「過濾」，如隱去關鍵的「林彪同志要負一些責任」、「一年多了，我一直都睡不好」、「為首的改也難」、「大人物不開口……」8月25日，毛命汪東興將華國鋒從北京召至武漢，與華長談。華不知毛要談什麼，一坐下便彙報農村多種經營、糧食徵購，毛澤東不耐煩打斷——

你滿腦子是農業，我滿腦子是路線鬥爭，兩個司令部的問題。

要抓路線，路線不對，抓了農業也不行，腦袋掉了還不知為什麼。在廬山搞突然襲擊，是有計劃有組織有綱領的。發難不是一天半，而是23、24、25三天，是否定九大路線，否定已通過的二中全會三項議程，要改成討論天才和要當上主席。他們名為反對張春橋實際是反我……說大有炸平廬山之勢，是有用意的，空軍才能炸平。

8月27日，毛再找劉豐談話，放了狠話——

我要管軍隊了。我光能締造就不能指揮了嗎？我就不相信。……對路線問題、原則問題，我是抓住不放的。重大原則問題，我是不讓步的。[8]

劉豐（1915～1993）——

我們完全擁護毛主席的指示，無論在什麼情況下，我們都聽毛主席的話，跟毛主席革命到底。我認為如果因林副主席的講話影響了主席的健康，我建議林副主席在適當的小範圍內，向主席做個檢討。

毛立即興奮地拍著大腿——

你說得好！這個意見在北京是沒有人提的，黄永勝是不會提的！你的態度很好，在九屆三中全會上，就由你把這個問題提出來。希望你實踐自己的申明，表裡一致應當是一個共產黨員的態度，但這不容易做到，更不容易一貫做到。……他們的檢討報告，我看過，批准了，當時只好同意。廬山會議以來，有的人一句話還沒有說。

武昌赴長沙的專列上，毛領著劉豐唱〈國際歌〉、〈三大紀律八項注意〉。

中央軍委委員劉豐少將乃寧都暴動反水國軍，長征時中央譯電員，早認識毛。劉豐當時就意識到「禍從口出」：毛要整林，他不為毛去講這個話，毛不會放過他；講了，毛整了一下林彪又講團結了，

---

[8] 中央文獻研究室編：《毛澤東年譜》（1949～1976），中央文獻出版社（北京）2013年版，第6卷，頁389～393。
參見逄先知、金沖及主編：《毛澤東傳》，中央文獻出版社（北京）2011年版，第6卷，頁2561～2568。

不會承認背後支使過他，劉豐代毛講的這些話便成了不能說出來的「大局」，他的「口」就得被滅。夾在毛林之間，兩姑之間難為婦，怎麼辦都不是，自己的垮台有必然性——

想想看，主席讓我在三中全會上把林的問題提出來，這不是找死嗎？我提吧，林不會放過我；我不提吧，主席更不會放過我。

劉豐到底沒憋住，將毛的談話內容透給老戰友李作鵬，「通風報信」。9月6日，李作鵬從武漢回來，將毛與劉豐等人的談話捅給葉群、邱會作。「九・一三」後劉豐劃「林彪死黨」，11月免職、審查，1982年師級待遇歸老。1990年，劉豐處境落魄、生活困難，向入黨介紹人邱會作抱怨——

我們對主席真是無限熱愛和忠誠，最後還鬧了一個家破人亡的下場。

8月27～28日，第二站長沙，毛叫來廣州軍區司令丁盛、廣東省委第一書記兼省革委會主任劉興元（黃永勝兒女親家）、廣西第一書記韋國清、湖南省委書記華國鋒、卜占亞。除重複武昌談話，直接點名「夫人專政」，說了葉群不少缺點，林彪固然不對，但主要老婆不好。毛還點了黃永勝——

黃永勝調動軍隊造反，各軍區都聽你的？我就不相信。（指著丁盛）黃永勝要是打倒了，你們怎麼辦？你們和黃永勝的關係那麼好，黃永勝倒了，你們怎麼得了啊？

他們名為反對張春橋，實際上是反對我，反對文化大革命。

我的談話你們不許給北京講，也不要傳達，但可以在常委之間吹吹風。

「諸侯」一個個大驚，一身冷汗，緊張得忘了表態。毛對黃永勝的親家、老部下說黃要造反，會真認為黃要造反麼？解釋顯然只有一個：指黃而喻林，向林彪施加更大壓力。如此散播與林副統帥的「不團結」，就是要人將他的話透露給林彪。丁盛、劉興元回廣州後，接汪東興通知，毛令他們將談話傳達到師級。擴大知情範圍，生怕林彪聽不到了。丁、劉只好照辦，在韶山滴水洞召開軍區黨委擴大會議，傳達毛談話。規定「三不准」——不准記錄、不准對外人說、不准向北京打電話。

1980年代，邱會作在西安聽卜占亞說，毛長沙談話總的精神就是「處理林彪問題的動員令」。邱評——

不管以後有沒有「九・一三」，主席南巡的講話，都使黨分裂了。毛主席反對劉少奇時，分裂了黨；這次反林彪，又一次分裂了黨。[9]

8月31日，第三站南昌。中午離開長沙前，命汪東興乘飛機先到南昌向南京許世友、韓先楚、程世清（後劃林彪死黨），傳達毛的兩湖談話。當晚毛到達南昌，再與三人面談，最後說：「現在有個口號叫工業學大慶、農業學大寨、全國人民學解放軍，要加一條，解放軍學全國人民。」表示對軍隊的不信任。

9月3日，第四站杭州，找來浙江第一書記兼省革委會主任南萍（後劃「上賊船」）、省軍區司令熊應堂（後劃「上賊船」）、空五軍政委陳勵耘（後劃「林彪死黨」），毛問陳勵耘在廬山是否參加了吳法憲的祕密活動？陳嚇得不敢吭氣。毛澤東說——

林彪同志那個講話沒有同我商量，也沒有給我看。廬山這件事還沒有完，還不澈底，還沒有總結。光開不到一百人的會議不行，軍隊可以擴大到軍長、政委參加，地方也要有相當這一級的同志參加。現在我要管軍隊的事，我不相信軍隊要造反……對林還是要保……

9月4～5日，汪東興奉命向南萍（1918～1989）傳達毛南巡歷次講話，並座談。[10]

9月10日，第五站上海，毛找來王洪文、許世友。回京前，9月12

---

[9] 《邱會作回憶錄》，新世紀出版公司（香港）2011年版，下冊，頁911、783～786。

[10] 中央文獻研究室編：《毛澤東年譜》（1949～1976），中央文獻出版社（北京）2013年版，第6卷，頁397～398。

日下午在豐台又找李德生、紀登奎、吳德、吳忠。談話內容只有一個——「林彪問題」。十分清楚，毛已決定對林彪「揭蓋子」。

南巡途中，毛講了著名的「三要三不要」——要馬克思主義，不要修正主義；要光明正大，不要搞陰謀詭計；要團結，不要分裂。當然，毛要別人不搞「三不要」，自己則大搞分裂大耍陰謀，他的「馬列主義手電筒」永遠只對別人。1971年6月，毛澤東對熊向暉說——

他們的檢討是假的，廬山的事情還沒有完，還根本沒有解決。這個當中有「鬼」，他們還有後台。[11]

很露骨了，這是「要團結」嗎？南巡談話，刀出鞘箭上弦，要烹走狗了。邱會作——

南巡就是發動「群眾」，要大家站在他一邊，在三中全會上開始重新處理林彪的問題。

對林彪形成「戰略合圍」，逼林彪於三中全會（擬定9月15日）檢討，削弱林派，為文革派加力。林彪汲取前人經驗，不甘淪為「劉少奇第二」，不願向文革派低頭——戰功赫赫的林總豈能向上海灘小癟三張春橋示弱?!寧肯爬駕駛艙登機飛逃，也要蹦躂一下。

當然，「九・一三」真相有待進一步揭密，如林彪是否知悉「571紀要」？是否下過刺毛手令？剛改裝擬作專機的256號三叉戟原飛何處？不過，無論南飛北飛，林彪都以實際行動表態：不甘雌伏就擒。

據2013年版《毛澤東年譜》，9月5日晚，廣州軍區空軍參謀長顧同舟（1920～2007），將毛南巡談話密報北京「聯合艦隊」于新野，于作了15頁記錄，次日周宇馳報告北戴河林彪。[12]9月17日，顧同舟隔離審查，1982年軍事法院以「資敵罪」判刑11年，剝奪政治權利3年。

---

[11] 程光：《心靈的對話》，香港北星出版社2011年版，下冊，頁558。

[12] 中央文獻研究室編：《毛澤東年譜》（1949～1976），中央文獻出版社（北京）2013年版，第6卷，頁399。

北京何時得知墜機？

「九・一三」當晚，毛周知道林彪飛了，但不知飛向何處？估計只能飛蘇聯，做了一些軍事部署，以防林彪領著「蘇修」打進來。9月14日凌晨，周恩來在大會堂四川廳主持政治局通氣會，邱會作記述——

（周說）「林彪坐飛機走掉了，飛機出境到外蒙古了。」當時全場立即變得鴉雀無聲，真的肅靜到都能聽到自己的心臟在跳動的地步。大家的面部表情凝固了，有的張著嘴巴，有的豎起耳朵，但每個人的雙眼都盯著總理。我自己也和大家一樣，思想上震動很大。我的腦子都麻木了。

會議開到後半段，周恩來還在斷斷續續講林彪出走經過，江青聽得不耐煩，和張春橋、姚文元三人打起撲克。周恩來心裡難受，但未制止。與會者當然清楚，江青未把周恩來放在眼裡。

毛周最早14日上午才可能判斷三叉戟機墜毀。總參三部例行簡報一則不起眼消息：蒙古指責中國一架大型軍機入侵，墜毀溫都爾汗。周恩來馬上督令外交部核查，17時確認墜機。稍晚，周恩來在大會堂福建廳向政治局宣佈：林彪座機墜毀，機上九人全部死亡。

「解除警報」的張春橋按捺不住激動，上外面服務台買來一瓶茅台，再要幾隻小酒杯：「今天，我用個人的錢請大家乾一杯，慶祝勝利！」他為每人斟上一杯：「今後我們在毛主席領導下共同做好工作！」與吳法憲碰杯時：「讓我們誠心合作共事！」張春橋走到周恩來跟前：「總理你舉杯呀！」周恩來未動，保持矜持，未與張春橋碰杯。輪到邱會作，邱說了一句雙關語：「我要再喝酒就更迷糊了。」

「九大」以後，凡遇「重大勝利」，張春橋都會叫服務員開茅台。1970年10月中旬，接到毛澤東對葉群的嚴厲批示——「『九大』勝利了，當上中央委員，尾巴翹到天上去了！」張春橋就連聲叫開茅台，十分囂張。姚文元也舉杯向江青說——

我們向江青同志祝賀，毛主席親自發動和領導的無產階級文化大革命一定會最後勝利！[13]

江青大聲說——

凡是鎮壓我的人都沒有好下場！不管是劉少奇還是林彪。林彪對我的鎮壓，有人很清楚，但是連屁也不敢放一個。

政治局委員都明白「屁也不敢放一個」指周恩來，周仍一聲不吭。

汪東興參加完張春橋的「慶酒」立即出去，不久返回傳達「最高指示」，說毛也和身邊人一起慶祝，高興地喝了酒——

主席說了，要感謝林彪，感謝林彪為我幫了一個大忙！這件事情的開始和結束，都由他自己解決了，把問題全部處理好了。為林彪的死乾杯！

張春橋哈哈大笑了好一陣。

邱會作分析毛的「幫了一個大忙」：林彪一死，可由林彪為文革所有罪責背黑鍋，有了一隻名正言順的替罪羊。果然如此，賀龍問題、二月逆流、楊余傅事件……毛都不認帳了，都推給不會再說話的林彪。邱評——

這就把廬山會議以後對林彪態度的實質說透了，說清楚了。可是，毛主席你說這樣的話怎麼能行呀?!你是毛主席呀！你為什麼說這樣的話呀？能夠說得出口嗎?!但是，他居然就那樣做了。

9月24日，黃、吳、李、邱收審。9月14～23日，他們精神惶恐，明白站在十八層地獄邊上，周恩來也流露惋惜神色。軍委辦事組被架空，葉劍英接手軍委，空軍由李德生接管，北京軍區由紀登奎控制。黃永勝、李作鵬、邱會作還撐得住，吳法憲沉不住氣，每天政治局碰頭會不僅有意回避「四野」戰友，分開坐，張春橋問幾句飛行常識，吳法憲每次都從沙發上起立回答，以示謙恭，遭張春橋嘲笑——

---

[13] 《邱會作回憶錄》，新世紀出版公司（香港）2011年版，下冊，頁781、792、798、734。

沒有林彪，你總不至於活不下去吧？

16日晚，福建廳政治局擴大會議，公安部長李震、北京衛戍區司令吳忠等十餘人到會。會場中央長形桌上一隻大盤，盤內一本相冊，首頁林彪紅筆短信——

永勝同志，很惦念你，望任何時候都要樂觀保護身體，有事時可與王飛同志面洽。敬禮，林彪。

這封信為許多碎紙片拼成，粗看林彪手跡，細看又不像。有人小聲嘀咕：「是林彪的手跡？」吳忠介紹此信為周宇馳自殺前撕碎散扔，衛戍區動用上萬民兵，一天一夜才收集復原。

張春橋諷刺黃永勝：「臨走前還不忘記寫封信。」姚文元：「難道林彪只給黃總長寫了信，對其他人就不寫信了？」特意向黃吳李邱掃了一眼。會上，張春橋訓斥公安部長與北京衛戍司令，令他們退席，周恩來還沒發話，張春橋就以中央主要負責人的口吻指手劃腳了。

黃永勝與邱會作私談，對著辦公室牆上大幅三北地區軍用地圖大喊——

你（林彪）跑什麼跑，害死人呀！

黃、邱這對老戰友長時間流淚交談。「在中國，參加中央政治局工作，無上榮耀，但一般人哪裡知道，『高處不勝寒』啊！」[14]四虎將9月24日被捕，1973年8月宣佈：開除黨籍，撤銷一切職務。1981年1月判處黃永勝18年徒刑，剝奪政治權利5年，邱會作16年，剝奪政治權利5年。[15]

---

[14] 程光：《心靈的對話》，香港北星出版社2011年版，下冊，頁626～628、630～636、642。

[15] 中央文獻研究室編：《毛澤東年譜》（1949～1976），中央文獻出版社（北京）2013年版，第6卷，頁156。

毛林分裂根源

邱會作分析毛疑林倒林軌跡：命林彪主持起草「九大」報告，發現林不是文革思想繼承者，廬山會議又發現林不是文革組織路線繼承者，於是下了「倒林」決心。

他（指毛）對別人要怎麼整就怎麼整，他對劉少奇這樣，對林彪是這樣，後來對鄧小平也還是這樣嘛！所以，即使林彪檢討了，也不一定能夠解決問題。「批陳整風」會議前，毛主席不止一次說了廬山問題在他那都處理完了，還不到四個月就反悔了，要重新追究！這就是毛澤東呵！

林彪認為廬山講話事先得到毛同意，話也說得很有分寸，雖說引發「揪張」，已幾次向毛承認不足，黃吳葉李邱多次檢討，李雪峰還下了台，葉群檢討也代表自己，毛應該鬆口了。至於與陳伯達的關係，林陳歷史上無關係，只因陳發現林也厭惡江青，受盡江青嘲弄的陳才湊上去。林彪性格倔強，被毛捧得那麼高，可以向毛認錯（他也做了），但絕不可向小囉囉上海幫低頭，此為林彪底線。

至於毛突然南巡，威逼林彪，一路「拋石頭」，邱會作至死不解。據李志綏說，乃謝靜宜向毛告密，謝丈夫在空軍工作，說空軍有異動，林立果在搞祕密活動。毛據此認定林彪將發動政變。邱會作之子程光根據謝靜宜「十大」入中委，江青、王洪文甚至推薦她出任人大副委員長，小小機關員一步登天，若無殊功，何得高爵？如此這般，謝靜宜告密，有可能是一張「底牌」。

無論如何，從整體性質上，「九・一三」是毛逼出來的。毛之所以睡不著，與「杯酒釋兵權」的趙匡胤一樣，犯了「皇帝憂慮症」，生怕左右覬覦大權，尤其擔心距離最近的「太子」。決定別人命運的刀俎，最怕淪為被人決定的魚肉。

兔死狗烹

邱會作最後分析——

在毛澤東還需要林彪的時候，什麼都好說；當毛澤東不需要林彪的時候，他什麼都可以做得出來。問題就在這！

無論如何，他（林彪）是在走投無路的情況下走的。林彪要同毛主席面談，毛不接受，反而在南巡中講了一路，殺氣騰騰。林彪怎麼辦？找毛主席談不行，別的辦法一時又沒有，總得找條活路吧？應當說，林彪是毛主席逼走的，沒有毛主席南巡談話發難，就不會有林彪的出走。毛主席對林彪，不是林彪檢討不檢討、走不走的問題，而是毛主席的思想意識問題，他要怎麼辦就怎麼辦！……開始南巡，逼出了「九・一三」，這就是毛澤東啊！

老毛晚年全力維護文革，可一伸腿，老婆就被抓，文革派瞬間倒台。不得人心的文革（還是不得中共高幹之心），「流芳」一月都不到。

邱會作判認毛並不真的認為林彪會搞政變，南巡一路狠罵黃永勝，真防政變，豈非刺激握有軍權的黃永勝？把他推向林彪一邊？毛非常注重權力和個人安全，會那麼蠢嗎？

邱還質疑：「九・一三」後，中方一直未到蒙古去調查，也不索要機上黑匣子，違反常理。如今，定案林彪預謀叛逃的惟一證據：林彪警衛處長李文普長期關押後的一句揭發，林彪上車後問了一句「到伊爾庫茨克，多遠？」與李文普一起受審者透露，李文普是在得到保留軍籍的承諾後，才寫下這句關鍵「揭發」，一條死無對證的孤證。林豆豆曾哭求李叔叔說一句對歷史負責的真話，李文普一個勁流淚，始終沒開口。估計李必須遵守「至死不再開口」的約束。

邱會作看得很清楚——

對「九・一三」已經不是要搞清事件本身的真相了，而是各派政治人物都在利用這個「政治素材」做文章。……必須有一個「反革命政變」，才能讓各方的不同政治需要能夠實現。

長征途中，林彪經常給毛送戰利品。過草地前，林彪送給毛澤東20斤青稞麵、十幾斤犛牛肉乾，再送毛一匹騸騾。毛不善騎馬，一直沒合意牲口。林彪還派八名身強體壯、政治可靠的戰士為毛抬擔架。中央縱隊過草地時遭騎兵襲擊、陝北鐵邊城被白軍沖散，都是這個擔架班抬著毛奔跑才脫險。毛在江西被黜，生了大病，心情非常壓抑，「鬼都不上門」（毛自語），林彪對他一往情深，暗中護毛。[16]

吳法憲也說——

看了這樣的一個講話，毛主席在我心中的形象，真的是瓦解了。用一句話來說，毛主席是言行不一。

幾十年來，林彪一直是毛澤東的主要助手，也是毛澤東最信任的人之一。我從未聽到林彪說過一句對毛澤東不敬的話。[17]

邱會作堅信林彪不可能外逃，推測葉群對林彪封閉所有消息，一切自己做主，林立果瞎張羅，最後挾持林彪外逃。[18]筆者認為葉群不可能當這麼大的家，也沒能力挑起這副擔子。邱會作之所以這麼說，恐怕是林彪叛逃涉及叛國叛黨，他們跟著成「同案」，將罪名扔給葉群，他們才有可能「重新站起來」。

毛為何死保文革？

毛的麻煩在於他不能承認發動偌大一場「造反」，從上到下揪鬥各級「走資派」，僅僅為了打倒劉少奇，得為文革穿上一件意識形態外衣——無產階級專政下的繼續革命，反修防修。既達到政治目

[16] 程光：《心靈的對話》，北星出版社（香港）2011年版，下冊，頁590～605、593、711、591、608、708、710、713。

[17] 《吳憲法回憶錄》，北星出版社（香港）2007年第二版，下冊，頁859～860。

[18] 《邱會作回憶錄》，新世紀出版公司（香港）2011年版，下冊，頁787。

的，又樹立絕對權威，還矗立馬列主義第三塊里程碑，升為世界革命領袖。一石四鳥，豈非善哉妙哉？後提出「三個世界」劃分，意在出任「第三世界」老大。捍衛「文革」就是保住「第三塊里程碑」、保住自己的「偉光正」。而要保住文革，得有文革派的組織力量，張春橋作為文革派軍師，豈可打倒？更深一層，文革派依毛而存，對毛絕對忠誠，惟毛是瞻，不用提防他們玩陰謀詭計。林彪畢竟元老人物，如萌異志，很難防範。

毛有三大禁區——延安整風、三面紅旗、文革，誰碰誰倒楣。文革禁區最嚴最深。[19]

至今，「九・一三」檔案一律絕密，不受《祕密法》三十年解密約束，查閱須經特別批准。但通過邱會作的「努力」，國人距離真相進了一步。

邱會作對「九・一三」有一獨到見解——

說「九・一三」是林彪搞政變，對毛主席是飲鴆止渴，並為鄧小平否定毛主席準備了炮彈。[20]

2011-7-13～15；後增補

原載：《開放》（香港）2011年8月號（刪節稿）

---

[19] 程光：《心靈的對話》，北星出版社（香港）2011年版，下冊，頁790。

[20] 《邱會作回憶錄》，新世紀出版公司（香港）2011年版，下冊，頁788。

艱難評林彪

——一飛留亮色

評議中共人物，比評論任何一朝人物都麻煩，其間彎繞曲折，實難梳捋。中共權爭第一，陰陽兩套，無道德無是非，潛規則暗操作。無是非中覓是非，無道德中講道德，很難幹的活兒。至於做林彪的翻案文章，難度更大，複雜中的複雜。從「親密戰友」到「叛黨叛國」，落差太大，如何轉彎子？「九・一三」後，空軍司令部氣象部副部長不相信林彪會叛逃：「這是不可能的。」饒是吳法憲司令當面訓示，仍不相信。[1]

筆者認為：林彪叛飛實有不得已處，還是一抹人生亮色。當然，欲立此說，也有諸多「不方便」。

必須強調：評議林彪不能以今日眼光，只能將他放在那個時代，以其歷史可能性為基礎。林彪從井岡山一路跟隨老毛打天下，惟毛是瞻，為毛前驅。1959年廬山支持打倒彭德懷、1962年「七千人大會」護毛過關、1966年助紂為虐——槍桿子為文革護航，不是什麼好人，未提供歷史「正能量」。不過，林彪集團「九大」殺了江青銳氣，九屆二中廬山會議發動揪張（春橋），那陣子惟一能叫板江青文革派的政治力量。

個人品德方面，林彪似在毛澤東之上，多少有點人味兒，整人不多，最後「寧死不屈」，叛飛而去，客觀上戳破文革神話，毛澤東一夜愁老。

毛澤東將「林彪自爆」說成文革又一勝利，當然知道驢唇不對馬嘴，但他已用盡一切政治資源，只能飲鴆止渴——明知不可為而

1 《吳法憲回憶錄》，北星出版社（香港）2007年第2版，下卷，頁874。

為之。毛私下說：「林彪的問題，比歷史上任何一問題，其影響都大。」[2]中共文件也承認：「我黨同林彪反黨集團的鬥爭，是我黨路線鬥爭中最嚴重的一次。」老毛十分清楚已無法再撐持「一貫英明」，只能「解放」一批老赤幹，「放出」鄧小平、譚震林、王稼祥、烏蘭夫、李葆華、葉飛、江華、江渭清、秦基偉、廖漢生、林楓、林鐵、廖志高、陶魯茄……「九・一三」後，毛澤東在黨內的高大形象轟然倒坍，連鐵杆毛徒也「嚇了一跳」，回過神來：「史無前例」無非又一次內訌，權爭老戲耳。當然，老毛絕不承認文革失敗。1973年5月25日，他在政治局會議上說——

有人說文化大革命失敗了，怎麼能這樣說。把劉少奇這個集團揪出來了嘛，又把林彪這個集團揪出來了吧，這是個偉大勝利。[3]

毛共向有自我表揚傳統，九九歸一，無論怎樣的失敗都能指鹿為馬——「成功」。

四十周年研討會

2011年9月4日，北京舉行「『九・一三』四十周年文史研討會」，親屬、學者、教授、記者、前外交官五十多人，聚議這一深刻影響當代國史的重大事件。

林豆豆丈夫張清霖醫生發言：林彪生活樸素，平時一碗飯與幾段老玉米，清水煮菜。林家一親戚：「我是客人，給我單切了幾片腸，葉群看我沒吃飽，就把自己的飯菜都撥給我。」張清霖1971年8月8日進入毛家灣，發現林彪的卡路里攝入不及常人一半，一月不解一次大便（常人難以生存的生理狀況）。保健醫生入毛家灣十年，未給林彪看過病，林彪也從沒找過他。張清霖說：林彪物欲、權欲都遠

---

[2] 《邱會作回憶錄》，新世紀出版公司（香港）2011年版，下冊，頁931。

[3] 中央文獻研究室編：《毛澤東年譜》（1949～1976），中央文獻出版社（北京）2013年版，第6卷，頁433、478～479。

低於一般人。親屬之評，不足全信，但可參考。

1971年基辛格訪華，林彪評曰——

好端端的一個大好的外交形勢，被耽擱了二十年。

林豆豆問林彪——

抗美援朝，美國說美國贏了，中國說中國贏了，到底是誰贏了？

林彪回答——

誰也沒贏，史達林贏了。中國上了史達林的當，蘇聯通過朝鮮戰爭把中國拉入蘇聯的懷抱。現在中國和美國接近，遠則近之，近則遠之，這是好事。蘇聯搞大國沙文主義，是中國的頭號敵人。

林彪1950年蘇聯回來後，沒說過蘇聯半個好字。

意在周公

「九・一三」當晚，張清霖一字不差記得：豆豆和他當眾接到通知：「中央指示，命令你們上飛機」。10月4日，他倆被「8341」部隊從北戴河帶到北京玉泉山，關入汪東興和朱德住過的院子，整個院子就關他倆，一名副團長管生活，很少說得上話，單線接觸審查者謝靜宜。林豆豆回答謝審問——

如果林彪下了飛機，一看是蘇聯，非當場氣死不可。

謝靜宜追問林張夫婦重點之一：「九・一三」當晚，周恩來為什麼打電話給葉群？什麼內容？林張回答「不知道。」謝十分惱火。1972年，謝靜宜對他們說——

現在已經不是「林彪反黨集團」，而是「林周反黨集團」。

林豆豆、張清霖非常驚訝，當然明白謝靜宜如此「聯繫」的用意。謝靜宜還逼問林彪和老帥的關係。

林、張交代了林彪對毛不滿的一些議論：「只關心個人名利權威，不顧國計民生。」林彪曾對彭德懷說：「誰說老實話誰就完蛋。」這就是那句林彪名言的底版——「不說假話，辦不成大事。」

「小艦隊」本是空軍黨辦幹事玩笑語，居然弄成罪證。為林彪兒女選妃選婿乃毛提出，因怕毛給安排，葉群趕快托人，才在全國鬧大。給林豆豆也提過很多「候選人」，包括毛遠新，林家集體反對。林彪說：「我們要給她找個工農子弟，這些人都不要。」1971年，林家選擇了張清霖。

「九・一三」後，林立果被描繪成手提衝鋒槍的法西斯，其實他樸實低調、有些緬腆，平時出行騎摩托，沒什麼官架子。在空軍露面，總是站在後邊。

周宇馳（1935～1971），兒童團長出身的中學生，「四野」戰地記者，1950年代末劉亞樓祕書，《紅旗》社論有的出自其手。劉沛豐乃1949年前大學生。于新野七八歲就是上海地下黨交通員，空軍司令部辦公室副處長。李偉信則為空四軍政治部副處長。這幾個人能文能武，軍中精英。

以上為這次研討會發言內容。

一飛留亮色

林彪乃老毛井岡山一手帶出來的心腹，軍功赫赫。中共舉著共產大旗造反，為人民謀大福利呵！要他一開始就認識毛的陰毒是不可能的。毛的「治術」也有一個發展形成過程。林彪對毛的最後「認清」，得自長期黨內生活。1971年前，林彪萬萬沒想到毛會對他下手。

1970年廬山九屆二中全會後，毛步步緊逼，要林檢討，黃永勝也勸過駕。林彪的理解很深刻：「廬山的問題不是做自我批評可以了結的問題」，毛非要林低頭，爬過胯下，林就是不從——諒也不敢對我怎樣！按中共慣例，一旦公開檢討，威信盡失，等於「去勢」，不便再「出來工作」了。毛澤東要林彪檢討，政治語言就是：你的「接班人」可是捏在我手裡——可立也可廢！

1971年8月，毛澤東「南巡」，一路向諸侯「拋石頭」，林終於明白輪到自己「走狗烹」了，進一步認清毛的殘狠。「九・一三」強行登機，不願束手就縛，怎麼著也要蹦噠幾下。也就林彪還能向老毛遞上這一聲「不」，顯示一點軍人本色，算條漢子！

「接班人」的背叛使老毛無法再圓文革的「就是好」，只能強織林彪叛國罪，沒罪找罪。最最麻煩的是「搶班奪權」的動機。於是，「設國家主席」成了反黨政治綱領，小兒科級且對毛殺傷力甚大的「571工程」也批轉全國；甚至說林彪不會打仗，「打長春」成了罪名。「九・一三」那年，筆者17歲，憋蹲大興安嶺深山老嶺，資訊極閉塞，深仰共產主義，但也明白「林彪自爆」是殘酷的高層權爭，不相信傳達的文件（只敢腹誹）。連我這樣的純潔青年都騙不了，還能蒙那些「老運動員」？尤其那些什麼都明白的中共高幹？

無奈林彪

1966年8月中共八屆十一中全會，毛澤東立林彪「太子」，林推辭，毛硬不准。葉群進「九大」政治局，也是林彪不得不遷就毛，毛拉葉群陪襯江青「進局」，為他的「家天下」遮醜。林彪對葉群與四虎將說——

葉群當個中央委員就足矣，足矣了。她在軍委辦事組也只是我的一個聯絡員。你（指葉）在外面要謹慎。

葉群「進局」，軍委辦事組排名李作鵬之前，但很低調，很少參加軍委辦事組會議，人緣比江青好得多。「九・一三」後，葉群身邊服務人員的「爆料」要比後來的江青少得多。邱會作說，兩個老婆進政治局，「這個責任在主席，總理也很遷就主席，林彪是沒有什麼責任的。」邱還分析：打倒劉少奇後，中央出現「軍政府」（軍人約占中委1/3），形成這一局面是毛澤東借助軍隊這一「鍾馗」來打鬼（劉少奇）的結果，毛應該高興，但毛不高興，說明他並不想把班交給林彪，更擔心林彪「搶班奪權」。

九屆二中廬山會議，毛見多數中委都不支持文革路線，真正支持的只有「中央文革」及各地造反派，林彪在會上一呼百應，毛感到林的威脅，下決心倒林，要為文革派接班拔掉這顆大刺。

1970年8月26日，毛急剎「揪張運動」，九屆二中突然休會，令林彪召集陳伯達、汪東興、葉群、吳法憲、李作鵬、邱會作，連開三次小會，指說他們犯了認識錯誤，批評林彪對張春橋為什麼不能再看兩年？林彪後來說：讓他主持這樣的會是毛在耍他、羞辱他。8月31日，毛發表〈我的一點意見〉，宣判陳伯達政治死刑，中央文革與造反派中委在張春橋住處聚會慶祝，光茅台就喝了好幾瓶。[4]

林彪二三事

打倒劉少奇後，能夠與中央文革抗衡的，只剩下林派了。周恩來名為辦公會議主持人，但什麼都做不了主，事事須秉毛意。1968年10月，八屆十二中全會，林彪大講歷史上四場文化革命，搶了江青的「文化」地盤，拉開林江暗鬥序幕。雖然林派的抗爭只限於軍界——軍隊不搞文革，畢竟使江青有所顧忌。1980年公審，昔日兩大政敵集團站一排，說成一伙兒，兩邊都無法接受，都覺得特冤特荒謬——「完全混淆兩類不同性質矛盾」。尤其林派成員，「九・一三」後的罪名是反對文革反對江青，現在指說他們與江青一伙，得共同為文革擔責！江青這邊也認為林彪集團處心積慮反對文革，怎麼可能與他們「沆瀣一氣」？

林彪對葉群約束較嚴，動輒要脅離婚，不像毛澤東放出江青到處咬人。林彪贈葉群座右銘：「做事莫越權，說話莫囉嗦」。葉群很怕這位「一〇一」（林彪東北時期代號）。

---

4 《邱會作回憶錄》，新世紀出版公司（香港）2011年版，下冊，頁780、783、679、658～660、714、720。

張霖之（1908～1967），1929年入黨，抗戰時期山東省委組織部長，「解放戰爭」晉冀魯豫軍區七縱政委、二野五兵團副政委；1949年後南京副市長、重慶市委第一書記、煤炭部長兼黨組書記，八屆中候委。1965年，毛澤東首批點名的「走資本主義道路當權派」。1967年1月22日迫害致死（上吊）。[5]

1970年，邱會作長子與張霖之女兒好上了（大學同學），政治局委員之子要娶「黑幫」之女，偉大領袖、文革旗手點名的「走資派」、「彭真死黨」、「三反分子」，在當時政治環境下，不解決老子問題，女兒便無法成為「無產階級司令部」成員之媳。在周恩來斡旋下，七拐八彎，總算給張霖之搞了內部結論：按人民內部矛盾處理，家屬不受牽連，按革屬對待。周批示——

同意邱路光和張克非結婚。願你們沿著偉大領袖毛主席和親密戰友林副主席的革命路線奮勇前進。周恩來1970年7月31日

1970年底，林彪在家邀見邱會作一家，重點要見邱媳、張霖之女兒克非——

張霖之是好同志，他為什麼被打死了？他被打死都不承認自己是反革命。

葉群說：「我想請克非媽媽也過來坐坐。」林彪即答：「好嘛！」林副統帥接見，等於宣佈「解放」。張霖之妻子李蘊華，1937年入黨的大學生，到毛家灣後，十分激動。葉群拉著她的手：「這幾年你吃苦了。」林彪又說：「把黃總長請來。」沒想到林彪興致這麼高，這麼給面子。黃永勝來後，林彪對黃說：「軍隊的幹部能解放的儘快解放，能解脫的儘快解脫。」接著，葉群忙著排座位拍照，剛坐定，林彪突然站起：「讓克非媽媽坐在中間」。林彪、黃永勝在其左右，李蘊華簡直不知所措，竭力推讓。[6]

5　《戚本禹回憶錄》，中國文革歷史出版社（香港）2016年版，頁340、715。

6　《邱會作回憶錄》，新世紀出版公司（香港）2011年版，下冊，頁592～

這張鮮為人知的照片乃林彪最後絕照之一。林彪比毛澤東有人情味，同情弱者，敢於為文革受難者「平反」。張霖之1975年平反，1992年追認烈士。

最後結論

政治大節上，林彪支持老毛打倒彭德懷、打倒羅瑞卿、打倒劉鄧陶，大力掀聳毛崇拜，烈禍於國，大罪難逭。「九・一三」後，林彪雖有「叛飛」壯舉，但因一直媚毛邀寵，尤其「大躍進」餓死四千萬人還一個勁擁毛，七千人大會那通為毛抬轎的發言，大大敗筆。因此，四十年來，林彪的民間口碑一直難以翻身，既是咎由自取，也是歷史審判。

今天，筆者寫下這篇「重新評林」，既屬歷史延伸，亦為認識深化。一碼歸一碼，既要結算林彪的護毛大罪，也要看到他最後叛毛這一小節。1949年後，中共高層敢於如此決絕叛毛，林彪還是第一人。客觀上，林彪的叛飛敲響文革喪鐘，將八億國人從毛崇拜中震醒。一位右派說：「林彪的死給當年千千萬萬『左』得發瘋的中國同胞服下一劑高純度的清醒劑。」[7]此外，林彪多次頂抗江青、邀見張霖之家屬，還有一二可風之處。筆者看了不少林彪舊部文革後憶文，均尊稱「林總」，未見任何品德上揭發。

至於說林彪搞武裝政變、南逃另立中央（兩謀），純屬毛氏政治誣栽，既無證據亦無可能。邱會作實話實說——

盧山的事，林對主席遠了，其實對我們也遠了。林總深知只要把問題攤開了，在毛和林之間，不論誰是誰非，我們肯定會選擇毛。所以林對我們也不說話，不向我們提任何建議。

連鐵杆部將都不敢交底，怎麼搞政變？怎麼另立中央？老實

596。

[7] 張先癡：《格拉古軼事》，溪流出版社（美國）2007年版，頁240。

說，林彪真要搞了政變另立中央，倒又好了，文革可提前幾年結束，毛說不定被趕下台，至少毛像不會高懸至今。

「九・一三」後，如何評說林彪成了一盤菜，當然必須按毛的意圖「烹製」。老外不解中國特色國情，驚問：「毛可以倒林，林為什麼不可以叛毛？」但當時全體國人均認為這不是「理所當然」麼！反諷之烈，莫此為甚；國家之歪，此斑可證。

聽聞林豆豆四十年堅持為父平反，堅稱林彪並未反毛叛毛，擺出一系列推測性理由，指說葉群母子挾持林彪上「三叉戟」。邱會作也說——

葉群採取惡劣手段把林彪作政治禮品送給蘇聯。與其說林彪是外逃的，還不如說林彪是葉群的玩偶，被她架走的。我的看法以後會得到證明。[8]

筆者拙見：豆豆這是在倒幫父忙，邱會作也缺乏歷史眼光，只惦著「平反」，真正抹黑「副帥」。沒了叛飛的主動性，林彪「晚節」可就盡失光芒，沒了一點亮色。為什麼一定要得到中共平反？民間「史評」不是更重要更有生命力麼？再說，林彪爬駕駛艙入機，動作必須獨立完成，能夠在昏迷狀態下完成麼？什麼都明白的林彪，按其性格邏輯，當時態勢下只能選擇逃離。再說，上了「三叉戟」，還能回來麼？他不知道毛的厲害麼？會饒了他麼？

2011-9-14～19；後增補

原載：《開放》（香港）2011年10月號

[8] 《邱會作回憶錄》，新世紀出版公司（香港）2011年版，下冊，頁772、805。

撩看秦城

秦城來歷

聲名赫赫的「中國巴士底」——秦城監獄，前身功德林監獄，原址德勝門外功德林廟街一號。清末改古廟為監獄，1915年完成改建，民國首任司法總長梁啟超題碑：「功修維新，改良司法」。國府時期，功德林為北平「第二模範監獄」。1949年後，功德林專門關押偽滿及國府「戰犯」級要犯。[1]

1954年9月29日赫魯雪夫訪華，帶來大禮包——5.2億盧布長期貸款，援建157個大型項目。中共公佈了156個項目（鞍鋼、包鋼、武鋼、武漢長江大橋等），隱去最後一項「一座現代化監獄」——真正「兄弟般」深謀遠慮的祕密項目。設計之初，秦城就定位「高級政治監獄」。

1955年籌建秦城監獄，公安部長羅瑞卿確定選址原則，經反復踏勘，選定京北燕山東麓昌平縣興壽鎮秦城村。[2]1960年初建成，功德林200餘國軍將領及一批紅色要犯（饒漱石、潘漢年、揚帆、胡風等）移押過來。

秦城距離北京45公里，相鄰十三陵，背倚小山，面朝原野，獨立坐落，近無村莊。四座監樓雖僅三層，因周邊空曠，顯得很高大，像是高級別政府大樓。獄內樹繁花豔，又像大醫院。總後部長邱會作去過不少療養院、風景區，感覺都不如秦城。

[1] 劉延民整理：《文強口述自傳》，中國社會科學出版社（北京）2003年版，頁285。

[2] 吳弘達：《秦城監獄》，勞改基金會（華盛頓）2011年版，頁13。

秦城由蘇聯專家設計，工程兵施工，具體負責人北京公安局長馮基平（1911～1983）。很巧，文革中馮局長也入住秦城，親享勞動成果，秦城最值得紀念的「客人」。公安部副部長楊奇清（1911～1978），秦城籌建負責人之一，1928年平江撲城敢死隊員、1929年入黨的紅三軍團骨幹，1955年4月萬隆會議負責周恩來安全，萬萬想不到，自己也「進來了」。楊奇清的案底是「調查江青」—— 向中央報告江青哥哥李幹卿的歷史問題，1968年3月被捕，受盡摧殘，肺部打成嚴重內傷，1973年出獄，1975年回公安部工作，1978年去世。

1966年春，邱會作與總參作戰部長王尚榮視察秦城，看到陰森森的大門與監區，邱對王打趣：「你看這麼仔細幹什麼？是不是來為自己看房子?!」王尚榮（1915～2000），湘鄂西紅三軍出身，很自信地：「共產黨還會關我們？我這輩子是不會來住的，這點是肯定有把握的！」邱會作認為他說得對，名副其實的老革命，無有半個反革命細胞，哪會進自己人的監獄？[3]偏偏命運弄人，兩位老紅軍中將稍後皆成「反革命」。幾個月後，王尚榮倒台，1966年8月入監，關押八年（未入秦城）。「九・一三」後，邱會作倒台，旋入秦城，很感歎——

關在裡面的國民黨戰犯、偽滿漢奸出去了，我們進來了，和他們「換防」，這真是莫大的諷刺！

犯人的身分證明秦城乃真正「政治監獄」。秦城漸漸成為羈押政治犯的預審監獄。

功德林時期，國民黨戰犯的伙食標準就倍於普通囚犯，每週一次電影，甚引國民黨中下層俘囚豔羨，戲稱進入功德林：「這等於和過去中了舉人後，選送太學差不多。」[4]

紅色女特工黃慕蘭移押秦城後，感覺案子升級，成為正式囚犯，情緒激烈，絕食三天。獄方開導——

---

[3] 《邱會作回憶錄》，新世紀出版公司（香港）2011年版，下冊，頁856。

[4] 金可鏤：〈北京功德林〉，載《南方都市報》（廣州）2014年12月23日。

不要小看此地形同監牢，一般沒有資格的人還進不來呢！我們這裡直屬中央機關管理，警衛森嚴，勸你宜守紀律，專心學習，稍安毋躁。[5]

就是出獄了，國共待遇也不一樣。1981年9月11日，邱會作走出秦城，安置西安，每月生活費僅100元。

這一百元生活費扣除房租、水電、報刊費、再給小保姆一點零花錢，剩下的只有三四十元。我是買了米就沒有錢買菜，買了菜就沒錢買米。「捉襟見肘」這個誇張的成語成了我真實情況的寫照。……日子過得很苦呀。……我下決心停下每月二十幾元的報刊費，天天趕到附近一個旅館借當天的幾種報紙拿回家看，三小時以後歸還，風雨無阻。……每月送生活費的幹部交過來早已扣除得差不多的一點錢，常常臉紅。

邱會作很羡慕國民黨戰犯，特赦後每月生活費300元，還有各種補貼，寫史料、回憶錄，高價收購。他不理解共產黨為什麼對自己人這麼狠？邱會作感歎——

秦城監獄對國民黨人和共產黨人有區別：對國民黨戰犯寬厚，對共產黨自己人兇殘喲！我被孤獨一人關在很小的囚室裡五年，除了面對四壁，幾乎一絲一毫動彈不了，還要受虐待。其間的苦難和辛酸，只有我自己才能體驗到，那是整人不留痕跡的「手段」，是殺人不見血的「刀子」！[6]

1968年初，周恩來下手令命邱會作交出傅連暲中將（總後衛生部第一副部長），從香山幹休所翻牆進入傅宅抓走人，不給飯吃，傅連暲很快死在秦城。[7]

5　《黃慕蘭自傳》，中國大百科全書出版社（北京）2012年版，頁343。

6　程光：《心靈的對話》，北星出版社（香港）2011年版，下冊，頁744～746、881～882、776、859。

7　《邱會作回憶錄》，新世紀出版公司（香港）2011年版，下冊，頁889、896。

秦城乃惟一隸屬公安部的處級監獄。1960年3月落成之初，轄屬負責預審及監獄的政治保衛局一處，對外「公安部看守所」，對內「公安部預審局」。1967年11月軍管，1973年1月經周恩來審批，重歸公安部。入「城」犯人既非司法部決定，亦非公安部決定，毛澤東、周恩來直接掌管。[8]1968年1月，毛澤東女兒李訥（1940～）接任中央文革辦事組長，經常對手下說——

誰不聽話，我就把誰送到監獄去，秦城的大門是敞開著的！[9]

文革期間，專案組成員由最高領導決定，政法委牽頭，公檢法聯合組成，監舍只負責囚犯生活。無特殊情況，專案組不許入監，獄方則可知悉案情。[10]

秦城硬件

秦城正面仿古牌樓，雄偉壯觀。圍牆厚重堅固，上設電網，門前武警頗增肅殺。三大區域：監獄區、管理區、家屬區。設計思路上就體現「高幹監獄」，總容量僅千餘人。2013年前，總監房470餘間，監房小眾化——四人間、兩人間、單間。[11]單間為主，以防串連。[12]無論硬件軟件，秦城均達當時世界先進水準。

民國徐州大牢，150餘名囚犯擠在狹小牢房，上下雙層鋪，中間站人，買個能坐的地方就得八十塊。1936年7～9月，共黨郭影秋（1909～1985）入徐州大牢，因前幾年經常探監，認識看守，給予方

---

8 穆欣：《辦〈光明日報〉十年自述》，中共黨史出版社（北京）1994年版，頁372。
吳弘達：《秦城監獄》，勞改基金會（華盛頓）2011年版，頁16。

9 向繼東：《歷史深處有暗角》，秀威資訊公司（台北）2013年版，頁48。

10 吳弘達：《秦城監獄》，勞改基金會（華盛頓）2011年版，頁30。

11 海峰：〈秦城監獄擴建〉，載《爭鳴》（香港）2013年7月號，頁27。

12 《黃慕蘭自傳》，中國大百科全書出版社（北京）2012年版，頁343。

便，才有側身臥睡之地。[13]不過，1975年「新社會」的天津和平區看守所，比民國大牢還擁擠——

第五牢房包括裡面一個小小廁所在內，不過20平米光景，卻關押著40多名犯人，其擁擠程度可以想像。白天，我們分成三排蹲坐著，互相你擠我我擠你。全體犯人一律只准用兩種坐姿，由犯人頭子隔一段時間下令變換……夜晚伸不開身子，只好你的頭靠著我的腳，我的頭依著他的腳，首尾相接。平臥是根本不可能的，我們側立身子互相擠疊著睡覺。如果有誰起來解手，他原來的位置立即就會被左鄰右舍填擠掉了，他必須使出渾身解數從兩位鄰居中間猛插進去。犯人們常常為了幾釐米的空間而互相廝打。[14]

1981年9月11日，邱會作走出秦城——

先後走過總共十一道鐵門才離開牢房區。我通過的最後兩道鐵門，是牢房區對外的門，是一種特製的大鐵門，堅固無比。我以軍人的眼光看，它們能抵擋得住相當強火力的軍事攻擊。

秦城最有心機的設計：兩道架設高壓電網的高牆，相距二十多米，兩道大門隸屬不同部隊，外牆衛戍區士兵把守，內牆公安武警看守，他們之間無橫向聯繫，只聽命自己上司。這一制約式設計，亦來自蘇聯老大哥。[15]以1950年代中共土八路水準，設計不出如此精細的現代化鉗合。

秦城獄區初為四幢帶審訊室的U型三層樓房，排號甲乙丙丁，北、東、西三面為樓房，南面敞口。每層一面走廊一面監房，每一單元11間牢室，每間約九平米（三米多長，兩米多寬），不到1/4處安裝很小的抽水馬桶，腳踏式沖水，洗手池很小。一張小矮床、一條汙

---

13 《往事漫憶—郭影秋回憶錄》，中國人民大學出版社2009年版，頁52。

14 張兆太：〈1957，我的厄運人生〉，載陳生璽、張鎮強主編：《抹不去的歷史記憶—南開大學「五七」回憶》，中國國際文化藝術出版社（香港）2015年版，頁305～306。

15 程光：《心靈的對話》，北星出版社（香港）2011年版，下冊，頁743、870、742。

漬薄褥、一條破舊軍被，其他便什麼都沒了。牢牆很厚，足有一米，「迫擊炮是打不透的」。[16]屋內面積比外面看起來小得多，房舍比一般屋子高，不透明毛玻璃窗，窗台很高，裡面看不到外面。牢門近地面一孔小洞，六寸見方，遞送「餵食」。邱會作轉戰幾十間監房，大體都一樣。[17]

四個監區中，201監區最一般，每間九平米，鐵鑄蹲式便池。文革爆發，貫徹階級路線，體現階級義憤，伙食標準大降。三餐五窩頭。早餐一窩頭、一碗玉米粥，一點鹹菜。中晚餐兩窩頭，一小碗少油缺鹽的蔬菜、一搪瓷缸開水，常年吃不好吃不飽，米麵極罕見。春節午餐四個皮厚餡少的小包子，「還不如平時兩個窩頭耐饑，故意吊人胃口」。偶而發蘋果，個頭只比核桃稍大一點。即使如此，一切仍要收費。穆欣（1920～2010）平反，補發工資，扣除秦城伙食費1298.32元。穆欣關押2807天，其中秦城七年四個月，月均伙食費14元。[18]按當時物價，至少半數國人吃不到這一標準。杭州居民最低生活補助8元／月。秦城囚伙一天五窩頭、一碗菜湯，實支絕不超過7元／月，顯被剋扣囚糧。戚本禹說他的伙食標準為38元／月——

可是給我們吃的東西裡面經常有死老鼠、蒼蠅、蟑螂。我看過好幾次，管理員從鍋裡拎出死老鼠往外扔，看到它，我就一天吃不下飯。[19]

最高級的204監區，每間二十平米，地毯、沙發床；伙食標準比照省部級：早餐牛奶，配發固體飲料，菜餚包括魚翅、海參；飯後供應剛出冷庫的蘋果，特地從北京飯店調來乙級廚師。

---

16 顧亦：〈絕路早在腳下〉，載《檢察風雲》（上海）2015年第10期，頁55。

17 《邱會作回憶錄》，新世紀出版公司（香港）2011年版，下冊，頁856。

18 穆欣：《辦〈光明日報〉十年自述》，中共黨史出版社（北京）1994年版，頁370～371、377、373。

19 《戚本禹回憶錄》，中國文革歷史出版社（香港）2016年版，下冊，頁707。

首批入住的政治犯胡風——

屋子可真不小，有十二三平米，但是空蕩蕩的，沒有任何家具，只在牆邊有不到一尺高的地鋪。

胡風早餐——兩個饅頭一盅牛奶、一碟鹹菜或一小盤白糖。大饑荒時，胡風的伙食越來越差，老吃南瓜和沒油水的粗菜，一個月兩次肉，有時肉上一撮泥或一隻死蟲。胡風剔掉穢物，依然吃得很香，身體沒垮下來。在其他監獄蹲了近六年的胡妻梅志，向丈夫解釋為什麼肉上有一小撮泥或死蟲子——

你知道這是為什麼嗎？自然災害期間，外面幾個月都吃不上肉，給你送飯的人當然有情緒嘛！

梅志（1914～2004）在押期間吃不上鹽，頭髮一把把脫落。就這樣，梅志還得向獄方每月繳納20元伙食費。[20]

重要囚室牆壁特製，以防撞牆自殺，一張一尺高矮床，需要寫交待材料，送進小學生單人課桌，永遠不提供凳子（以防自殺或當兇器）。床鋪就是犯人長坐之地。所有設施去掉棱角，打磨成圓形。鐵絲、碎玻璃、繩索、布條……杜絕一切可行兇、自殺、越獄的工具。1976年12月30日晚，邱會作從北京衛戍區移押秦城，搜走皮帶，剪下毛褲上細帶子，只能提著褲子。每層配備三名武警。

沒有桌凳、沒有釘子。衣服、碗筷只能置地，任小蟲爬來爬去，吃飯時洗一下。衣服不能拿出去曬，只能陰乾。每月半塊肥皂、一捲衛生紙。每年發一袋洗衣粉。冬天暖氣開得很小，攝氏8～10度，「凍得不行」。夏天，監室氣溫高達40度，胖子吳法憲再三要求，也不允許日落後開門通氣，中暑倒下後，才允許每天開門通氣一刻鐘。

牢門是包鐵皮的木門，衛生間亦有窺孔，哨兵24小時監視。窗戶一平米見方，三層：紗窗、鐵柵、玻璃窗。只能向上向外開啟，玻璃

[20] 梅志：《胡風傳》，北京十月文藝出版社1998年版，頁648、661。

塗白色。犯人看不到樓下院裡，也看不到周圍樓房。高級囚室兩扇這樣的窗戶，磨砂玻璃。監房光線陰暗，陰冷憋悶。每座樓都配備預審室、辦公室、刑訊室、警衛室、醫務室、伙房、澡房，一切均可封閉進行。

有的監室天花板高約四米，頂處一小窗，小到成年人頭肩無法伸出，而且高到再高的個子也夠不到。高懸一支15瓦燈泡，磨砂燈罩再配鐵絲網罩，光線暗淡，開關在外，看守控制。

文革爆發後，囚犯源源送入，王光美老母都進來了。[21]監室頓時擁擠緊張，「倉位」嚴重不足。1967年，加蓋六幢監舍，排號順延戊己庚辛壬癸，與前四幢正好湊足十位天干。新建牢房鋼筋水泥，監室不像前四幢那麼豪華，每間面積5～10平米，簡易蹲式便池，須端水沖洗。牢門雙層：外層鐵門，裡層木門，安裝監視窺孔，下有送水送飯小門，規格與前四幢大抵相同。

北京市委副書記劉仁（1909～1973）、副市長崔月犁（1920～1998），地下黨出身，帶銬入獄，長達四年，1972年1月22日才去銬。1968年1月3日，康生批示劉仁、崔月犁、馮基平、徐子榮等專案均為反革命敵特，叛黨叛國，為防自殺，「將他們銬起來」。[22]1973年10月，劉仁瘐斃秦城，火化只寫獄號：6830。[23]

李立三俄妻李莎蹲秦城八年（1967～1975），抱怨一天只給三杯開水，連喝帶洗，時間一長實在受不了，躲進廁所醮濕毛巾擦身。看守打開小窗吼道：「不許脫衣服擦澡！」李莎忍無可忍，頂回去：「我不擦不行，你幹嘛偷窺！」[24]

---

[21] 黃崢：《王光美訪談錄》，中央文獻出版社（北京）2006年版，頁425。

[22] 穆欣：《辦〈光明日報〉十年自述》，中共黨史出版社（北京）1994年版，頁374。

[23] 楊克林：《文化大革命博物館》，天地圖書出版公司、新大陸出版社（香港）2002年第2版，下冊，頁491。

[24] 李莎：《我的中國緣分》，外語教學與研究出版社（北京）2009年版，頁315。

很長一段時間，秦城沒女看守。「六・四」女囚王之虹最氣憤的就是哨兵隔三五分鐘就往屋裡張望，無論如廁還是擦身，嚇一跳。一次，她擦洗時躲到房間角落，哨兵從探孔中見不到人，慌忙叫來管理員。管理員問為什麼躲起來擦洗，王之虹怒曰：「我一個女人，這些年輕的男哨兵老是這樣看來看去的，是對婦女人格的不尊重。」[25]

為看管林彪、四人幫「兩案」要犯，秦城專門成立「武警幹部大隊」，全國抽調三百多人。22名女兵組成獨立分隊，專門負責看押「7604」——江青。[26]江青入獄後，愛唱〈紅梅贊〉。浩亮則唱《紅燈記》，「獄警傳……」。[27]

唱歌，囚犯發洩反抗形式之一，抗戰老歌，幾個女囚不約而同一起唱。男囚則唱京戲《紅燈記》。幾個女囚唱著唱著轉為哭聲，想念家人、孩子。獄卒一開始不理，旋惡狠咒罵：「哭什麼哭？哭也不頂用，哭得再凶也出不去！」[28]

穆欣聽到一位山東女人日夜不停大聲「廣播」，「就像廣播電台的廣播員一樣」。還有一位姑娘不停唱歌，重複幾句歌詞，神經失常了。饒是獄方「嚴防死守」，仍有成功自殺。1969年2月16日（除夕），穆欣一位鄰居成功升天。[29]

秦城軟件

囚犯進入秦城，馬上領教森嚴監規，首先訓令：「放棄逃獄

---

[25] 方舟：《秦城春秋》，觀海出版公司（香港）1997年版，頁12。

[26] 〈揭秘秦城監獄〉，載《深圳商報》2012年4月20日。

[27] 《戚本禹回憶錄》，中國文革歷史出版社（香港）2016年版，下冊，頁713。

[28] 《邱會作回憶錄》，新世紀出版公司（香港）2011年版，下冊，頁862～863。

[29] 穆欣：《辦〈光明日報〉十年自述》，中共黨史出版社（北京）1994年版，頁372、375。

夢想！在你和外面之間有許多屏障阻止你！」[30]然後一通「身體檢查」，扒光衣服，只發一身黑破棉襖棉褲，沒有襯衣襯褲，沒有褲腰帶（以防自殺），走路得手提著褲子，長期不洗不換。[31]而且立即失去姓名，只有代號。看守板臉交代：「你的獄號是××，以後不許你叫名字，只能叫號。」[32]

1966年「首客」師哲，6601。嚴慰冰（陸定一妻）6707。李莎6777。王光美67130。[33]周恩來介紹入黨的高級特工閻寶航67100，其子閻明復67124（後任統戰部長）。[34]江青祕書閻長貴，6820。[35]中央文革成員、《光明日報》總編穆欣，6813。「六・四」客人鮑彤8901。戴晴8917。吳稼祥8918。王軍濤8922。陳子明8923。王之虹8924。吳學燦8929。「六四犯」中當然還有劉曉波。

毛巾、牙具、臉盆、手紙、飯碗、匙子，監獄統一發放。犯人必須嚴格遵守作息時間，早晨聽哨起床，晚上聽哨睡覺。白天不能躺在床上、不准損壞公物、不准在牆上亂劃亂寫、不准大聲喧嘩、不准唱歌、不准背對監門。[36]

政治局委員、副總長兼空軍司令吳法憲入秦城時，襯衣紐扣也剪下來，臉盆茶缸、牙刷牙膏、香煙茶葉全沒收，秦城不准喝茶，只給白開水。「他們把一切防止自殺的辦法都想到了……吃藥要看著你吃下去，要針線縫補衣服，也要你在限定時間用完，立即交出。」[37]

---

[30] 〈秦城煉獄近況〉，原載《明報》（香港）1989年10月11日。轉載《中國大陸》（台北）1989年11月號，頁72。

[31] 《王力反思錄》，北星出版社（香港）2008年第二版，上冊，頁16。

[32] 李莎：《我的中國緣分》，外語教學與研究出版社（北京）2009年版，頁314。

[33] 黃崢：《王光美訪談錄》，中央文獻出版社（北京）2006年版，頁430。

[34] 閻明復：〈我在秦城監獄的日子〉，載《各界》（西安）2015第12期（上半月），頁27。

[35] 向繼東：《歷史深處有暗角》，秀威資訊公司（台北）2013年版，頁35。

[36] 吳弘達：《秦城監獄》，勞改基金會（華盛頓）2011年版，頁30～31。

[37] 《吳法憲回憶錄》，北星出版社（香港）2007年第2版，下卷，頁907、915、917。

吃飯只能用塑膠勺，睡覺不准翻身，臉必須正對門上小洞，手不能放入被子。如有違犯，立即叫醒，訓斥懲罰。周恩來外事女祕嚴昭（1922～2008），其父嚴朴1925年入黨，蘇南農運領袖，五卅「十五壯士」，中共六大、七大代表，江西蘇區經濟部副部長，參加長征，八路軍西安辦事處祕書長，1949年6月病逝，追認烈士。1958年，嚴昭丈夫張非垢病故，周恩來送了花圈。其姐嚴慰冰不斷向葉群寄辱罵匿名信，嚴昭牽連入獄。

嚴慰冰入住99號監房，六平米，水泥地潮濕冰涼，木板床離地僅七寸，很快得上風濕性關節炎。三九寒天光腳罰站水泥地，一站一上午，下肢抽筋發麻。看守告知——

監獄領導下命令：你案情嚴重，態度惡劣，不配享受政治待遇！規定：一、不准曬太陽；二、不准洗澡；三、不准閱讀書報！

她與孫維世（1921～1968）同時入獄，伙食都是長了白毛的發黴窩頭，一勺看不見菜葉但摻雜泥沙的菜湯，還不能不吃，倒掉飯菜輕則挨打，重則上緊銬。嚴慰冰趁看守不注意捏碎窩頭塞鋪下，如廁時偷偷扔掉。隔壁的孫維世扔出窩頭：「這不是人吃的，這是餵狗的，給你們，拿去餵狗吧！」孫維世被拖出毒打，幾天後死去。嚴慰冰所謂「嚴重案情」，是她看不慣葉群，長期寫辱罵匿名信。文革初期林彪權焰薰熾，「惡攻」林副統帥就是反對偉大文革，上了〈公安六條〉。嚴慰冰四姐妹分別入獄13年、9年、6年、8年。嚴母孤獨去世。周恩來感歎嚴家母女遭遇：「真是紅顏多薄命啊！」1979年12月，嚴慰冰獲釋，1986年去世（68歲）。[38]

秦城囚犯規定整天正襟危坐離地七寸的木板床，不准靠牆，十分吃力，無法長時間保持「標準姿勢」。一次，嚴昭以為看守不注意，倚牆僅一分鐘，看守憤怒用水龍噴射床鋪，全身連同被褥澆得濕透。數九冬寒，嚴昭凍得渾身哆嗦，苦熬五晝夜，硬用體溫烘乾濕衣

[38] 蔣巍、雪揚：《中國女子大學風雲錄》，解放軍出版社（北京）2007年版，頁24～26，364～366。

濕被。儘管唱歌要挨打，嚴昭仍天天唱〈國際歌〉、〈延安頌〉、〈囚徒之歌〉、〈在太行山上〉……

一份調查秦城肆意破壞「社會主義法制」的報告，揭發秦城對老幹部體罰成風：拳打腳踢、棍擊匙捅、立正罰站、脖頸塞雪、噴氣式、扭胳膊、揪耳朵、撕頭髮、撞牆壁，以及冬夜拉出室外「冷靜思考」。馮基平常常吃背銬（背後銬手），這還算輕的，真正折磨人的「扁擔銬」—— 一手背著過肩、一手從後面遞來，學名「蘇秦背劍」。嚴慰冰吃反銬四十多天，吃飯只能用口去咬，入獄六年才讓洗澡。1978年12月釋放前，獄警威脅她：「裡面的事情不許講出去，誰要講出去，就讓他再進來！」此時，嚴慰冰不能走路，一見親友就失控，整夜失眠，一聽汽車鳴號就條件反射想到「秦城來客」，很長一段時間才調整過來。

1975年4月28日，入獄九年的嚴昭終出秦城，她流利地在釋放證上簽字，自如講話，法院幹警目瞪口呆，沒想到她還有如此狀態。嚴家老三嚴梅青，13歲到延安，紅色隊伍裡長大，不知為何要坐自己人的牢，入秦城九年後釋放（因周恩來干預），出獄時已不會講話。老四嚴平入秦城八年，釋放時精神分裂。

為提醒永遠不忘秦城，無子無女的寡婦嚴昭用三層紗布做一黃連袋，清晨起床，先仿越王勾踐大喊一聲：「嚴昭，你忘了秦城的苦嗎？」然後大聲自答：「不，嚴昭沒有忘！」言畢，抖幾下黃連袋，嘗嘗黃連粉末。等待分配工作的日子，嚴昭不甘寂寞，義務清掃街道，補發工資1.1萬元，一萬元交黨費，自云：「親朋雲散盡，我等亦輕塵。」[39]

規定囚犯睡姿必須臉朝門，實際很難保持，1972年7月28日廢除這一「必須」，但穆欣已「必須」右側臥1578天（四年四個月），形成痼習，出獄後直至去世，35年保持這一「正確姿勢」，無法恢復正

[39] 劉瓊雄：〈秦城監獄中的女人們〉，載《中國之春》（香港）1999年9月號，頁92～93。

常。穆欣入監最初飯不給吃飽，水也給的極少。1970年底前，一天隨飯給三次飲水，此外早中晚各補一次。[40]

招收秦城獄警第一要求——良好思想政治素質，對無產階級專政絕對忠心，不洩露監獄情況，不擅答犯人任何問題，如發現與犯人聊天，立即關禁閉。[41]進入文革，秦城提高政治標準，獄警被造反派關禁閉，批判他們「厚待反革命分子，喪失階級立場」，高級政治犯的小灶一律取消，「每餐發兩個玉米麵窩窩頭、兩分錢的鹹菜。」[42]獄卒對階級敵人得「像冬天一樣冷酷無情」。1968年初，剛入秦城的閻長貴尚無囚犯意識，對門外哨兵剛說一聲「同志⋯⋯」，立遭喝斥：「誰是你的同志？」[43]

有的獄卒很狠——不給衛生紙。每次大便，要你用手指擦屁股。夏天，堂堂副總長兼總後部長邱會作，褲子裡臭烘烘。另一老將軍因不聽話，看守從外面關掉洗手池水龍頭，只留下馬桶裡能流出的水，洗臉、漱口、洗碗、沖洗大小便，只有這惟一水源，直到向看守求饒，接受他的管教，他才「修復」洗手池的水龍頭。

邱會作押入秦城，獄方既不提供囚衣，也不允許穿隨身帶來及家裡送來的衣褲，只能穿進來時那點衣服，一年後穿爛背心褲衩，光著身子穿外衣棉衣，衣衫襤褸，形如乞丐。多次要求給一點別人扔剩的衣服，不予理睬。監獄頭頭查房，邱要求將帶來的軍衣改成襯衣，那位頭頭一聽就吼起來——

你自己的？你還有什麼東西是自己的？你是裝糊塗還是假天真？你的物品連你家裡的一切都收繳了。我們沒有接到上級指示要發你衣服以前，就是不給！

---

[40] 穆欣：《辦〈光明日報〉十年自述》，中共黨史出版社（北京）1994年版，頁370、377。

[41] 方舟：《秦城春秋》，觀海出版公司（香港）1997年版，頁10。

[42] 《黃慕蘭自傳》，中國大百科全書出版社（北京）2012年版，頁360。

[43] 向繼東：《歷史深處有暗角》，秀威資訊公司（台北）2013年版，頁36。

上級太忙，無暇兼顧，六旬邱會作四年無衣。中共的無人性，一一體現細節。

關入秦城監獄的四年多時間裡，我的衣服是補丁壓補丁，爛得不成樣子了。就是在革命最艱苦的紅軍兩萬五千里的時候，我也沒有這樣衣不蔽體呀！

幾乎所有「秦城居民」都說受過刑罰，不但挨過嚴刑拷打，還上過電刑及說不出名堂的刑法。[44]邱會作稱秦城是「現代黑店」——

把我們關進秦城是一個重大的歷史錯誤，完全混淆了兩類不同性質的矛盾。……鄧小平、彭真等人又借勢踹上一腳，一踹到底了。

居然將高層政治權爭說成「人民內部矛盾」，似乎應該在「黨的政策」範圍內解決，政治上確實很不成熟。邱會作的秦城生活——

過的是真正饑寒交迫的囚徒生活。所謂囚徒生活，就是同豬狗無異。吃什麼、吃多少在獄方看來都是監獄「施捨」的。……囚徒的死活，監獄是根本不在乎的。……上面態度惡劣，不把我們當人看，下面就胡作非為。……我曾經無數次提出要衣物，監管員從來也不說給或不給，就是不予解決。

1977年國慶日，邱會作吃羊肉餃子反胃嘔吐，只能吃兩個冷窩頭——

回想起四九年開國大典時，在毛主席將革命進行到底的號召下，我們正在進行衡（陽）寶（慶）戰役，並取得了殲滅白崇禧鋼七軍的決定性勝利，我在《紅旗飄飄》上發表了一篇文章〈向新中國獻禮〉。江山都打下來了，萬萬沒有想到，二十多年後的國慶日是在秦城監獄裡這樣過的。[45]

秦城的「軟件」還體現在對囚犯的心理掌握上。長年單禁後親

---

[44] 程光：《心靈的對話》，北星出版社（香港）2011年版，下冊，頁750～755、846。

[45] 《邱會作回憶錄》，新世紀出版公司（香港）2011年版，下冊，頁855～858。

人探監，先告知下午會親，等你準備好了，又說不來了，囚犯此時難以承受，站立都困難。快到中午，又說可能會來，等你激動起來，又說今天來不了。幾起幾落，一直等你無可奈何只能無所謂了，再突然將你從午睡中拉起，告知親人已在會見室！邱會作這樣的老軍頭，多少次從戰場屍體堆走過從不腿軟，這一瞬間仍難自持。

親屬好不容易來一趟，冬晨黑著天出門，上午趕到秦城，辦好繁瑣的探視手續，下午才許見面，只給三四十分鐘。親屬當然很憤怒，獄方委屈告知——

我們是好心當成驢肝肺。這裡的人都是十年八年才被探視，事後你們親屬高高興興走了，我們可麻煩了。被探視的人回去後都很激動，常發生心肌梗塞、腦溢血、心肺衰竭……我們搶救忙個不停。多年實踐我們才有了對策，要提前告訴你們父親，說家屬將要來，讓他衝動；然後再說不來了，讓他情緒平息；再說要來，讓他再衝動……把他的感情搞得麻木了，才敢讓他和你們見面，這就要費時間呀，這是我們的經驗！

邱家親人探監，見邱會作光身穿著破爛不堪的棉襖，身上一股長期不洗澡的臭氣，全家失聲痛哭，邱本人含淚不語，看守在旁扭頭不忍。[46]

一位文革長年蹲獄者——

那時很多文革期間被屈打入獄的，蹲在牢裡早絕望了，一旦宣佈無罪，咕咚一下人完了，要不心臟猛烈地怦怦一跳，癱了。大起大落，忽死忽生，人受不住。我那監獄就出過很多這類事兒。後來人家有經驗了，事先暗示你一下，墊個底兒，好緩衝一下。[47]

秦城獄醫深諳心理療法，對「獨囚綜合症」很有經驗，只須將「獨囚」放入集體監房，病情很快消失。秦城定點醫院為公安部直屬北京復興醫院，犯人病房集中某幢二樓，看守日夜把守，每間病房十

46　程光：《心靈的對話》，北星出版社（香港）2011年版，下冊，頁765。
47　馮驥才：《一百個人的十年》，江蘇文藝出版社1991年版，頁334。

平米，鐵門，窗戶玻璃不透明，頂樓放風。解放軍總醫院、德勝門外安定醫院也有類似治療區，封閉式管理，裡邊的出不去，外面的進不來。[48]

吳法憲家人首次探監，他沒認出兒子，還以為是公安：「同志，你貴姓？」也沒認出養女。[49]穆欣回憶錄：女犯會見子女前，餵給一種抑制流淚的藥，使你再怎麼難受也流不出淚水。[50]

秦城最大的「軟件」當然是配合政治。1973年「十大」開除林彪集團主犯黨籍、撤銷黨內外一切職務，關押在北京衛戍區的吳法憲立即收走蚊帳、涼席、電扇，取消大米、富強粉，菜餚標準大降。盛夏，吳胖子汗流浹背，蚊子咬得不行。吳法憲：「我住的房間裡，蚊子成群，身上全被咬爛了。」經要求給打敵敵畏，但喉嚨嗆得不行。最糟的是不告訴「降低標準」的原因。1981年出獄，吳法憲才知「十大」開除黨籍，降為普囚，「前後生活的標準當然就不一樣了」。[51]資訊閉塞為秦城囚犯最苦惱最無奈之事。

1980年11月20日開審林彪、四人幫兩大集團，事前改善十大主犯伙食，以免出庭時精神萎靡、形象太糟，有礙觀瞻。發給邱會作一套藍色中山裝，出庭才能穿。開庭前一天宣佈法庭紀律：不准說話、不准亂動、不准笑、不准東張西望、不准閉目養神、不准表現不滿、不准滿不在乎……如有違反，法警有權嚴厲處置，並暗示：措施很厲害；不聽話就不客氣！[52]公審期間，秦城熟門熟路停止一切報刊廣播，封鎖新聞，隔絕消息。[53]

---

48 吳弘達：《秦城監獄》，勞改基金會（華盛頓）2011年版，頁37。

49 《吳法憲回憶錄》，北星出版社（香港）2007年第2版，下卷，頁928。

50 穆欣：《辦〈光明日報〉十年自述》，中共黨史出版社（北京）1994年版，頁389。

51 《吳法憲回憶錄》，北星出版社（香港）2007年第2版，下卷，頁899。

52 程光：《心靈的對話》，北星出版社（香港）2011年版，下冊，頁811～812。

53 《王力反思錄》，北星出版社（香港）2008年第2版，上冊，頁31。

李莎兩個女兒也關在秦城，李莎渾然不知。李立三死後八年，李莎出秦城後才得知丈夫早死。[54]

秦城還有一項值得交代的「軟件」：醫生隨叫隨到，按時給藥；半年檢查一次身體，一季度驗一次血，但從不告訴結果。[55]別以為很講「革命的人道主義」，比人道主義更重要的是「醫療要為專案服務」──保證犯人隨時接受審訊。[56]

1967年10月5日～1975年4月5日，早期脫黨紅女、茅盾情人秦德君（1905～1999）押禁秦城。出獄時，獄警叮囑──

你回去後，要是有人問起你這斷了的一隻腿，你就說大街上給公共汽車軋斷了的，不准說是在監獄裡斷了的。[57]

秦城生活

邱會作的秦城伙食一元／天，每頓只供應兩窩頭或粗米飯（沙子特多），一碗菜湯，三角／天足矣，且不保證是熱的。腸胃不好的邱，冷菜冷飯只能倒進廁所，幾個月瘦掉二十多斤。看守有時從牢門下小洞塞入飯菜，犯人得像狗一樣去接。一位女獄卒見邱會作不肯接，大吵大嚷。邱絕食抗議。[58]絕食是囚犯最後手段──只能以自虐為籌碼。1998年7月31日，政治局委員陳希同（1930～2013）入秦城，也以絕食抗議惡劣飲食，得病才稍予改善，多次申訴，全無回音。[59]

---

[54] 李莎：《我的中國緣分》，外語教學與研究出版社（北京）2009年版，頁315。

[55] 《吳法憲回憶錄》，北星出版社（香港）2007年第2版，下卷，頁918。

[56] 穆欣：《辦〈光明日報〉十年自述》，中共黨史出版社（北京）1994年版，頁375～376。

[57] 秦德君、劉淮：《火鳳凰─秦德君和她的一個世紀》，中央編譯出版社1999年版，頁212。

[58] 程光：《心靈的對話》，北星出版社（香港）2011年版，下冊，頁751。

[59] 姚監復：《陳希同親述》，新世紀出版公司（香港）2012年版，頁47。

如受優待，配有統一飯盒，送餐不是「塞狗洞」，開門送入。每餐兩素一葷，每週一次牛奶、水果。特殊犯人或即將出獄的高級犯人，待遇更好。文革之前，204監區高級犯官，伙食標準部長級，食品採購於東華門「高幹供應點」，早餐牛奶，午餐、晚餐兩菜一湯，配一枚蘋果，另發固體飲料、咖啡、方糖。「四人幫」進來後，級別高、身分異，待遇甚高，每餐兩葷一素一湯，每週兩斤水果，兩次牛奶（奶粉沖兌），一頓餃子，大米白麵管飽。江青還可吃到肉包子。後來的陳希同可點菜。2007年，判刑18年的陳良宇入秦城，20平米高級套間，單獨洗手間，配有洗衣機，一支獨立分隊貼身看守。

一般囚犯的飲食就很差了，一日三餐（周日、節假日兩餐），「狗洞」遞入。正餐一菜一湯，主食米麵，搭配雜糧；最廉價的蔬菜，鮮有油水；湯為「涮鍋水」。早飯玉米窩窩頭與一塊拇指大鹹菜。每天供水三次，每次一杯。[60]

王光美——

一般就是窩頭、玉米麵或小米稀飯加白菜、蘿蔔。可氣的是給的飯菜沒譜，有時很少，吃不飽；有時又特多，吃不完還不行。[61]

李莎——

監獄的飯菜，品質極差不說，而且都是限量供給。我總是吃不飽，成天處於饑餓狀態。記得進牢的第一頓飯是黑麵包子，我因感覺沒胃口，原封不動地把它退了回去。後來連續幾年吃的都玉米窩頭和蕎麥飯，而且分量少得可憐，就像是餵貓似的。每當我饑腸轆轆，就常回憶起被我退回去的黑麵包子，後悔不已。

因有切身體會，李莎對索爾仁尼琴《古拉格群島》一則細節強烈共鳴。索爾仁尼琴記載蘇聯集中營偶爾發給政治犯一小口葷菜（如半個牛肉丸），以勾起犯人對美好生活的回憶。「據說這種方式比饑

---

[60] 吳弘達：《秦城監獄》，勞改基金會（華盛頓）2011年版，頁32、26、29。

[61] 黃崢：《王光美訪談錄》，中央文獻出版社（北京）2006年版，頁430。

餓更能刺激人的胃口，折磨人的效果自然也更佳。」[62]

穆欣總結——

伙食如此糟糕，主要是監管員不把在這裡受審的人當人看待。……蔬菜不洗不摘，三刀下鍋，飲食衛生極差，經常發生食物中毒的事。

秦城獄卒流諺：大黑不吃小黑吃。大黑指囚犯，大黑幫縮稱，小黑指豬。[63]

秦城囚犯吃不到魚，因魚刺有可能用於自殺。一次過年改善伙食，給了幾塊雞和抽去刺的魚。1976年，王力血壓高送醫院，吃了一次帶魚，高興至極，味道好極了！[64]1978年，報紙爆料：江青在秦城袖偷饅頭。公審結束，1981年1月25日中午起，「兩案」要犯的伙食又糟了：早飯稀飯饅頭，中午窩窩頭，晚上粗米飯，副食回到白菜幫煮白水。「這種伙食，實在是苦呀！」1987年，江青由女兒李訥接出監獄保外就醫。1996年，姚文元蹲滿二十年出獄。此時，張春橋仍在押。

邱會作拉肚子，要求給點最便宜的黃連素，獄醫不但不給還譏笑：「這藥很貴的，這是人民的血汗，你有這個權力吃嗎？」要安眠藥，回答：「安眠藥不治病，是高貴人圖舒服的！我們監獄供不起安眠藥。」[65]公審時，要邱會作等寫材料，不給桌子，只能趴在地上寫。專案組好奇，上牢房一看，大吃一驚，力主給一張桌子，獄方最初堅持原則，專案組再三要求，才給一張小桌，說是秦城破天荒第一次給犯人用桌子。

---

[62] 李莎：《我的中國緣分》，外語教學與研究出版社（北京）2009年版，頁315。

[63] 穆欣：《辦〈光明日報〉十年自述》，中共黨史出版社（北京）1994年版，頁371。

[64] 《王力反思錄》，北星出版社（香港）2008年第2版，上冊，頁23。

[65] 《邱會作回憶錄》，新世紀出版公司（香港）2011年版，下冊，頁858、860。

秦城囚犯兩三個月換一次房，既不讓囚犯熟悉環境，也不讓與看守熱絡，蘇聯經驗。秦城犯人除了看守，見不到任何人，犯人之間絕對隔離。隔壁偶爾傳來一點動靜——咳嗽聲、呻吟聲，只能分辨性別。[66]一次放風，邱會作偶遇黃永勝、吳法憲，看守像出了大事故，相互埋怨。一位漂亮女犯鬧監，很專業地高聲唱歌，看守不耐煩了：「你再這樣鬧，我們就整你的丈夫、孩子！」女犯嚇得從此噤聲。十一屆三中全會後，獄卒整人的事少下來。[67]1979年春節，晚飯後廣播音樂節目，發三個蘋果、三五塊糖、一小把花生。[68]

1980年代探監秦城，北京上車約兩小時，還不能開到跟前，得步行兩三里。三條探視規定：一、不准談案情；二、食品經檢查當場吃，不准帶進監；三、不超過兩小時。

秦城無人權還從一小處可見。吳法憲出獄時發還入獄所帶物品，「東西倒是一樣不缺，只是所有衣物都被蟲子咬得稀爛，沒有辦法再穿了。」吳法憲的秦城感言很有概括力——

總之，秦城監獄是一個讓自己認識自己不是人的地方。……我住的是共產黨的高級監獄尚且如此，更不用說一般老百姓的監獄了。[69]

最新資料：秦城如今「食分五等」，囚犯按入獄前職級劃分待遇。政治局委員薄熙來，特級150元／天；中候委陳紹基（廣東政協主席），一級120元／天；深圳市長許宗衡，普通級80元／天；一般獄囚伙食分兩檔：40元／天、20元／天。[70]秦城雖備有統一囚服，囚犯一般不用穿。

---

[66] 李莎：《我的中國緣分》，外語教學與研究出版社（北京）2009年版，頁315。

[67] 程光：《心靈的對話》，北星出版社（香港）2011年版，下冊，頁754～757、765。

[68] 《邱會作回憶錄》，新世紀出版公司（香港）2011年版，下冊，頁863。

[69] 《吳法憲回憶錄》，北星出版社（香港）2007年第2版，下冊，頁952、918。

[70] 王言：〈囚犯伙食分五等級〉，載《爭鳴》（香港）2014年7月號，頁17。

閱讀·放風

1969年4月「九大」前，閻長貴（1937～）無片紙，每天只能枯坐——

無產階級專政的監獄很殘酷。列寧在沙皇的監獄裡能寫書，共產黨人在國民黨監獄裡也能寫書，如方志敏就寫了《可愛的中國》，而我被關起來，開始書報都不給看，每天只能呆呆地坐著。

「九大」後每天給一份《人民日報》、每月一本《紅旗》雜誌，發還此前沒收的《毛選》四卷。那些年，閻長貴「攻讀」《毛選》三十幾遍，〈論持久戰〉百遍以上。[71]

1972年5月，尚未進秦城的吳法憲在北京衛戍區羈押處啃了《資本論》第一卷——

但是學了以後又用不上，也就漸漸地忘記了。……天氣熱了，讀不下去了，我就改為看小說，先後看了《西遊記》、《水滸》、《紅樓夢》、《三國演義》。[72]

1970年5月～1975年5月，丁玲戴著手銬押入秦城。44卷《馬恩全集》，她通讀至39卷，自慰「整天和兩個偉人在一起」。她背誦毛語錄、唐詩宋詞，以防記憶衰退；再做廣播操、打太極拳、扔紙球（用衛生紙搓成），以保持運動能力。[73]

有的秦城客說：「九·一三」後才給讀書閱報，此前不給一個字。[74]「九·一三」後，還給看電視，身體欠佳的高官囚犯，一天四餐。但獄方會借報紙折磨你。報紙總是晚幾天才擺出，獄方研究哪些

---

[71] 向繼東：《歷史深處有暗角》，秀威資訊公司（台北）2013年版，頁37～39。

[72] 《吳法憲回憶錄》，北星出版社（香港）2007年第2版，下卷，頁898。

[73] 周而復：〈浪淘沙—憶丁玲同志〉，載丁玲研究會編：《丁玲紀念集》，湖南文藝出版社2004年版，頁122～123、919。

[74] 丁玲：〈作家是政治化了的人〉，載《丁玲選集》第6卷，湖南人民出版社1984年版，頁232。

內容可折磨犯人，包括封鎖某些消息。凡遇重要新聞，獄方會留心犯人反應，評價其政治傾向。1975年4月2日董必武去世，5日蔣介石去世。送來董必武去世的《人民日報》前，暗中給穆欣服用抑制流淚的藥，送蔣介石死訊的報紙之前，又故意給吃催淚藥。當這一招失靈，獄方將刺激眼睛的硫酸傾灑囚室門口，用扇子使勁往屋裡搧，「力圖逼出你的眼淚，可以上報你的『反革命感情』。」[75]

放風是犯人的享受，每次20分鐘至一小時。秦城放風規矩很大：單獨放風、初來犯人不放風，風雨天不放、天太冷不放、周日不放、獄卒有事不放、不高興不放，一月能放十次就算優待了。邱會作一次頂撞獄卒，二十多天不給放風。

秦城獄卒整人很專業，放風可施展手段：晚放風、早收風，寒冬臘九安排你無日照時段。秦城有專門放風的「風圈」，上面空間很小，上無日照，下盡積雪，凍得死去活來。盛夏酷暑，正午放你的風，無遮無攔曬脫你一層皮，任你如何叫喊也沒用，說不定再「優待」你一二小時。洗澡也可整人。犯人半月洗一次，上午有熱水，看守自己先洗，輪到犯人洗沒熱水了，只能洗冷水。有時一月或更長時間才洗一次，身上都臭了。理髮也有講究，可安排花招。理髮時，每人僅一分鐘，故意安排洗澡之後，再故意將頭髮剪得又碎又細，往你脖內亂撥，搔癢無比，難受半月才能洗澡去除髮茬。此時，頸膚已被抓得潰爛。邱會作為少受罪，堅決要求剃光頭，但剃一次就不給再剃了——影響政治形象。[76]

1977年8月，看守忘了「收風」，吳法憲關在「風圈」五小時。晚飯發現人沒了，才想起將他關在「風圈」。盛夏毒日，吳法憲汗流浹背，「好在四點以後有一面牆可以擋住太陽，不然的話我早就中暑

---

[75] 穆欣：《辦〈光明日報〉十年自述》，中共黨史出版社（北京）1994年版，頁388～389。

[76] 《邱會作回憶錄》，新世紀出版公司（香港）2011年版，下冊，頁857、861。

了。之後，管理員向我解釋說是『忘記了』。」過了吃飯時間，吳只能吃一口冷飯。[77]

文革期間，不少犯人常年曬不到太陽，頭髮脫落，嚴重缺鈣，佝僂彎曲。[78]

1972年12月中旬，秦城獄犯劉建章（鐵道部副部長）之妻探監，回來後致函毛澤東，控訴秦城殘暴獄政，每天只給三杯飲水、每天放風僅半小時。其夫1968年2月被捕，面黃肌瘦，說話都咬不清字。毛澤東批示——

請總理辦。這種法西斯式的審查方式，是誰人規定的？應一律廢除。[79]

周恩來捏著尚方寶劍，批示向每位囚犯傳達「最高指示」，獄方聽取意見後向中央匯告。38名獄卒承認毆打過犯人。[80]毛澤東還指示：讓犯人吃飽睡足，病時不得審訊。獄政稍有改善，讓午睡了，伙食有所改進，細糧代替粗糧，出現肉菜，周日還有油條豆漿。[81]

秦城最厲害的折磨是單獨關押。國際司法界公認單獨監禁是非常嚴重的摧殘，文明國家已禁止單獨關押。戚本禹經常聽到精神病「難友」的亂喊亂叫。[82]「享受」單禁的閻長貴：「渴望提審，因為提審可以與人對話。」[83]

鮑彤入住秦城七年（1989～1996），始終獨囚，門外晝夜兩名軍

---

77 《吳法憲回憶錄》，北星出版社（香港）2007年第2版，下卷，頁912。

78 吳弘達：《秦城監獄》，勞改基金會（華盛頓）2011年版，頁33。

79 中央文獻研究室編：《毛澤東年譜》（1949～1976），中央文獻出版社（北京）2013年版，第6卷，頁459。

80 柯興：《魂歸京都：關露傳》，金城出版社（北京）2010年版，頁320。

81 李莎：《我的中國緣分》，外語教學與研究出版社（北京）2009年版，頁315、318。

82 《戚本禹回憶錄》，中國文化歷史出版社（香港）2016年版，下冊，頁708。

83 向繼東：《歷史深處有暗角》，秀威資訊公司（台北）2013年版，頁39。

人，房門永遠不能關，電燈一夜通明，如廁不能關門。每週一次洗澡，事先清場，幾十人的澡堂一人獨享。鮑彤換過幾處房間，一次三樓整整一層二三十間囚室，只有他一位「客人」。放風也是單獨一人，從未見過其他犯人。就是轉移囚室，任何東西均由獄卒代拿，不可能私藏私掖任何私物。[84]

秦城也有一大優點：沒有牢頭獄霸。普通監獄每一監室都會產生牢頭，胳膊最粗、臉相最橫的刑犯充任。一犯入監，必須順從牢頭，低眉順眼，每週葷菜一半或1/3進貢牢頭，否則有你好看。晚上等你熟睡，蒙上頭痛打一頓，等你撩開蒙布，還不知道誰打的。獄方也利用牢頭「簡化」管理。普通監獄，殺人犯最受尊敬，殺人越多越了不起。一入監，同號便問：「幹什麼了？」如回答「殺了人」，立受敬意，沒人敢欺負，都怕「橫」到自己頭上。最不待見的是強姦「花犯」。如對牢頭孝敬不周，牢頭會組織人給他「拔毛」——將陰毛一根根拔掉，邊拔邊問：「還想不想幹了？還想不想幹了？」直至花犯鮮血滴淌。[85]

秦城囚徒

秦城囚犯大致分四階段：

第一階段（文革前），主要關押偽滿要員、國府「戰犯」（少將以上），以及倒台的中共高幹，如饒漱石（中組部長）、潘漢年（上海常務副市長）、揚帆（上海公安局長）、師哲（山東省委書記處書記）、陳泊（廣州公安局長）、徐雪寒（中貿部副部長）、高級紅色特工袁殊、關露，以及大名鼎鼎的「外圍高幹」胡風及其「反黨

[84] 張敏：《穿牆的短波—記錄紅色中國》，溯源書社（香港）2012年版，頁415～416、423。

[85] 王書瑤：《燕園風雨鑄人生》，勞改基金會黑色文庫編輯部（華盛頓）2007年版，頁255～256。

集團」成員：路翎、牛漢、徐放、綠原、謝韜、劉雪葦等。

1959年秦城竣工前，數百國民黨戰俘（少將以上）前往勞動，種樹、修路。他們不知這是什麼建築，有人告知「一所體育大學」。等到移居入住，方知底裡。最先「享居」秦城的國軍高級將領：王陵基（惟一被俘國軍上將）、杜聿明、廖耀湘、王耀武、黃維、宋希濂。

第一階段的紅色囚犯極具時代特色。一個個披冤戴屈卻對中共深懷「無產階級感情」，自覺配合度前無古人後無來者。抄錄一段黃慕蘭（1926年入黨）入獄初感——

這裡雖名為監獄，其實我們仍是受到保護的隔離審查，雖是失去自由的軟禁，亦是對自己的嚴峻考驗，更是黨給予我們安心學習馬列主義理論的補課機會。自己不該發脾氣，以絕食來向黨表示抗議。……在繼續接受審查的同時，埋頭學習馬列主義和毛主席著作，進行革命理論的補課。……特別是一再學習劉少奇同志《論共產黨員的修養》一書……更覺得自己在加強思想修養和黨性鍛煉方面，還應多下苦工夫去努力提高。[86]

紅囚對中共的感情，真正秦城一景。1979年，黃永勝、邱會作都不願見子女，怕孩子看到自己這副寒苦相——沒有棉毛衫、也沒有毛衣，光身穿一件棉衣（補丁摞補丁），光腳穿有兩個大洞的布鞋，身上有臭味，鬍茬很長……，

我穿得太破爛了，孩子們看到會很傷心，對黨的形象也不利。[87]

這批紅軍高幹委屈感最強。吳法憲——

我從十五歲起參加革命，跟著共產黨、毛澤東，幾十年的槍林彈雨，拼命工作，什麼樣的危險都遇到過，什麼樣的後果都想到過，也隨時準備為黨的事業而獻身。但是唯獨沒有想過，要為黨的事業這樣「獻身」，要坐共產黨自己的大牢；要做一個全黨共誅之、全國共

---

[86] 《黃慕蘭自傳》，中國大百科全書出版社（北京）2012年版，頁344。

[87] 《邱會作回憶錄》，新世紀出版公司（香港）2011年版，下冊，頁857～858、861、866。

討之的大壞蛋，忍受一切屈辱，受到這樣的折磨。

我只有把這一切和滿門抄斬和滅九族來比較，這還算是比較幸運的。這一切不怨天不怨地，只是自己的運氣不好。想到了譚震林的「三個不該」……我並不一定同意，因為不參加革命、不跟毛主席我也是死路一條。但是思考再三，有一個不該，就是不該到中央工作。可怨誰呢？[88]

第二階段（文革期間）關押對象改為高級右派、走資派、反動學術權威、丙辰天安門運動「小平頭」。再如平措汪傑等「東藏民主青年同盟」、「彭真、劉仁叛徒集團」。201監區就關押了89名省部級高幹，其中五名公安部正副部長。據統計，文革期間秦城共關押500餘名高幹及各路知識精英。[89]

文革期間，國府、偽滿戰犯移至大囚室，小單間用來關押「叛徒」、「特務」、「走資派」。戰犯們晚上常聽到隔壁拷打聲、慘叫聲，受審者高呼「毛主席萬歲」！「共產黨萬歲」！「我是革命的」！戰犯們聽得莫名其妙，很詫異，不明白怎麼回事，只有從中共「叛」出去的文強，毫不驚訝，明白在整「自己人」。[90]

1970年代後期為秦城鼎盛期，且都是「自己人」了，從中央副主席至省部級，真正「第一監」。截止1980年代，34位部級以上高幹死於秦城、36人精神失常、39人嚴重致殘。邱會作認為這一數字明顯縮水，遠不止此。[91]1927年入黨的潘梓年（1893～1972），中科院學部副主任，病逝秦城。文化部藝術局長田漢（1898～1968，1932入黨）、早期特工蔡叔厚（1898～1971，1927年入黨），瘐斃秦城。[92]

第三階段（1970～80年代），關押對象主要為林彪、四人幫集

---

88 《吳法憲回憶錄》，北星出版社（香港）2007年第2版，下冊，頁909。

89 吳弘達：《秦城監獄》，勞改基金會（華盛頓）2011年版，頁24～35。

90 王元：〈文強：毛澤東表弟的沉浮人生〉，載《各界》（西安）2015年第12期，頁38。

91 程光：《心靈的對話》，北星出版社（香港）2011年版，下冊，頁745。

92 《黃慕蘭自傳》，中國大百科全書出版社（北京）2012年版，頁361。

團、前中央文革成員。1978年「西單民主牆」的魏京生等進來了。

第四階段（1990年代以後），新一輪客人為「六・四」學生、省部級貪官。數百名「六四犯」，如鮑彤、王丹。1989年6月初，15平米監室最初只關押八人，很快擠滿人，一些人只好睡地上。7月，「六四犯」在秦城集體抗議，高唱〈國際歌〉。「六四犯」每天只給400克窩窩頭，與文革時相同。一名教師、一名北大生在獄中瘋了，他們的呻吟與尖叫經常劃破夜空。[93]

「六四犯」高潮過後，秦城客人以貪官為主。從最初的江西副省長胡長清到人大副委員長成克傑、鐵道部長劉志華，再到政治局委員陳希同、陳良宇、薄熙來，最高級別當然是政治局常委周永康。此後落馬的令計畫、徐才厚、郭伯雄，也一一報到。

送入秦城的囚犯，一般半夜抵達，喇叭一響，秦城上下就知道「又來客人」。許多秦囚入監多年才得一紙判決，另有一些秦囚從未見過逮捕令，有的關押多年被告知「不予起訴」、遣送原籍。[94]

饒漱石，秦城第一位中共高幹。此後中共名角：彭真、羅瑞卿、楊尚昆、陸定一、薄一波、李銳、王光美、陳伯達、周揚、田漢、丁玲、潘梓年、夏衍、吳冷西、王力、關鋒、戚本禹、黃永勝、吳法憲、李作鵬、邱會作、江青、王洪文、張春橋、姚文元、毛遠新、傅連璋、穆欣……十世班禪（1938～1989，人大副委員長）亦兩次「入住」，1978年平反出獄。紅色老外李敦白也曾「客居」秦城。[95]

---

93 〈秦城煉獄近況〉，原載《明報》（香港）1989年10月11日。轉載《中國大陸》（台北）1989年11月號，頁72。

94 吳弘達：《秦城監獄》，勞改基金會（華盛頓）2011年版，頁72～73、12、83～84、19。

95 古華：〈秦城謠〉，載《爭鳴》（香港）2012年7月號，頁84。

秦城要犯

1、陳伯達

陳伯達（1904～1989），1927年入黨，政治局常委，1970年廬山會議倒台，開除黨籍，久居秦城。特殊待遇，牛奶、餅乾、水果、包子、餃子、雞湯……沙發、地毯。陳伯達仍常常鬧監尋死。一位管教看出他的假撞牆，一通訓斥。此後幾天，陳伯達吃得很少，閉眼躺床，長吁短嘆，三天後求見管教，自劈巴掌——

我該死，我對不起領導、對不起政府、對不起黨，我今後絕不再這樣……

1976年9月，毛澤東死訊見報，陳伯達吹捧江青、張春橋——

我和江青、春橋同志是一條心的，我願同他們同心協力工作。

我以個人名義向無產階級文化大革命衝鋒陷陣的江青同志致敬。

我特別懷念毛主席的忠誠戰友江青同志，希望她多保重身體。

毛主席的後事辦理完畢，江青同志會派人來和我談話的，我的問題寄託在她身上。

不久，得知「四人幫」倒台，他洩了氣，又開始尋死，罵出：「國民黨監獄也沒有像你們這樣……」1981年7月，陳伯達「保外就醫」。[96]

2、王力

1967年8月30日，文革紅人王力（中央宣傳組長，職同中宣部長）突然倒台，先軟禁釣魚台，10月16日遷西山別墅，衛戍區看管，待遇未變，允許看書，不許與外聯繫。1968年1月26日，遷居秦城；1982年1月18日出獄，整整14年，獨禁13年半。很有資格撰寫秦城歲月，但厚厚兩本《王力反思錄》沒一篇專寫秦城，只能撮掃出一點秦城生活。

---

[96] 何殿奎：〈我在秦城監獄監管的特殊人物〉，載《世紀》（上海）2009年第5期，頁25。

王力（1921～1996），出生江蘇淮安崔堡鎮五代秀才之家，1935年入團，1939年谷牧介紹入黨，最初潛東北軍搞兵運；1940年後，山東《大眾日報》編輯部主任、渤海區宣傳部長；1949年後，華東局宣傳部祕書長；1953年胡志明宣教顧問組長；1955年中央國際活動指委會副祕書長；1958年《紅旗》雜誌創刊編委，後升副總編；1960年列席中央書記處；1964年中聯部副部長，列席中常委；1966年6月入中央文革小組。

1990年代，王力的邏輯仍十分混亂——

毛澤東雖然晚年犯了大錯誤，但是他在我心目中仍然是一個偉大的馬克思主義者，仍然是我最敬仰的人物。毛澤東思想是指引中國人民走自己革命道路的指南。他在文化大革命的嘗試中失敗了，但是，這失敗的教訓中包含重要的光輝思想：中國人必須走自己的道路。……我不迷信毛澤東，但是我愛戴毛澤東。

毛澤東怎麼做都是對的，文革這樣的滔天大罪也有「光輝思想」？真正「莫之亡而自亡也」（董仲舒《春秋繁露》）

王力五年不給放風，十年不給探視，不給任何帶字紙片（包括語錄本）。毛澤東御批「不准審王力」，王力連受審這一「基本待遇」也沒有。毛死後，總算得到提審，憋了一小時說不出一句話。1977年6月，插隊內蒙的女兒王海軍致信華國鋒：十年不知父親生死，要求黨告知父親的消息，這才得見一面。

獄方還用黑布擋住窗戶，王力難分晝夜，24小時播放噪音，不給看病，強灌一種致幻藥，喝後幻聽幻視。一次喇叭裡放出毛澤東的湖南話——

這次運動，除王力一人外，一個不殺。王力是國民黨特務兼蘇修特務，是現行反革命！

反復播放，王力憋了三小時，最後高呼——

王力從小就是共產黨！現在為了黨的利益，為了毛主席的威信，根據最高指示，王力宣佈承認是國民黨特務兼蘇修特務！我擁護槍斃王力，這是為了革命的需要，這個犧牲是必要的。

王力高呼三遍，感覺莊嚴走上刑場。喇叭裡宣佈槍斃一次，王力就高喊毛主席萬歲！共產黨萬歲！高唱國際歌；然後又宣佈不槍斃了。王力認為這是江青要折磨死他，破壞他的大腦。1973年元旦，也向王力傳達「最高指示」，生活待遇有所改善，每天放風半小時。

1981年7月15日，王力由單間改為五人集體生活，除了案情什麼都可以談。四名難友：原毛祕書、北京市委書記謝靜宜、301醫院老院長靳來川、總後副部長王希克、空軍軍長米加農。王力狂喜：「13年無人說話，現在有人說話了，多麼高興！」不久，王力得到紙筆，立即向鄧小平、胡耀邦、趙紫陽上條陳，發揮餘熱——評政議政。[97]

1982年1月王力出獄，安排北京萬壽路部長樓，1984年換普通社區，二套住房，市民生活，常上書店，1996年病逝。一位中學生緣赤潮攀上歷史舞台，最後帶著花崗岩腦袋去見毛澤東，實無多少可論之處，惟留一套《王力反思錄》（2001年港版），雖無反思，仍有參考價值。

《王力反思錄》處處摘清自己，尤其撇清與康生與江青的關係。但王力深陷中央文革泥淖，他們之間春秋無義戰，怎麼鬥都是狗咬狗，已不可能回到他所希望的「革命人民隊伍」。

3、關鋒・戚本禹

關鋒性情暴躁，時常大喊大叫，類乎神經失常，捲起報紙當話筒，對著門縫喊叫，謾罵周恩來。獄方安排專人照顧其衣食住行（室外活動），加上醫療服務、安排家屬探視，關鋒逐步鬆弛下來，開始與獄卒說話，不再大吵大罵。

戚本禹善耍點子，「監管人員在鬥智上鬥不過他。我們採取的對策是避免讓他鑽空子。」七月夜晚，獄警關了監室大燈，戚本禹大鬧，四周監囚無法入睡。獄警一通訓斥，將戚從二樓轉到三樓空監

[97] 《王力反思錄》，北星出版社（香港）2008年第二版，上冊，頁20、23、132、36、185。

室，任他如何喊鬧也不影響其他囚犯，同時打開木門，只關裡面鐵柵，蚊子湧入，咬得他睡不著。次日，戚本禹要求與主管何殿奎談話。何故意晾他，讓獄卒回答：「何殿奎出差了，等他回來再說。」四天後，何殿奎才進戚監室。戚已沒了此前氣焰，只得服軟。

這次較量，我看到他欺軟怕硬的本質。我們還是把關他房間的木門關上了，談話後，他基本上服從管理了。[98]

戚本禹之妻（服務中南海）一同入獄，1968年9月獄中生子，秦城「小蘿蔔頭」，因缺奶水，影響智力發育。王關戚政治待遇同一，毛澤東規定「三不」——不批鬥、不提問、不立案。虎落平陽遭犬欺，戚本禹遭看守海軍皮鞋猛踢頭顱，昏死好幾天，落下後遺症。關鋒發瘋時，摳吃便池大便。[99]

4、王洪文

王洪文（1935～1992），41歲入秦城，對他的「無產階級專政」力度較大，第一天就戴上重刑具，會自動緊固，越掙扎越收緊，用勁掙扎會摔倒。王戴上刑具就沒卸下，睡覺也戴著。最初關在大會堂地下室，裝了電響器，每隔幾十分鐘響一次，鑽心般難受，刺激神經，亢奮難抑。早餐一碗稀飯，午晚一小窩頭，每天不到四兩糧食，餓得全身發軟，頭都抬不起來。有時剛吃完飯，就想不起吃的什麼。公審之前，才吃得飽一點，質量仍很差，人都浮腫了。關了五年，行動遲緩，老人一個。1981年7月，為改善文革犯官關押條件，獨禁改群押，王洪文與邱會作、吳法憲、江騰蛟成舍友，四人各有單獨房間，但走廊相通可走動，有公共活動室。王洪文告訴「難友」——

我身體被搞垮了，原來站都站不起來，幾乎癱了。我能夠自己站起來不用人扶著走路還走不遠，我好好站著的時候會突然失去知覺

[98] 何殿奎：〈我在秦城監獄監管的特殊人物〉，載《世紀》（上海）2009年第5期，頁26。

[99] 《戚本禹回憶錄》，中國文化歷史出版社（香港）2016年版，下冊，頁702～706。

跌倒在地，經常摔得頭破血流。

王洪文判「無期」，1986年「保外就醫」，1992年8月去世，57歲。王洪文當了中共副主席，老家沒沾什麼光。垮台後老母跟了弟弟王洪武，四間房被扒，磚瓦、木料全被拉走，全家連住的地方都沒有。村裡人看不過去，幫助王家蓋了三間土房，一住二十年。村裡最破那座房子，就是王家。1981年，王洪文告訴邱會作，妻兒送回農村，幾乎生活不下去，還逼著老婆與他離婚、兒女與他斷絕關係，劃清界限。允許探監了，王妻買不起一張上海到北京的火車票（約20元），東借西湊才起程。老婆買不起食品，拆了舊衣做了幾雙布鞋以表夫妻情分。獄方實在看不下去，給了一點路費，以免王妻流落北京街頭。[100]

5、穆欣

穆欣也說牢飯裡下了興奮劑——

從進秦城不久直到林彪垮台，前後將近四年，他們經常連續給我服興奮劑。每月總有10至15天，什麼時候都很興奮，晝夜都不眨眼，毫無睡意，也無特殊疲困的感覺。他們這樣做，意在毀壞我的頭腦。

有的服後產生幻覺，有的出現恐怖感，有的服後話特別多，自己無法抑制。

1967年9月6日，穆欣因替胞弟轉遞揭發葉群早年政治問題的材料，林彪下令、江青定性「特務」，北京鐵道學院造反組織「紅旗」執行逮捕。謝富治先將穆欣關押北京衛戍區，1968年1月13日移押秦城。穆欣對秦城的感受極差，回憶錄中充滿詛咒。[101]

[100] 程光：《心靈的對話》，北星出版社（香港）2011年版，下冊，頁864～867。

[101] 穆欣：《辨〈光明日報〉十年自述》，中共黨史出版社（北京）1994年版，頁376、388、367～386。

6、關露

中共女特工關露（1907～1982），出生晉西北朔州右玉貧家，1927年入上海法學院，再入南京中央大學文學系，《新詩歌》月刊編輯，左翼影片《馬路天使》（1937）插曲〈春天裡〉詞作者，與潘柳黛、張愛玲、蘇青並稱「民國四大才女」。

1932年，關露加入「左聯」與中共。1939年11月接葉劍英密信，赴香港接受任務——潘漢年、廖承志囑她打入汪偽特務機關，策反李士群。其妹幫助過曾落難的李妻。潘漢年叮囑——

今後有人說你是漢奸，你可不能辯護，要辯護，就糟了。

廖承志保證：將來黨會出來為你說話的。

回滬後，關露成為極司菲爾路76號汪偽特工總部常客，李士群每月送她200元，她與李妻一起逛商場、看戲。關露投靠汪偽的消息很快傳開。昔友側目而視，談到她充滿鄙視、吐唾沫。1942年5月，關露應聘漢奸月刊《女聲》。1943年8月，出席東京「大東亞文學者大會」，中國代表十餘人照片見報。行前，關露十分猶豫，潘漢年來函，要她赴日轉函秋田教授。時在延安的日共領導人野阪參三，希望通過秋田恢復與國內日共領導人的聯繫。恰好《女聲》雜誌社擬介紹的日友中就有秋田，關露忍辱負重，再次上路，再惹腥羶。

1938年初，關露將自己的詩集《太平洋上的歌聲》贈給王炳南（1909～1988），觸及王炳南冷手：「怎麼這麼涼？凍的吧？還不快放兜裡暖和暖和。」不久，王炳南來信，內附半身照，背書：「你關心我一時，我關心你一世。」王炳南（周恩來助手）已有德籍妻子，與關露只能鴻雁傳書。[102]此前，關露兩次戀愛，均未成功。1942～44年整風審幹，關露因「漢奸背景」遭嚴格審查，無法與王炳南結婚。

抗戰勝利，舉國狂歡，關露卻上了國府鋤奸名單。在周恩來、王炳南安排下，轉移至蘇北赤區。但到淮陰第三天，即被隔離審查。

---

[102] 單世聯：〈革命與感情：從黃慕蘭說起〉，載《同舟共進》（廣州）2016年第1期，頁45～48。

憂憤中，收到八年戀人王炳南的絕情信，精神崩潰。後雖因潘漢年的證明獲釋，但入另冊——執教蘇北建設大學文學系。走在街頭，有人指著她痛罵，扔石頭、吐口水。她要發表詩歌，《新華日報》社長范長江要她換用署名，說黨報出現關露，影響極不好，黨會為此遭攻訐，關露大哭。

1946年，已與德國妻子離婚的王炳南想上蘇北找關露結婚，鄧穎超趕到機場攔阻，嚴肅談話——

恩來和我反復研究，認為關露是個好同志，但由於她的這段特殊經歷，在社會上已經造成不好的名聲，群眾以為關露是文化漢奸，而你又是長期搞外事工作的，群眾都知道你是共產黨，如果你們兩個結合，將會在社會上產生不好的影響。

王炳南在絕情信中說明原因，關露從此不談愛情。1947～51年，關露供職大連蘇聯新聞局、華北大學三部文學創作組、電影局劇本創作所。1949年3月，關露看望闊別12年的王炳南，執著表達「青山不改，綠水長流」，王炳南三次重複：「忘掉過去吧」。

1955年6月15日，關露因潘漢年案入「功德林」，寫了幾十萬字交代，精神分裂症發作沒水喝，只得喝痰盂髒水。獄醫說她裝瘋賣傻，送公安部醫院，押回牢房。1957年3月27日釋放，因李克農干預恢復黨籍，旋收到電影局退休通知，才50歲。1967年7月1日，「二進宮」入秦城，常遭獄警打罵。1975年5月底釋放。[103]直到此時，她仍對當年祕密守口如瓶，寫有〈秦城詩草〉：「換得江山春色好，丹心不怯斷頭台。」[104]

1980年5月，關露腦血栓癱瘓，獨居斗室，孤苦冷寂，境遇淒慘。1982年3月23日，潘案平反，中組部派員上門宣讀平反書，最重要一句：「不存在漢奸問題」。幾天後，關露服安眠藥自殺，破舊單

[103] 胡繡楓：〈我的姐姐關露〉，載《上海黨史資料通訊》1987年第9期，頁14～20。

[104] 柯興：《魂歸京都：關露傳》，金城出版社（北京）2010年版，頁320。

人床上一隻大塑膠娃娃。丁玲悼念這位「左聯」好友——

我們的社會主義國家應該充滿陽光，但是陽光照不到她身上。[105]

楊沫：她把一生貢獻給了黨，但黨給了她什麼？

裝安眠藥的牛皮信封裡裝著王炳南那張照片，那行題詞下，關露題詩：「一場幽夢同誰近，千古情人獨我癡。」

1982年12月5日，文化部舉行隆重葬禮，王炳南赴八寶山出席，神情沉鬱，未與任何人說話，默默站在人群中。關露悼念座談會上，王炳南發言——

我認為讓一個已經馳名的左翼作家去當「文化漢奸」，在群眾中造成不好的影響，現在看來這樣的安排是不妥當的。[106]

7、王光美

1967年9月13日凌晨，王光美（1921～2006）在中南海福祿居後院被捕，謝富治簽署的逮捕證。11月27日移送秦城，1979年12月22日（十一屆三中全會閉幕日）出獄。

最令我不習慣的是廁所門上也有監視窗口。上廁所受監視，這是最讓人感到受辱的事。……平時每天就是在床上乾坐著，還必須臉朝門口，不准躺下、不准靠牆，規定「四不靠」，就是人的四周都不能挨著東西。有時我坐著沒事，就撚頭髮玩，消磨時光。有次被哨兵從門外看見了，馬上喊：「你手上是什麼東西？」12年鐵窗生活，每天面對這個鐵門，使我至今不喜歡防盜門。

整日枯坐，漫長難熬，老盼著提審，「因為提審可以有機會說話」。最初半年不放風，也不給報紙看，既不知道外面情況，也不知道日期。後來給放風了，一個個輪流放，不讓囚犯打照面。報紙只給《人民日報》，一間間囚室傳看，傳遞之前看守仔細檢查，看上面有

---

[105] 曹溪：〈被黨蹂躪一生的女作家關露〉，載金鐘主編：《共產中國五十年》，開放出版社（香港）2006年版第6版，頁385。

[106] 單世聯：〈革命與感情：從黃慕蘭說起〉，載《同舟共進》（廣州）2016年第1期，頁48。

沒有寫字、扎眼或做什麼記號。

有一陣讓王光美打掃衛生，她很高興，可趁機活動身體。後要她洗床單，每天十幾床，大木盆放不進廁所小門，只能小盆接水一點點舀到大盆，洗好後再一盆盆將髒水倒回去。如此折騰，王光美仍很高興，「總比老在床上坐著好，可以利用出門曬床單的機會活動一下，等於延長了放風時間。」

袁庚（1917～2016），王光美囚室「接班人」，原粵省東江縱隊情報部長，他根據牢內長頭髮有黑有白，推斷「前任」王光美。1980年代，袁庚主持深圳蛇口工業區，邀王光美前往參觀。[107]

8、劉曉慶

2002年6月20日～2003年8月16日，影星劉曉慶（1955～）因偷稅入秦城422天，幾度放聲大哭、多次撞牆。她過去認為「沒有什麼困難不能克服」，入秦城後才明白什麼叫無能為力。她與三名女犯擠五平米囚室（2米寬、2.5米長），沒窗戶，打地鋪，夏天四人比肩而臥，捂出痱子。律師每次看她，帶一份十元盒飯，她都吃個精光，「那種享受的模樣就像如今吃大閘蟹」。她在秦城自修英文、法律。最後一段日子，早餐小瓶牛奶、每天可洗澡。經歷牢獄之苦，劉曉慶表示：現在我覺得世界上除了死以外，沒有什麼不能逾越的困難。[108]

9、閻長貴

1968年1月24日，送錯一封信，「破格」入住秦城，罪名「王關戚安插在首長身邊的釘子」。每天窩窩頭、稀飯、鹹菜，很少吃米麵，春節幾個餃子，有時發點水果。但不給任何書報，自帶《毛選》也沒收，每天只能呆坐，「精神折磨足以使人崩潰」。1975年5月22日，專案組突然宣佈：「黨中央和毛澤東決定釋放你，送你到湖南某

---

[107] 黃峥：《王光美訪談錄》，中央文獻出版社（北京）2006年版，頁492、430～432。

[108] 聞雨：〈劉曉慶：獄中條件惡劣，曾用頭撞牆？〉，載《哈爾濱日報》2004年10月21日。

農場勞動，等待結論。」閻長貴這才向家裡發信，家人這些年都不知他是死是活。[109]

秦城囚徒都明白自己是政治犯，不審不判，得有「坐穿牢底」的準備。1989年5月28日下午，鮑彤由中南海辦公室直送秦城——

沒有經過法院，而是由三個老共產黨員（按：鄧小平、李先念、王震）一商量，就決定了，好像監獄是他們家裡開的似的。[110]

重要花絮

陸定一（1906～1996），八屆政治局候委、副總理、中宣部長兼文化部長，文革倒台，掛大牌批鬥，1967年進秦城，1975年宣佈釋放，陸定一要求恢復黨籍，否則不出獄，拖了年餘才出來。[111]

毛澤東死的那天，廣播一放，那麼多老毛御筆批捕的秦城囚犯，居然哭聲盈獄。王力痛哭不止，要求戴黑紗，遭拒絕，痛哭賦詩——

哀寄不容戴黑紗，不知此處屬何家？永無人世重逢日，唯有淚花當白花。[112]

吳法憲——

雖然是毛主席把我們關起來了，但是我對毛主席的思想感情上當時是不可動搖的……中國失去了毛主席，是讓我難以接受的。[113]

單獨幽禁於通縣營房的李作鵬——

[109] 周冉整理：〈閻長貴，江青祕書成了秦城囚徒〉，載《文史參考》（北京）2012年第5期。

[110] 張敏：《穿牆的短波—記錄紅色中國》，溯源書社（香港）2012年版，頁413。

[111] 何殿奎：〈我在秦城監獄監管的特殊人物〉，載《世紀》（上海）2009年第5期，頁25。

[112] 《王力反思錄》，北星出版社（香港）2008年第2版，上冊，頁20。

[113] 《吳法憲回憶錄》，北星出版社（香港）2007年第2版，下卷，頁903～904。

天天祝願毛主席萬壽無疆、長壽健康。聽到訃告廣播，好像晴天霹靂，心碎膽寒，哭泣之聲，處處可聞。……「贛江追隨四十年，幽禁更思引路人。」[114]

1981年9月11日，邱會作出監（保外就醫），監獄長開玩笑安慰：「想開點，就當這裡是高幹療養院」。邱心頭一怔——

我們黨怎麼搞成這個樣子？你在台上，他去秦城「療養」；他在台上，你又去秦城「療養」。[115]

「自己人」囚犯還有一項必須交代的心理特點。入獄初期，囚犯心情起伏難平，思潮滾滾，「黨的教育」這時真用上了。穆欣——

只要黨有希望，個人的坎坷又算得了什麼呢？這樣一想，激蕩的心情就平靜下來。……不少一同戰鬥過的同志倒了下去，他們或者犧牲在戰場，或者歿逝於病床……同他們比起來，我們能在黨的哺育下健康的成長，能夠親眼看見新中國的誕生和興盛繁榮，是莫大的幸福。

1975年春，秦城一輪大釋放，復出的鄧小平放出大批高幹。這一時期獲釋的穆欣：「這裡的『犯人』已有許多人出去，每天都有成批的人出獄。」[116]

1989年，秦城迎來「六四犯」，衍生出前所未有的秦城一景——探監者幾乎異口同聲對「六四犯」說：「你們做得對，沒有錯！」看守們驚訝不已。「三八式」杜星垣（1914～2011）：

這是民心，違抗不得的啊，這對我黨我政府來說，太危險了。[117]

---

[114] 《李作鵬回憶錄》，北星出版社（香港）2011年版，下冊，頁740。

[115] 《邱會作回憶錄》，新世紀出版公司（香港）2011年版，下冊，頁856。

[116] 穆欣：《辦〈光明日報〉十年自述》，中共黨史出版社（北京）1994年版，頁373、387～389。

[117] 杜導正：《趙紫陽還說過甚麼？》，天地圖書公司（香港）2010年版，頁274。

一個好建議

邱會作之子提議：關閉秦城，改為文革博物館，像南非羅賓島監獄那樣，闢為「旅遊勝地」，申請聯合國「人類文化遺產」。[118]

2000年8月，河北三河市燕郊鎮籌建燕山監獄，占地580畝，毗鄰北京，距離天安門廣場36公里，第一所司法部直轄正局級監獄。2009年燕山監獄投入使用，據說秦城將退出歷史舞台，降級看守所。[119]

燕城監獄關押三類囚犯：中央及省部級犯官、外籍犯人，具有研究價值的普通罪犯。燕城名人有谷開來、趙安（央視導演）、南勇（足協副主席）、江津（國腳）……

2013年6月，據說國務院撥7.2億擴建秦城，2015年完工。原各類監房470餘間，擴建後1300多間，仍分四人、二人、單人三類，設施ABCD四類。[120]看來，秦城一時半會兒還不可能成為「名勝古蹟」。

初稿：2009-1；補充：2011-7；後增補
原載：《領導者》（香港）2012年2月號
《百家》（香港）第17期（2011-12-15）
《開放》（香港）2012年8月號（濃縮稿）

附記：

2012-07-23 18:12 新浪網博客管理站「通知」——

親愛的新浪博友：您的文章〈進入秦城〉已被管理員刪除。給您帶來的不便，深表歉意。

---

[118] 程光：《心靈的對話》，北星出版社（香港）2011年版，下冊，頁758。
[119] 〈揭秘秦城監獄〉，載《深圳商報》2012年4月20日。
[120] 海峰：〈秦城監獄擴建〉，載《爭鳴》（香港）2013年7月號，頁27。

蹲監百感

1950年8月17日下午，重慶上清寺四德村拘留所，近百名國民黨高級軍政在押犯接到通知：次日搬家。這批國府囚犯中：王陵基（川省主席）、曾擴情（川省黨部主任）、宋希濂（川湘鄂綏靖公署中將主任）、徐遠舉（小說《紅岩》徐鵬飛原型）、周養浩（典獄長沈養齋原型）。遷居地為重慶歌樂山白公館監獄——他們此前為共黨安排的去所，伙食標準16元／月，每餐一葷一素，比原監獄高一倍，「一般犯人想去還沒有這個資格呢。」[1]

民國時期犯人等級：一、土匪強盜；二、政治犯；三、小偷；四、姦淫花犯；五、貪汙犯。[2]中共政治第一，政治犯最壞。

獄中順口溜

身陷囹圄，不易保持幽默心態。不過，真當進了號子，「獨與法吏為伍，深幽囹圄之中」（〈報任安書〉），百無聊賴，身非木石，也就不得不面對現實，自找樂子。獄中幽默，大多出自這種心態。國府軍政級別最高、惟一上將王陵基（1883～1967），「鎮反」時差點槍斃，後押北京。王陵基生性喜樂，諢稱白公館「四望樓」——「夜裡望天亮，早上望吃飯，中午望晚飯，晚上望睡覺。」重慶忠縣江邊有一建於宋初的四賢閣廟宇，紀念為官忠縣的陸贄、劉晏、白居易、李吉甫。宋希濂改「四望樓」——望出獄，望自由，望重新

1　沈醉：《我這三十年》，湖南人民出版社1983年第二版，頁38～39。
羅學蓬：〈白公館監獄裏的國民黨戰犯〉，載《同舟共進》（廣州）2009年第10期，頁21～22。

2　《郭影秋回憶錄》，中國人民大學出版社（北京）2009年版，頁52。

開始生活，望與子女團圓。

失去自由之身，夢中才得自由——「不怕鐵門千萬鎖，夢魂仍是自由人」。遇到尚通人情的看守，又有「天涯何處無芳草，獄中居然有好人」。[3]

北京功德林監獄國府囚將，黃維、文強最「頑固」，一直對蔣介石持節懷忠，拒不認罪，不時鬧監，兩人最後一批「特赦」，1975年才出秦城。

晉人賈植芳（1916～2008）長年蹲監，錄下一則產自上海提籃橋監獄的順口溜。集體創作，擺弄得十分工穩，合轍押韻——

一進監房，心驚肉跳；兩個兩個，隊伍排好；三頓茶飯，頓頓不飽；四季衣服，獨缺夾襖；五層洋樓，外加保鏢；六尺地板，兩頭跑跑；七根欄杆，根根牢靠；八點一到，大家睡覺；九九歸一，自己不好；十十足足，思想改造；親朋好友，一概絕交。[4]

最佳慰語

1978年4月底，《中央日報》副總編陸鏗（1919～2008），被囚22年後出獄，大江南北參觀一大圈，國務院祕書長童小鵬主持歡送晚宴。陸鏗發表感言：「世界上最難過的是當共產黨的犯人，最好過的是做共產黨的客人。」公安部第一副部長凌雲（1917～）聽出話中有話——

陸先生千萬要想得開呵。我講一下自己的故事，文化大革命以前，我被指定負責蓋建秦城監獄，建好以後，文革來了，第一個關進秦城的就是我。我們可是跟著毛主席幹革命一輩子呵！[5]

---

3 沈醉：《我這三十年》，湖南人民出版社1983年第2版，頁30、258～259。

4 賈植芳：《獄裡獄外》，上海遠東出版社1995年版，頁187～188。

5 《陸鏗回憶與懺悔錄》，時報文化出版公司（台北）1997年版，頁403。

無論場合、貼切度，任何慰語都比不上這段「現身說法」。

陸鏗精述蹲監細節——

我在監獄裡邊雖然很痛苦，但是有一個信心「這個情況不會永遠持續的」，特別是我給自己一個任務，你呢，一定要比毛澤東活得長。陸鏗，你聽到，不准死！有時候確實是在死的邊緣哪！而且痛苦不堪哪！但是想想，明天會好啊，自我調節。22年的牢獄生活當中，有四年是單獨監禁。單獨監禁是可怕極了！有的人就憂鬱而死，或饑餓而死了。我自己呢，想起宋朝一位詞家的兩句詩「重門不鎖相思夢，隨意繞天涯」。

單獨在一個小房子裡面，連站起來散步、走幾步路都不行。他要叫你坐下，也不准你睡覺，他要吹哨子，晚上時間到了，才讓你睡覺。……一天，家裡送來魚肝油，我眼睛一亮，為什麼呢？已經好久好久沒有看到字了，魚肝油瓶上的字……真是非常之愉快！

因為不跟外界接觸，只有看太陽，最初是看到它從窗縫裡進來了，非常細的，慢慢、慢慢地放大。中午以後，又慢慢、慢慢地縮小。迎接它進來，又送它出去。覺得這也不錯啊，把太陽看成一個來訪問自己的朋友一樣接待。

每個人每天只有二十分鐘出來涮馬桶，自己倒掉，然後刷掉，那是刷得乾淨的不得了。然後甚至抱著這個馬桶在院子裡散步。趁著看守不太注意的時候，跳起了華爾滋「嗒嗒嗒嗒嗒，嗒嗒嗒嗒嗒」，看起來自己好像發瘋一樣的，否則的話就活不下去嘛！[6]

國府監獄多少還講點人權，一例可證。1927年底，中共黨員郭洪濤（1909～2004）被捕，關了禁閉——

關禁閉室是監獄裡的最高處罰，從而激怒了全體政治犯……一致宣佈絕食，以抗議敵人的暴行。並通過關係向獄外各報館投稿，揭露敵人虐待政治犯的種種行徑……（第五天）《大公報》刊登了山西

[6] 張敏：《穿牆短波》，溯源書社（香港）2012年版，頁142～143。

第一模範監獄政治犯絕食鬥爭的消息……監獄當局不得不答應了我們提出的條件。[7]

而「偉光正」是絕對不會允許「自己的媒體」為獄囚呼籲，任何一家大陸媒體也不敢報導專政機關的陰暗面。

中共監獄的特色在於「思想改造」——不放過任何一處的「改造」。飯後「政治學習」，內容很簡單，按床位背誦42條監規。這一時刻，獄內朗讀聲此起彼伏，南北口音雜陳，盛況堪比寺廟眾僧誦經。如違反監規，輒開批鬥會。按獄方用語：監獄也是改造思想的工廠。[8]1975年，大陸獄囚全得學習張春橋的〈論對資產階級的全面專政〉，監舍牢頭任學習小組長，「天天領著我們念〈全面專政〉，還要討論，據說這篇文章是改造所有犯人的最銳利武器。」[9]

1966年初夏，四川省文聯主席沙汀（1904～1992），因引薦全省第一位走資派馬識途入文壇，輾轉「下放」成都昭覺寺監獄。沙汀脾性躁辣，剛進來時不安心，態度不佳，後來想開了看穿了，不斷跟看守開玩笑喊「報告」，放風時會說「我們都成了沒有褲腰帶的人」。獄方只發一寸長的帶子，拴繫最前面兩腰鈕，以免繩長自殺。另一位川中名士艾蕪（1904～1992），小囚房裡讀英文版馬列，放風時聽樹上鳥鳴，看紅梅翠竹、青天白雲。落難的省委書記楊超（1911～2007），靜靜讀書，拉出去批鬥，服服帖帖，又滿不在乎。

1967年，成都昭覺寺監獄為防犯人串連，規定大小便得獨辦，挨號排隊，十幾個蹲位，一次只准進一位。一次，馬識途晨起「報告」小便，去了幾個還輪不到他，急得直跳腳，「報告」聲越來越大。獄卒出於階級仇恨，幸災樂禍欣賞他的內急，馬識途只能尿在褲子裡。實踐出真知，馬識途將大便改為「錯峰出行」，避開早高峰，小便也

---

7 《郭洪濤回憶錄》，中共黨史出版社（北京）2004年版，頁14。

8 張先癡：《格拉古軼事》，溪流出版社（美國）2007年版，頁92。

9 陳生璽、張鎮強主編：《抹不去的歷史記憶——南開大學「五七」回憶》，中國國際文化藝術出版社（香港）2015年版，頁306。

每次提前一刻鐘就開始「報告」，當這位獄卒走過來，裝得十分急迫、跳腳，做足痛苦狀，讓他欣賞一會兒，開門時，正當其時。[10]

第一位加入中共的老外李敦白（1921～），入黨介紹人李先念、王震，五大書記集體批准，與毛澤東打過牌、與江青跳過舞、與王光美相過親，在華35年，蹲獄16年。1949年受斯特朗間諜案牽連被捕，1955年獲釋。1968年再被捕，入秦城，1977年獲釋。1980年不認同鄧小平放棄馬列立場的改革開放與「不爭論」，攜妻兒返美。2013年，李敦白向中國駐舊金山總領事說起中國監獄的「三用臉盆」——晚上接尿、早上洗臉、接著打飯。[11]

蹲監感受

1936年春，馬識途（1915～ ）因思想問題不容校方，與同學打鬥，下了揚州監獄，看守所長開導他——

看來你這學生娃娃沒坐過牢，牢裡的規矩你都不懂。在那裡面，自己要放聰明點，好漢不吃眼前虧。有錢就拿出來破費一點，先買些好煙拿進去散，大方一點。進去以後，要懂得拜「老大」，多上點貢。反正碰到菩薩就燒香，蝕財免災。在那裡是沒有什麼道理好講的，道理都在老大手裡。

所長帶他進號，向牢頭打招呼，要大家多包涵他。馬識途向牢頭拱手，小指自比——

山不轉路轉，石頭不轉磨子轉，兄弟是四川袍哥碼頭上跑腿的小老么，轉到哥子們面前來了，禮節不到的地方，還請包涵。

接着敬老大一包煙，再從另一包抽出一支敬上，劃火柴點燃，

[10] 馬識途：《滄桑十年》，載《馬識途文集》第八卷，四川文藝出版社2005年版，頁269、276、233～234。

[11] 袁南生：〈李敦白印象〉，載《同舟共進》（廣州）2015年第1期，頁60～62。

回身每人敬煙一支。牢頭吩咐點上香燭，要馬識途參拜面目猙獰的獄神，然後一腳踢翻，由眾囚暴打一頓——必須的「見面禮」。馬識途被打得鼻青臉腫，按道上規矩忍住沒叫。鋪位仍在尿桶邊，臭得要死，且指定倒尿桶。在一同號示意下，馬識途出錢請看守買來酒菜孝敬老大和幾個手下，他們的臉色才好一點，將他鋪位挪到裡面，派一新犯人倒尿桶。馬識途的錢很快被榨乾，還以為「到此結束」，不料老大示意馬識途寫信上外面要錢，馬只好照辦。好在信發出沒幾天，中央軍校畢業的三哥便帶人從丹陽趕來救他，馬識途抱住三哥大哭—

我跟著三哥他們走出這個人間地獄，見了天日。我這才真正知道中國的監獄是這樣的黑暗，也才真正體會到自由是多麼可貴。[12]

1938年2月24日～1939年10月4日，李立三（1899～1967）蹲監莫斯科，差點被「肅」掉。出獄後總結——

坐敵人的牢還算容易，坐自己人的牢最難。[13]

1964年12月～1968年7月，北師大學生右派袁伯誠（1934～2007），因寫頌毛詩被歧解為反動詩，在發配地寧夏西吉縣下獄——

一天兩頓飯，一個半斤重饅頭，一碗（其實是小盆）蘿蔔菜，一缸子開水。剛吃完就覺得餓。遇到伙夫報復，蘿蔔菜裡多放超常三十倍的鹽，由於饑不擇食，吃時狼吞虎嚥，飯後奇渴難捱，為此我和犯人們將自己的尿水灑到缸子裡再喝掉以解渴。遇到同號犯人違犯監規，帶背銬子，不能吃飯，我得給他餵飯，並拿著他的生殖器幫他小便；他大便，我替他用土塊擦屁股。

……監獄裡令人最討厭的事是被逼迫、引誘揭發檢舉別人。……提問我的人拍著桌子厲聲說：「袁伯誠，人家都把刀子捅到你兩肋上去了，你還講什麼仁義道德，不還擊嗎？」我的回答：「請原諒，你不能理解我把監獄也當成認真做人的地方。」[14]

---

12 《馬識途文集》第九卷（上），四川文藝出版社2005年版，頁76～79。

13 李莎：《我的中國緣分》，外語教學與研究出版社2009年版，頁80～81。

14 袁伯誠：〈讀《莊》自白書〉，載雷一寧等編：《「陽謀」下的北師大

1969年，後任文化部副部長的英若誠（1929～2003），從北京第一監獄移押冀縣監獄。他的蹲獄經驗是無論如何找點事兒，以免閑得胡思亂想。他的第一個項目是做一柄勺子。他瞄上洗漱間那把鏟子的木柄，找來一塊碎玻璃，每次去洗漱間暗暗將鏟柄鋸深一點，點水穿石，兩周後大功告成，再用那塊玻璃將鏟柄做成一把漂亮勺子。每天喝粥，正值壯年的囚犯都餓瘋了，用手指刮碗底都嫌不解氣，這把勺子的功效令獄友豔羨不已，英若誠最得意之物。很可惜，出獄時什麼都不讓帶，只能遺憾留下。

英若誠的手藝使他常能獲得自由度較大的工作，如用水泥鑄字、醃青椒等。有了一定自由，他發現儲存胡蘿蔔的倉庫就在牢房隔壁，成功組織一次大規模偷菜，「因地制宜」安排輪流嚼吃。否則，八人同時啃嚼，動靜太大，會被看守發現。英若誠自傳——

在監獄的日子，我儘量靠自己的智慧和幽默感生存下來。[15]

履歷豐富的廖承志（1908～1983）蹲過多國監獄——

最好坐的牢是社會民主黨的德國監獄，每天還有牛奶喝。[16]

蓋因蹲監太單調，獄囚又普遍缺乏「歷史意識」，很少留下獄中記述。賈植芳的《獄裡獄外》，錄有較豐富的蹲監感受。王力、吳法憲、李作鵬、邱會作、金敬邁的回憶錄也有一些蹲監感受。

1961年底，四川灌縣看守所，「右派」勞教逃跑犯張先癡吃背銬，無法解褲小便，只能用早飯換取獄友（扒手）的服務——幫助解褲繫褲。吃飯幸好是稀飯，可咬住碗邊吮吸。此時最怕獄方慈悲，萬一發下紅燒排骨、油炸雞腿，雙手背銬，眼睜睜吃不上，活活氣死人。未進去的人以為難友會有難同擋，張先癡說這是「獄盲」——

之難》，真相出版社（香港）2011年版，下冊，頁69、73。

15 《水流雲在：英若誠自傳》，中信出版社（北京）2009年版，頁33～65。英若誠：〈逆境中的智慧與幽默〉，載《羊城晚報》2009年10月4日。

16 黃藥眠：《動盪：我所經歷的半個世紀》，上海文藝出版社1987年版，頁173。

這是對「無產階級專政鐵拳」的力度認識不夠的天真想法。首先難友這個象徵友愛的辭彙只存在「萬惡的舊社會」，新社會的同犯間只提倡鬥爭，狠鬥自己的犯罪本質也鬥同犯的犯罪本質，這樣才能共同進步革面洗心成為新人。如果戴著刑具的犯人得到生活上的照顧，施恩者最低也得冒同情反改造分子的風險，但領導上並未明令禁止吃喝拉撒的照顧，因為刑具有時可戴到半年以上，褲子變成糞桶，監舍裡遍地蛆蛹，審訊室內、法庭裡、公判大會上臭氣薰天，成何體統？最通行的辦法是受刑者用饑餓去交換別人的風險。[17]

獄中伙食

1928年山西第一模範監獄：每週供給一餐饅頭（兩個）、兩頓窩頭，其他時間摻有黑豆的稀飯。[18]

1934年10月，團中央局宣傳部長黃藥眠（1903～1987）被捕，判刑十年，入南京「中央軍人第一監獄」——

早上吃稀飯，兩條很短的鹹菜；午飯同晚飯是吃米飯，那些米要嘛是很多沙子、穀粒，很粗糙，有時還有些發黴的氣味……天氣轉暖的時候，吃黃豆芽煮湯——清火；入夏以後，吃蘿蔔——解毒；秋天以後，就吃蠶豆——補氣；到了冬天以後，就是吃爛白菜——準備過年。一個星期吃一次肉，每人只分給兩塊，其大小厚薄就像刮鬍子的刀片。[19]

按標準，這所監獄囚犯伙食等同士兵。黃藥眠對牢飯充滿怨恨，詳述食譜控訴國民黨對犯人的虐待。但若比之筆者1970年代大興安嶺築路隊伙食，黃藥眠的牢飯可稱上品。不說大米飯，單單能吃上

---

17 張先癡：《格拉古軼事》，溪流出版社（美國）2007年版，頁103。

18 《郭洪濤回憶錄》，中共黨史出版社（北京）2004年版，頁14。

19 黃藥眠：《動蕩：我所經歷的半個世紀》，上海文藝出版社1987年版，頁338、392。

豆芽、蘿蔔、蠶豆、白菜這些鮮菜，就摜我們好幾條橫馬路！一禮拜還有兩片新鮮肉，還不饞死美死？

如今，長沙監獄為大陸首家集中關押貪官（雅稱「職務犯」）試點監獄，2012年關押貪官140餘人，處級以上超過70%。郴州市委書記李大倫、郴州市委組織部長劉清江、郴州市委宣傳部長樊甲生、湖南省體育局長傅國良、永州市委副書記周永亮……均齡57歲。他們在獄中車間糊紙袋，與普通刑犯並無區別，上下鋪8～12人／間。該獄某日中餐：大米飯、洋蔥香乾。病號飯：兩根黃瓜一個雞蛋。[20]

若比之紐倫堡納粹戰犯的囚伙，越比越傷心。早餐熱騰騰的咖啡麥片粥，午餐肉菜、晚上土豆、麵包、茶。[21]就是秦城監獄，「四虎將」黃吳李邱，中晚兩菜一湯，午餐米飯、晚餐麵食，每週一次菜肉餃子，半月一次小油餅。1977年春節後，一個雞蛋加青菜或菠菜，就算「伙食品質明顯下降」。思想方面，秦城除《人民日報》、《紅旗》、《毛選》，其他一律不讓看。李作鵬帶去的書籍均沒收，借讀馬列也不給，魯迅的書更不給，只給《毛選》五卷。最令囚犯苦惱的是不能自由寫作，日記也不許，不給筆不給紙，李作鵬再三要求，根本不理睬。李作鵬16歲加入紅軍，最傷心開除黨籍。[22]

1960年初，張先癡蹲灌縣看守所三年多，惟一打牙祭是訓話室用腳趾偷來五粒花生米。他至今仍是家裡「潲水桶」，殘湯剩水一律不得倒棄，只准歸入其碗，含笑吞服。家人若「違規」，他會吼起來——

你知道老子在勞改隊吃的是些什麼?![23]

1962年後，上海監獄形勢稍鬆。市第一看守所沈所長，西南聯大

---

[20] 周斌：〈貪腐犯的牢獄生活〉，載《中國青年報》2012年6月9日。

[21] 蕭乾：〈紐倫堡審戰犯〉，載《蕭乾全集》，湖北人民出版社2005年版，第三卷，頁351。

[22] 《李作鵬回憶錄》，北星出版社（香港）2010年版，下冊，頁744～745、747、751。

[23] 張先癡：《格拉古軼事》，溪流出版社2007年版，頁123～124、193。

畢業生，安排知識分子吃「中灶」，除了飯，一盆青菜豆芽之類的菜，有時一兩塊紅燒肉。這位所長特批賈植芳閱讀，准許親屬送來《林海雪原》、《紅旗譜》、《青春之歌》，但扣下《紅岩》，怕觸景生情。[24]

秦城裡的李莎——

獄中真正使人窒息的是沒有任何讀物，精神食糧極度匱乏。想到立三在蘇聯監獄圖書館還能借書閱讀，我感到很是羡慕。[25]

最特殊的感歎

王昭（1917～1970），1932年入黨，1945年石家莊市委書記，1953年公安部政治部主任、副部長，1961年青海省長，督造青海公安廳看守所，克隆秦城。完工沒幾年，1967年青海發生「二・二三」大慘案，部隊包圍《青海日報》社，機槍屠殺「八・一八」派169人、傷178人，宣佈「八・一八」反動組織，逮捕萬餘人。[26]一個月後，中央文革為「八・一八」平反，王昭被指慘案「幕後操縱」，周恩來宣佈「隔離反省」，王昭進了自己修建的監獄，與獄友說起此事，感歎不已。1970年2月12日，王昭瘐斃該獄。

2007年2月18日，雲南省交通廳副廳長胡星出訪歸國，機場直送看守所。胡星曾任昆明副市長，主管城建，這座看守所建於其任上。見看守所較簡陋，對幹警說：「這個看守所還是我批准建的，要知道我也會來這裡，當時要把它建得更好些。」胡星後判「無期」。

另一位雲南管編制的正廳級，退休多年後「栽」進看守所，巨大落差，幾度自殺。獄警每天陪他散步，67歲的白頭高幹見獄警很辛

[24] 賈植芳：《獄裡獄外》，上海遠東出版社1995年版，頁186。
[25] 李莎：《我的中國緣分》，外語教學與研究出版社2009年版，頁317。
[26] 范亦豪：《人生變奏曲——我的個人當代史》，人民文學出版社2014年版，頁145。

苦，歎曰：「如果我現在還管編制，一定多給你們增加幾個人。」[27]

貪官入獄之初，一般仍有強烈身分意識，會指使也栽進來的下屬幹這幹那，如要求交換床位等，不習慣距離獄警三米喊報告。遇入獄參觀者，背身回避。犯官畢竟有點文化，一旦認同監規，十分遵守，執行力遠高刑事犯。違犯監規被公示，犯官認為很丟臉。[28]

獄警也有他們特殊的「監獄感受」。雲南「躲貓貓」事件後，[29]兩名涉案獄警「轉進」看守所，其中一位不服，綁著進來，穿著撕掉警花的警服。看守所獄警物傷其類——

我們是一隻腳在裡，一隻腳在外，一旦出問題，很可能是被關押的人出去，我進去。[30]

2012-1於滬；後增補

原載：《爭鳴》（香港）2012年4月號

---

[27] 陳昌雲、黃榆：〈高牆裏的不同人生〉，載《工人日報》2011年6月2日。

[28] 周斌：《貪腐犯的牢獄生活》，載《中國青年報》2012年6月9日。

[29] 2009年1月28日，24歲李喬明刑拘（盜伐林木），2月8日在雲南普寧縣看守所受傷，四天後死亡，警方稱其「躲貓貓」撞牆而亡，「躲貓貓」旋成網絡熱詞。2010年1月，新版《漢英大詞典》收入「躲貓貓」，譯為hide-and-seek。

後查實，獄霸以遊戲為名，蒙上李喬明頭部，猛擊其頭，致顱腦重傷。獄警李東明怠忽職守罪，判一年半緩刑二年；獄警蘇紹錄毆打多名囚犯，虐囚罪判刑一年。縣公安局長記大過；分管副局長記大過、免職；看守所長、分管副所長撤職；兩名獄霸另案起訴。

[30] 陳昌雲、黃榆：〈高牆裏的不同人生〉，載《工人日報》（北京）2011年6月2日。

國家造假

「共產黨來了苦變甜」、「天亮了」、「翻身了」……1949年後，中共急欲兌現政治支票，以治績證明「苦變甜」、「社會進步」、「人民富裕」。可烏托邦一登陸，計劃經濟、公有制、大鍋飯、一黨專政、封閉言論、打壓士林……國家越來越窮，「大躍進」成了大餓死——整整餓死四千餘萬「階級弟兄」。1972年後，中美解凍，外國客人（尤其記者）湧入，要求採訪生活實況。醜媳婦要見公婆，咋辦？老辦法，造假糊弄。

讓參觀者只看精裝修的一小部分鏡頭，確能欺騙一時。1969年1月30日李宗仁去世，臨終前致函毛周：「我1965年毅然從海外回到祖國所走的這條路是走對了的。」[1]這位國府代總統雖入大陸，因資訊封罩，竟不知國家已陷歷史最黑暗時期。

尼克森訪華

1972年2月21～28日，尼克森訪華，上海為進出境之地。選拔譯員，高水準英譯未通過政審，選中「國旅」青年黨員羅衛國。1971年7月，羅衛國從五七幹校借調市革委會外事組——

我們集中在一起「洗腦子」，……對外賓不能說「文革」壞話，要說這場運動搞得好。反正對我們反復強調組織性紀律性，每講一句話都要小心翼翼。……整個上海如臨大敵，對「特殊」人員採取隔離措施，精神病患者全部管控。對「黑五類」採取里弄辦學習班，實為看管起來。

[1] 中央文獻研究室編：《毛澤東年譜》（1949～1976），中央文獻出版社（北京）2013年版，第6卷，頁227。

2月27日下午，按日程美方記者遊覽黃埔公園。是日，氣溫零度，公園沒什麼人，還是清場，趕走少數遊客，再安排十來對青年坐在指定長椅，摹擬談戀愛。因冷得實在吃不消，帽子捂得嚴嚴實實。美方記者很快看出破綻：「他們真的是在談戀愛嗎？」「為什麼沒有其他人？」羅衛國無言以對，只好聳聳肩笑笑。美方記者再參觀菜場，也事先清場，再組織一些「顧客」購買雞鴨魚肉。美國記者一離開，菜場再將「顧客」所購之物統統收回。這些貨物「憑票供應」，哪能這麼就讓「顧客」買走？[2]

可如實回答

趁尼克森訪華，美國著名製片人露西・傑文茲申請採訪北京，拍攝記錄片《故宮》，其中一節為故宮周邊住戶生活。該片捧得美國電視最高獎——艾美獎。

如何滿足美國朋友的要求？得找一位合適的「北京一家人」。國務院辦公廳將這項政治任務交給北京市外辦。經數月甄選，找到清華在讀生劉志軍一家。外交部不放心，領導親自登門考察，看了劉家三代，再向派出所、居委會深入瞭解，認為萬無一失，才敲定「就這一家」。同時，制訂極為細緻的「應答詞」。對外賓可能提到的各種問題一一備下「標準答案」，印發各家，人手一份。居委會組織全體居民學習背誦，背得滾瓜爛熟才准回家。別小看這一紙「標準答案」，延安經驗哩。1944年6～7月，中外記者團訪問延安，中共將記者可能提到的二三十個問題配上標準答案，要求「可能範圍內」都得默記背熟，以免答錯。這一經驗後成「優良傳統」，也用於上級檢查、內賓參觀。[3]1949年後「出口」，北韓現已出於藍而勝於藍。

[2] 羅衛國口述：〈憶尼克森總統一行訪滬〉，載《世紀》（上海）2012年第2期，頁12～14。

[3] 何方：《黨史筆記》，利文出版社（香港）2005年版，上冊，頁284。

不過，笑話最多的還就數「標準答案」。規定外賓問及「文化大革命」，須應對「很有必要」；問到「五七幹校」、「上山下鄉」，對以「大有好處」、「很受鍛煉」；問工資收入、家庭生活，要答「夠用」、「生活很好」，不能說具體薪額。老外賊精靈，根據薪額可推算出工農業生產水準，進而測算出軍工能力、國防實力，小數字連著大機密呢！所有問題中，只有一項「可如實回答」——家裡有幾口人？就這「可如實回答」，惹生一樁笑話。外賓向一老頭拉家常：「家裡幾口人？」老頭生怕答錯，一緊張，像居委會考試一樣，慌忙回答：「可如實回答」，外賓一頭霧水，莫名其妙。

胡同居民十分懊惱未保留下那張「標準答案」。那會兒，一臉恭敬接下，過後隨手一扔，沒想到竟是很珍貴的「第一手史料」。

拍攝一開始，露西・傑文茲便十分困惑——

全家人不管男女老少，衣服褲子怎麼都是黑藍灰三色，鞋子也是男的都軍綠色球鞋，女的都是方口扁口黑布鞋。三代站在一起就像是部隊一樣！

老外不明白中國姑娘哪敢穿出色彩？縱有鮮豔衣服，也只能穿在裡面，一露出來就是「資產階級思想」。為調劑一點色彩，劉家大妹只好向一位剛結婚的新娘子借紅衣裳，二妹則借鄰家暗紫格子上衣。

人民生活水準在提高

《故宮》有一組鏡頭表現國人生活水準。那會兒市場短缺，肉蛋魚禽、肥皂火柴、布頭線腦，一律憑券供應。那年中秋，廣安門菜市場突然擺上各種鮮菜，應有盡有，買肉居然不用票，敞開供應，排隊就能買上。劉志軍父親單位為讓他家在外賓表現出「中國人民的自豪」，特別補助一百元。劉母攥著相當自己三月薪金的錢，樂滋滋擠在買菜行列。其時全國保京滬，京滬居民生活水準高出外省一截，但這樣的「敞開供應」、「琳琅滿目」還是頭一遭。為向外賓顯示「一片繁榮」，北京市府拼足全力佈置「窗口」，規定外賓所到之處，所有商品「免票供應」。不過，可買可購不可帶走，外賓走後，須將貨物退還櫃檯。

有關部門表揚一位賣肉師傅「水準很高」。顧客拿出肉票要買二兩肉，賣肉師傅見外賓在旁，一刀切下二斤，免票遞給顧客，讓外賓目睹「中國人民生活水準之高」。有人趁此機會，買了好幾雙不要工分券的尼龍襪，走到門口被攔，不僅退回尼龍襪，還將其「渾水摸魚」通知單位，挨了處分。[4]

有造假者，就有信假者。1972年美國芝加哥大學史學教授何炳棣（1917～2012），隨美籍華裔專家代表團探訪大陸，「我原是費邊社會主義的傾慕者，當時對中共體制相當同情。」何炳棣訪華期間，因親共遍邀演講，1974年撰長文〈從歷史的尺度看新中國的特色與成就〉。2003年，已是台灣中研院士的何炳棣，回憶錄中懺悔——

此文刊於香港《七十年代》，並一連五期轉載於北京的《參考消息》。據國內親友函告，此文在國內影響很大（其實在海外影響更大），至今不少海外愛國人士仍勸我在文集中把它重印。我卻願意把它忘掉，因為它雖有史實與感情，但對國內新氣象只看到表面，未能探索新氣象底層真正的動機。同樣願意忘掉的是70年代和80年代初所撰有關中國資源和經濟前景的一系列文章。[5]

---

4 雷頤：〈可如實回答〉，載《經濟觀察報》（北京）2007年12月24日。

5 何炳棣：《讀史閱世六十年》，廣西師大出版社2005年版，頁371、391～394。

1977年，楊振寧、何炳棣發起全美華人協會，楊會長、何副會長。1979年1月30日晚，全美華人協會在華盛頓宴請鄧小平。

還在繼續演出

2011年6月，一群等在「北影」門口的群眾演員被拉到徵地現場，換上保安服裝，這回不是演戲而是實幹，雇主為豐台長辛店鎮政府。因張郭莊村民「不配合」徵地，阻撓地鐵施工，鎮政府與施工方雇用「臨時保安」驅散村民，每天「客串」費60元，「北影」臨時演員50元／天。

有的政府衙門網評只設置兩檔選項「滿意」、「十分滿意」。還有一些地方為應付檢查，常常組織群眾演員，哪裡有檢查團，哪裡就會悄無聲息聚集起一撥「訓練有素」的群眾演員。[6]

2012年，記者調查揭發：武漢理工大學近十年濫授百餘碩士學位，內有處級廳級官員。這些假碩士，拿著假本科文憑、假學士證報考在職研究生，然後再以假的〈碩士學位外語全國統考合格證〉、〈碩士學位學科綜合水準統考合格證〉，四證合一，通過教育部層層複查，獲得真的碩士證書。[7]

2010年1月20日，寶雞市官員慰問高新區環衛工，每人一個紅包（300元）。慰問結束，領導離去，紅包收回，說是此前已發300元慰問金，不能再發，紅包只是慰問道具。[8]

一則網段「溫家寶明天不來了」。2009年10月21日下午，溫家寶考察南寧麻村菜市。市場上，芹菜八毛一斤，白菜六毛。一位青年搶購，溫家寶問：「您怎麼買這麼多菜？」青年頭也不回繼續挑菜：「今天菜價很便宜，我多買點。」溫家寶很開心：「小同志，別急，明天再買吧，今天買太多也吃不完。」青年依然埋頭挑菜：「不行，

---

[6] 司馬童：〈「群眾演員」為誰做戲？〉，載《新聞晨報》（上海）2011年6月23日。

[7] 熊丙奇：〈無以復加的「學店思維」〉，載《羊城晚報》（廣州）2012年4月22日。

[8] 高斌：〈紅包成了慰問道具？〉，載《檢察日報》（北京）2012年1月31日。

明天溫家寶就不來了！」

北京中關村一櫃檯租戶說：在這兒賣東西「不騙，就幹不下去，只能吃瓦片兒。」[9]雲南女首富、綠大地公司老闆何學魁虛報增值九個億，以求上市。

誰需要造假？

中共長期奉為聖典的《聯共（布）黨史》被證實「用血寫成的謊言」，各國赤共都離不開造假。1940年春，史達林、貝利亞一手製造的「卡廷慘案」，蘇聯竟一直指認德軍所為。1990年4月，蘇方向波蘭移交相關檔案（三處屍坑），結束這樁半個世紀的公案。1992年10月14日，葉利欽總統特使赴華沙向波蘭再移交絕密檔案——聯共（布）政治局1940年3月5日決定：處決1.47萬名波蘭軍官及1.1萬名波蘭公民。

一幕幕醜陋至極的國家造假，一次次以國家名義逼迫民眾圓謊，縱有千條萬條理由，能突破的底線麼？如此「偉光正」，能久乎？今天還有毛左為文革唱讚歌，呼籲為「五人幫」平反，倡掀二次文革（如薄熙來「重慶模式」），不知這些左派可知這些真相？當然，他們一定會指斥「階級敵人造謠」！

1949年後棄了祖訓、否了傳統、革了宗教、滅了人性，上哪尋求道德依據與價值資源？毛澤東思想能給麼？所謂「社會主義新人」雷鋒——專門利人毫不利己，但雷鋒多了更麻煩，這許多雷鋒如何相處？既然「毫不利己」，絕不會也絕不能接受任何利益，那麼謙讓出來的利益最終歸誰？誰是受益者？誰還能是受益者？既然誰受益誰就玷汙「毫不利己」，就涉嫌「資產階級思想」，就不是「社會主義新人」。再說，既然大家都不需要利益，又何必吃吃力力去爭取利益？

---

[9] 林衍：〈個體戶憂思錄〉，載《中國青年報》（北京）2012年4月25日。

尤其還得「拋頭顱灑熱血」！可是，誰能真正離開利益？不需要任何利益的人只有一種狀態——死亡。毛澤東號召全國人民無私，他自己則為爭權保位發動文革——整了一億人、死了二千萬。[10]毛要人民無私，底牌竟是一逞己私。這樣的紅色理念，能夠被繼承麼？能夠「二世三世乃至萬世」麼？

如此高規格的國家造假，如此「示範」，中共再倡打假，還有多少公信力?!已經出售的道德需要多少代人才能贖回？最近，造假已「深入」扶貧、慈善，創意絕對「雷」倒老外。

中共習慣性陰陽兩用，小處即可見大。1961年夏，康生辦公室打電話給中國人民大學哲學系，要他們為《紅旗》雜誌挑一名應屆畢業生，條件是不要「又紅又專」，而要走「白專道路」。哲學系總支書齊一不知如何應對，直犯嘀咕——

我們不是天天宣傳走「紅專道路」，教育學生「又紅又專」，怎麼要走「白專道路」的呢？

顯然，康生也不相信「又紅又專」，寧要「白專生」。人大哲學系總支接到這只「燙手蕃茄」，好一陣躊躇，感覺「康辦可以這麼說，但我們不能這樣做。如果出了問題，我們負不起責任啊！」便推薦了各方面都說得過去的「紅專生」閻長貴（1937～）。1967年1月，閻長貴成為江青祕書（收發文件），1968年1月，一個跟斗跌進秦城（蹲了八年），再流放洞庭湖農場五年。[11]

1973年4月20日，毛澤東會見墨西哥總統埃切維里亞，墨總統說：「我一下飛機就看到幾千個孩子和青年載歌載舞，精神愉快，顯示出新面貌。」毛澤東回答——

---

10 李銳：〈如何看待毛澤東〉（2003-11-13），載《李銳文集》第五冊，中國社會教育出版社（香港）2009年版，第9卷，頁279。1978年12月13日，葉劍英在中央工作會議公佈此數據。 參見董寶訓、丁龍嘉：《沉冤昭雪：平反冤假錯案》，安徽人民出版社2003年版，頁1。

11 閻長貴：〈江青秘書談江青〉，載向繼東：《歷史深處有暗角》，秀威資訊公司（台北）2013年版，頁14、30、35、40。

那是做給你們看的。過去我們公安部門不讓群眾跟外國人接觸，現在解放了一點。你搞點突然襲擊，沒準備的，那個是真的。機場上啊，半真半假。[12]

「激情燃燒的歲月」造假事例可拎出一長串：

——1942年河北平山縣民間傳說「白毛仙姑」，魯藝生、《晉察冀日報》記者李滿天（1914～1990），寫出小說《白毛女人》，[13]1944年改編成似乎真人真事的歌劇《白毛女》，最後竟將故事按在1956年才發現的川女羅昌秀身上，[14]用以證明階級鬥爭的必要——「舊社會將人變成鬼，新社會將鬼變成人」（毛澤東很欣賞）[15]。

——1955年高玉寶的《半夜雞叫》由小說成了真事。

——1960年全國皆知的長篇通訊〈為了61個階級兄弟〉（山西平陸），明明有人投毒，卻被譜寫成黨和政府對人民的「崇高階級友愛」。[16]

——1964年〈草原英雄小姐妹〉救人者乃「右派」哈斯朝魯，不僅被記者「換下」，還被描寫成「偷羊賊」、「反動牧主」，兇惡「階級敵人」——企圖殺害「英雄小姐妹」的罪惡兇手。「小姐妹」被逼，只得指恩人為仇人。哈斯朝魯被反復批鬥，入獄六年，1985年平反。[17]

---

12 中央文獻研究室編：《毛澤東年譜》（1949～1976），中央文獻出版社（北京）2013年版，第6卷，頁476。

13 王文元：〈書生一支筆，可抵百萬兵〉，載《北京青年報》2015年11月6日。

14 景凱旋：〈一個革命話語的產生〉，載《隨筆》（廣州）2009年第2期。

15 程遠：〈我們的好院長〉，載王蒙、袁鷹主編：《憶周揚》，內蒙古人民出版社1998年版，頁89。

16 向繼東：《歷史深處有暗角》，秀威資訊公司（台北）2013年版，頁12～14、235～237。

17 李新宇：〈「草原英雄小姐妹」背後的故事〉，原載《文藝爭鳴》（長春）2007年第2期。參見向繼東編：《2007中國文史精華年選》，花城出版社（廣州）2008年版，頁187～191。

——1961年，河南葉縣農民不敢逃荒，因為黨員在農戶中「插花」，路上還有民兵看守。既不能逃荒，沒飯吃還不讓消瘦，面黃肌瘦是給社會主義丟臉。檢查團來了就將面有菜色的饑民鎖在一僻處。有的事後忘記開門，兩三天全餓死。「揭了蓋子以後，又把罪過全歸到基層幹部身上，一般都抓起來，押到縣裡，政權也就癱瘓了。」[18]

售假在繼續

2010年8月，中國扶貧開發協會、《中國扶貧》雜誌向山西古交市三所衛生院捐贈總價1371.6萬元醫療設備，但收取10%手續費——138萬元。古交市衛生局接到中國扶貧協會「捐贈」電話，發現標價高得離譜，一台雜牌電腦四萬、一台效果不佳的彩色超聲波360萬……高出市價十倍，故未予答覆。不久，市委書記郭建發來電話，指示「接受」。記者深入調查後發現，此類以扶貧、慈善之名行銷售之實的假捐贈不在少數，有的「手續費」高達30%。業內人士揭底：醫藥企業與慈善機構合作，以捐贈名義銷售，繞過公開招標，獲得抵稅發票，「手續費」相當實銷價，還可避開麻煩的售後服務。此外，新聞報導、捐贈儀式，台上得名，台下得利——各環節分成，利益均沾。本次古交捐贈，中國扶貧協會下屬「產業扶貧」主任王漢卿分成兩萬餘元。據雲南《生活新報》報導，2011年12月雲南20家貧區醫院獲贈7600萬元醫療設備，但每家醫院都向經銷商繳納了與實價接近的費用。[19]

---

18 王泓：〈躍入「共產主義」的悲壯實踐〉，原載《炎黃春秋》（北京）2006年第1期。參見王夢初編：《「大躍進」親歷記》，人民出版社（北京）2008年版，頁224。

19 郝成：〈醫療扶貧，慈善買賣〉，載《中國經營報》（北京）2012年4月30日。

人生必修課

一位局長退休，單位開歡送會，有人指出局長念錯某字。局長問：「我一直這麼念，怎麼不早點說啊？如果早點說，我早就改正過來啦。」下屬回答：「以前不敢指出，怕局長不高興。」局長頓時感慨萬千。

說謊在中國已成人生必修課。2015年有人總結撒謊原由：一、教育逼人撒謊，小學生接受《新聞聯播》採訪就懂得如何配合——說得很黃很暴力；二、官場逼人撒謊，一位機關祕書介紹寫作經驗——「明明單位沒什麼進步，得寫成實現跨越式發展；明明對下崗充滿恐慌，得寫成認清形勢、從容面對下崗……」

隨著社會飛速發展，說真話成了中國社會最稀缺的社會資源，說謊倒成了中國成功學的重要部分，是誰在逼中國人說謊？[20]

最新資料：電信詐騙已是大陸第三大黑色產業，產業鏈年產值1100億元，工種多達15個，從業者至少160萬。這還僅僅針對詐騙電話估算的產業規模，未計短信、網頁、QQ等詐騙方式從業人數。2015年1～9月，大陸網民舉報網絡詐騙案20086萬起，涉案金額8901萬，受害者人均損失4431元；以城際劃分，上海受害者人均損失8084元（全國第一），重慶第二6384元。[21]

2016年2月中組部通報；省管幹部專項審核中，420人檔案造假，186人記錄在案，未查清前不得提拔重用。[22]

這一切都使我想起王實味記錄的一則延安謊話——

青年學生一天只得到兩餐稀粥，在問到是否吃得飽的時候

---

[20] 風青揚：〈國人為何把說謊當成了一門「藝術」〉，載《檢察風雲》（上海）2015年第22期，頁9。

[21] 胡曉晶：〈「網騙」已成中國第三大黑色產業〉，載《新民晚報》（上海）2015年11月24日。

[22] 《文摘報》（北京）2016年2月23日，第二版「數字新聞」。

（按：國統區記者採訪），黨員還得起模範作用回答：吃得飽！[23]

2010-5-8於滬；後增補

原載：《開放》（香港）2012年9月號

23 王實味：〈野百合花〉，載《解放日報》（延安）1942年3月23日。

「學部」解散之險與幹校逸聞

「學部」即今中國社會科學院前身，全稱「中國科學院哲學社會科學部」。文革時期，這一當代翰林院差點解散。本文資料來源：《無罪流放——66位知識分子五七幹校告白》，光明日報出版社（北京）1998年版，以下只標頁碼。

1968年7月，工、軍宣隊進駐「學部」。林彪要「丘八管秀才」。當時，中宣部是閻王殿，文聯是裴多菲俱樂部，「知識分子成堆的地方還會有什麼好事？」按工宣隊、軍宣隊及中央文革的意見，人文學科的學部不是什麼好單位，白吃乾飯，惹事生非，盡給「無產階級司令部」找麻煩，應撤銷解散。江青放出狠話：「（中宣部、文聯、文化部）這三個大樓連桌椅板凳都不要！」（頁151）進駐學部的工、軍宣隊數次打報告給中央文革，堅決請求解散「學部」。

1969年，公章都換了——前中國科學院哲學社會科學部。當時口號：意識形態領域「重新組織階級隊伍」。山雨欲來風滿樓，「學部」各所風聲鶴唳人心惶惶，準備作鳥獸散。周恩來一直壓著這份報告，拖著不批。年底，周恩來提出考古所、近代史所不能解散（工作需要），其餘各所下去勞動鍛煉，走「五七道路」。（頁58）

接到批示，「學部」工、軍宣隊四處選址。華北、東北都跑了，最後定在河南息縣。工、軍宣隊本選黑龍江克山——「到最艱苦的地方去，脫一層皮、換一顆心。」之所以沒去東北，並不是工、軍宣隊可憐這幫臭知識分子，而是聽說那裡有地方病——克山病，蝴蝶變形、人掉頭髮，工、軍宣隊怕染上怪病，沒敢上那兒。

除考古所、近代史所，「學部」一鍋端，下放約4800餘人，包括年近七旬的俞平伯（1900～1990）、謝國楨（1901～1982）。一個所編一個連，軍事化管理，夫妻也須和尚尼姑分開。錢鍾書、楊絳，年近六旬的夫婦，近在咫尺，也得牛郎織女。

澈底大搬家，不作回京準備，所有的書都帶下去，歷史所打包裝箱60萬冊，存放息縣雞公山一寺廟。廟裡一片荒蕪，菩薩塑像已砸毀。下幹校前，許多人以為一去不回，忍痛處理藏書、樂器。作曲家王世光200元低價賣掉心愛的進口名牌鋼琴。北京外語學院也全體下放，教學樓、宿舍全封了，許多教員賣了家具。西北大學歷史系1955屆畢業生劉重日（1930～2007）——

知識分子落到賣書這一步，就好比秦瓊賣馬，真難說清心裡的那種滋味！但凡有一點希望，也不會如此。（頁66）

1969年夏末，北大教師也要下放江西鄱陽湖「五七幹校」，青年教師洪子誠、謝冕等騎車跑遍北京有名的古蹟勝景攝影留念——

最讓我傷腦筋的是，大學入學以來的十多本日記如何處理。不論是帶走，還是放在系裡寄存下放教師物品的倉庫，都覺得不妥當，倒不是裡面有什麼「裡通外國」之類的祕密，而寫給自己的文字，不願意讓別人讀到。想來想去，終於，走之前的一天……一頁頁撕開燒掉。燒時不免留戀地翻讀。[1]

信陽地區息縣東嶽鎮，黃泛區平原，樹極少，也很小，土地粘硬，出名的窮地兒。大饑荒「信陽事件」——餓死上百萬人（中共承認50萬）。[2]學部集體下放後，中央文革仍惦著就地解散，周恩來再批示：「先集中起來學習、批判」，這才將幹校從東嶽鎮遷往信陽北面的明港鎮，一所廢棄的炮兵學校。學部幹校從東嶽這麼一搬一遷，幾十萬打了水漂。各文化單位辦幹校，國務院得撥給每位「五七戰士」400元安置費。

想當年，下去安家，僅買田、路費、安置費、生活費，就花了六七十萬！一撤到明港，什麼都不要了，也什麼都要不了。走的時

---

[1] 洪子誠：〈一點往事〉，載錢理群主編：《尋找北大》，中國長安出版社（北京）2008年版，頁173。

[2] 河洛：〈漫說中原〉，載《民主中國》（美洲）1993年7月號，頁22。

候，各村的農民全體出動，老老少少，圍在一邊看。有的老太太膽大，就過來問，這個不要了吧？有的還硬拉，你這別要了，把這東西給我吧。一塊鐵皮、一塊塑膠布、一片爛席子，連一根棍、一根柴禾，都要。去明港兩三個月，就傳來消息，說那邊被他們掃蕩一空，先拆門窗、房樑，再拆磚，蓋的房全被老鄉拆了。（頁71）

全國各地也都想把知識分子處理掉。明港時期，「學部」建制岌岌可危。「九・一三」前，陳伯達（1904～1989）一直主張就地解散，北京的院部已被別單位占去。「九・一三」後，周恩來發話：就地解散好辦，一紙文件就可辦到，但把這些人組織在一起不容易，重組這樣的單位，再召集這批人就難了，還是回來吧。1972年7月，「學部」幹校停辦，全體回京。

文化部幹校也數度遷址，軍宣隊還對學員稱功：幹校選址，幾次搬家，還不是考慮你們的生老病死傳宗接代？為你們子孫著想？1972年4月6日八機部長陳正人去世，16日內務部長曾山（曾慶紅之父）去世，周恩來指示幹校副部級以上回京檢查身體，有病治病，一些老幹部陸續回京。（頁232）

俞平伯趣事

俞平伯因毛澤東點名批判，鼎鼎大名。在京遭紅衛兵批鬥時就出了不少段子。「封建餘孽」俞平伯被扣清朝官帽，幾根掃帚苗插上當翎子，先遊街示眾，再轉回學部審問：「寫過什麼毒草？」俞平伯有點結巴：「我寫過《紅樓夢研究》。」小將沒聽清後面的「研究」。「啊！原來《紅樓夢》就是你寫的！」俞平伯更結巴了：「不不不，不敢掠人之美！」「剛才還說你寫的，轉眼就不認帳，真不是玩意兒！」小將念著京劇《智取威虎山》台詞，往俞老腦袋掄一巴掌。

下到息縣東嶽，俞平伯的段子更多了。俞平伯，水鄉湖州人，愛吃鮮蝦。一次，趕集東嶽鎮，見一堆活蹦亂跳鮮蝦，上前問價。蝦販報價：一角五一斤，俞平伯不諳行情，以為一角五一對，買了十對，付了一塊五，蝦販樂不可支。當地鄉村小知一來二去得知此翁就是毛澤東點名的大知識分子，消息傳開，農民三兩成群前往俞老房前探頭探腦，甚至扒窗偷窺，軍宣隊只好出面擋駕。俞平伯一出幹校，一群娃兒便跟在後面喊「打倒俞平伯」。俞老無奈，買了許多糖，娃兒們一喊，他便回身：「別喊了，我給你們吃糖！」撒手扔出一把，娃們趕緊撿糖。此後，娃兒們嚷得更歡咻了。那句幹校流諺「高級老頭高級糖」，出處在此。（頁70）

盧之味買雞·爛衣婦存款

語言所盧之味，一級研究員，年歲已高，幹校活路重、油水少，老人本就餓得快，這下更饞了。息縣東嶽物價低，老母雞才一元多一隻，老鄉上幹校兜售，但軍宣隊規定不准買吃。盧之味沒熬住，偷買偷吃，被發現挨了批評——資產階級生活方式，過不慣貧下中農艱苦日子。一天，盧之味又饞了，上街偷偷買雞，見一老太抱著雞走來，一看四下無幹校熟人，一把抓過雞，塞去五塊錢就跑。老太嚇一跳，在後面追。農婦厚道，邊追邊喊：「哎！哎！給你找錢！找錢！」盧之味頭也不回：「不要不要，全給你了！」

胡副教授（女），1950年代「海歸」，從未下過鄉，聽說下面窮，不能穿好衣服，穿了就是資產階級小姐，所以穿得比誰都破爛，滿身補丁。但她有兩萬多存款。下幹校時，不知能否回京，只好將兩萬多塊錢帶在身上。

當時的兩萬多元，作為個人那可是天文數字！比現在百萬還管用。

下去後，這麼大一筆錢帶在身邊終究不便，只能存銀行。東嶽鎮乃窮鄉僻壤，只有小小信用社，她沒敢存，找機會上縣城銀行。縣銀行職員見她衣著破爛卻來存鉅款，懷疑來路不正，立即報警，派出所扣押爛衣婦。任憑胡副教授說破嘴，警察也不信這個女人會有如此鉅款。等查明身分，與「學部」軍宣隊核對無誤，才由軍宣隊領回。從此，胡副教授整天提心吊膽，一周沒緩過來。（頁71）

吳祖光、鍾惦棐掏廁

中央辦公廳系統江西幹校，全國規模第一。文化部湖北咸寧幹校，第二大幹校，會聚許多文化名人：

沈從文、馮雪峰、吳祖光、冰心、張天翼、張光年、孟超、陳白塵、蕭乾、郭小川、李季、臧克家、嚴文井、韋君宜、牛漢、綠原、侯金鏡、馮牧、許覺民、文潔若、周巍峙、司徒慧敏、馬彥祥、樓適夷、范曾、范用、王子野、金燦然、陳早春、陳邇冬、王冶秋、王世襄、馬非百、顧學頡、程代熙、林辰、周汝昌、周紹良、金沖及、王士菁、唐瑜……內有不少政協委員（常委），文聯委員、作協會員、文物鑒定委員、文史館員。

冰心（1900～1999）、張天翼（1905～1985）、張光年（1913～2002），年長優待，看守菜地。戲劇名家吳祖光（1917～2003）在咸寧幹校任務之一掏廁，終身不忘——

幹校的事，已經二十幾年了，許多細節想不起來了，但是掏廁所是記憶中忘不掉的。

吳祖光十分虛心地承認掏廁水準不及鍾惦棐——

鍾惦棐掏廁所特別用心，而且創造出配套工具，比如一個空罐頭盒，在上面打兩個眼兒，穿鐵絲，掛在棍上，可掏出深坑裡的糞，就是他想出來的。他掏過的廁所空空洞洞、纖塵不染，後來幹校快結束了，讓大家填一份履歷表，其中有一項是特長和今後志願，鍾惦棐除了自己的電影理論專業之外，特長填了「掏廁所」。志願一欄中，寫的是：清潔工人。

鍾惦棐（1919～1987），抗大、魯藝出身，1938年入黨，反右前中宣部文藝處長，因撰寫〈電影的鑼鼓〉劃「右」。此時歲入五旬，人很瘦，肝病甚重，轉氨酶高達400多，每天掏完廁還要挑糞至田漚肥。政治上腰杆不硬，十分謹慎，很少說話。（頁148）

棄長用短，知識分子在幹活時洋相百出。軍宣隊視為包袱：「這幫人就像爛番茄，成堆賣沒人要。」音樂研究所長楊蔭瀏（1899～1984），音樂史家，1950年搶救錄下瞎子阿炳（1893～1950）「二泉印月」等六首二胡名曲。此時，楊蔭瀏71歲，帶著65歲老妻下幹校，每天搓煤球，卻領著近300塊月薪，冬天上茅廁掏兜不慎帶出票子，飄落糞坑，還是五塊、十塊大票。老鄉對他和同樣高工資的呂驥（1909～2002）指指戳戳：「別看這倆老頭兒不起眼，一月可掙300多塊！」幹校裡有人會算帳：「楊老頭兒，你做的煤球值多少錢？值300塊嗎？」（頁171～172）北大教授馮友蘭時薪335塊，比江青還多。[3]

學員劉重日總結幹校感受——

狠抓一個吃字，突出一個睡字，落實一個胖字，立足一個滾字。（頁74）

挨鬥者最愛聽一個字：「滾」。1990年代初，中國劇協原祕書長李超回顧：「文革中，我最喜歡聽的一個字是『滾』！」（頁124）一個「滾」字，被鬥者如得大赦，可立即下台，得到最好「出路」。向黑八類喝道「滾」，革命群眾也不會被指「同情階級敵人」。

學部幹校最厲害的運動：大揪「五・一六」。還真揪出大批「五・一六」，占幹校人數1/5。所謂審查，劈頭就問：「你是交代問題，還是交三毛錢？」誰也不明白「交三毛錢」。原來，吃槍斃向家屬收取三角子彈費。（頁74）

1970年秋季，周恩來批示下達，咸寧幹校學員陸續回京，至1973

[3] 馮友蘭：《三松堂自序》，三聯書店（北京）1989年第2版，頁192。

年大部分離校。1974年底，咸寧幹校解散，併入文化部另一幹校——天津南郊靜海團泊窪。

各地幹校軍宣隊水準不一。北京小湯山「紅藝五七幹校」——

軍代表訓斥她（戴愛蓮）隨時都可以，也訓斥我們，根本不把我們當人。我們受到的人格侮辱，可說是無以復加的。（頁288）

1973年，軍宣隊撤出天津靜海團泊窪幹校。歡送會上，有人唱毛詩詞歌曲「春風楊柳萬千條，六億神州盡舜堯」。唱完了，有人回過味來：「這首詩名不是『送瘟神』麼？」於是，「送瘟神」成了暗號。「上哪去？」「送瘟神！」

進駐北京電影製片廠的軍宣隊來自中央警衛團「8341」，整人太甚，撤走時都不敢公開，今兒走仨，明兒走四，「悄悄的，打槍的不要」，留下一卡車群眾相互揭發材料，辦公室堆一地。

揪「五・一六」

一進幹校，「最要命的就是那種擠壓著每一個人的、彌漫著火藥味的政治空氣。」天津靜海團泊窪幹校本是勞改農場，毛澤東號召走「五七道路」，勞改單位給騰的地兒。

學員一進校，軍宣隊楊副政委大會宣佈——

你們要認清形勢，在你們的北邊，是勞改隊，在你們的南邊，是右派隊。如果你們不老老實實，敢亂說亂動，我一個電話，就可以把你們弄到那邊去！

這席話擲地有聲，台下「五七戰士」原以為下幹校走「五七道路」——學工學農學軍、也要「批判資產階級」，這下明白了，不僅沒有資格批判資產階級，自己就是「專政對象」。

大揪「五・一六」，中央芭蕾舞團總共百餘人，走資派+「五・一六」三十餘人。（頁286）北影廠揪出好幾百「五・一六」。（頁337）團泊窪幹校揪「五・一六」動員大會，軍宣隊政委傳授經驗：

「只要看一個人的喉結，就知道他是不是『五・一六』。如果喉結發顫，必是『五・一六』無疑！」（頁118～119）

團泊窪幹校高度警惕「階級敵人新動向」。一次，牆上大標語「千萬不要忘記階級鬥爭」，夜裡大風刮走「不」，成了「千萬要忘記階級鬥爭」，標準「反標」，軍宣隊查個底兒掉，楞沒找出暗藏很深的「階級敵人」。軍宣隊在全校大會宣佈：「不要以為沒有階級鬥爭了，階級敵人就在你們周圍。×連×窗子上掛的衣服，就是他們的接頭暗號！」

上海奉賢文化幹校也大揪「五・一六」。胡風分子王元化（1920～2008）此時精神失常，非要當「五・一六」。衛生員黃宗英負責看住他：「那是革命小將的事，輪不上咱們，你也從來沒可能給他們搖鵝毛扇。」王元化還是要當「五・一六」。巴金在幹校常做惡夢，驚叫呻吟，隔壁女宿舍聽得清清楚楚。（頁382）

電影研究所一位老兄打成「五・一六」，此人發明絕招：誰揭發批鬥他或呼喊口號最厲害，他即「發展組織」，寫材料指認此人「五・一六」。如此這般，對他鬥不下去了，沒人敢去鬥，都怕被咬「五・一六」。一旦淪為「五・一六」，不僅晚上大會鬥，白天田頭也有「小戰鬥」，休息的十來分鐘也過過電，七八個革命群眾真心實意「幫助你」，要你交代問題。「那時我們邊勞動邊挨整，插著稻田，該休息了，一吹哨，拉出一個就批鬥。」但是，「小戰鬥」總是毫無進展，革命群眾厭煩不已。

經常開《毛選》講用會，大講「活學活用」。文化部幹校一次失火，自然要救火。事後講用會，有人便說當時如何想到黃繼光、羅盛教，或者想起某段主席語錄。一位排長講他想到「要奮鬥就會有犧牲」，火星落在衣服上也顧不得。可有人清晰見他發現起火後跑回宿舍，放下手錶換了鞋才出來。指導員要參加救火的周明講幾句，周明實話實說：「當時確實什麼也顧不上想，只想救火而已。」指導員深深歎氣：「唉，你呀！受舊教育烙印太深，思想不開展。」周明1965

年復旦中文系畢業生，研究生學歷。指導員認為周明未能「思想開展」，源於學歷太高，未能聯繫「主席語錄」。

難忘「過油肉」

幹校活重，沒多久就刮淨「五七戰士」肚裡油水，加之規定不得在外購買食品（包括醬油酒類），只准買煙。北京小湯山「紅藝五七幹校」，英國回來的戴愛蓮（1916～2006）上小賣部買了幾塊腐乳，嚴厲批鬥——資產階級生活作風不改！鬥完還上了廣播，幾塊腐乳說成「賊心不死」的證據。一位軍代表訓曰：「像你這樣的人，還當芭蕾舞演員，當人大代表，是糟踐人！」（頁266）

江西余江鯉魚洲北京大學試驗農場，軍代表規定寄來郵包，由通訊員拆封檢查，食品一律沒收，咖啡糖等食品上交軍代表。（頁351）上海奉賢幹校聞捷（1923～1971），搖櫓駕船上鎮送貨，買吃一副大餅油條，幹校開他的「大餅油條鬥爭會」，批判「資產階級生活方式總也扔不掉」。（頁383～384）

上海奉賢五七幹校關著巴金（1904～2005）、王西彥（1914～1999）、吳強（1910～1990）、師陀（1910～1988）、孔羅蓀（1912～1996）、王元化等文化名人，他們得吃穀糠與野菜煮的「憶苦飯」，鍋鏟壓實兩大碗，不許剩半口，誰要噁心嘔吐，馬上再罰半碗。（頁367）時間一長，饑餓成為「五七戰士」主旋律。

團泊窪幹校18里外的沙城，一家小飯館名菜——過油肉。天津音樂學院1961屆畢業生劉東升（1940～）——

> 至今對它還真是印象深刻。八寸盤，精肉絲，特實惠，味道也好，一份僅僅三毛九分錢。幹校的幾位「名人」常點這道「名菜」。

冬雪漫天，寒風刺骨，開門打水什麼的都費勁，但兩週一天休假，一位老革命必去18里外小飯館。這位對「過油肉」風雨無阻的「五七戰士」就是音樂家吉聯抗（1916～1988），音樂研究所老幹部，1937年參加八路軍戰地服務隊，創作抗戰歌曲200多首，但在團泊窪卻是「審查對象」。一次，大家一起去吃「過油肉」，酒菜上來了，紛紛舉筷，吉聯抗的筷子停在空中，十分懊喪地「喲」了一聲：「壞了，沒帶假牙！」好在廚房還有原料，炒了一份帶回去。有人逗他：肉吃多了要得高血壓！答曰「我沒高血壓！」再逗他：「膽固醇會高！」答曰「我沒膽固醇！」（頁173）

1969年春節，寧夏平羅國務院直屬機關幹校，每人發一枚雞蛋。一位九級女高幹領到一隻臭蛋，要求調換，遭嚴拒，還批判她：「你鬥私批修吧！」大年三十開她的批判會，好一頓批。臭蛋沒換成，也不敢扔，怕被斥「糟蹋勞動人民辛勞成果」。後來整黨，這件事再被拎出說事兒。

山西屯留航校乃國家體委的「五七學校」。航校是「修正主義產物」，不要了，毀了跑道，1000多畝地還耕於農。運動健將天天就著醃白菜喝玉米碴熬的「糊塗蛋」，時間一長，個個餓鬼。後任中國奧委會委員的張一沛（1932～），與兩位「同學」去縣城，攥二兩糧票想打牙祭，進飯鋪要炒菜，回答「沒有」。再問：「縣長來了也沒有嗎？」航海司一位老幹部在老區當過縣長，人家問什麼縣長，張一沛撐著答：屯留縣長嘛！前縣長端起架子坐在那裡，一件白襯衫，一頂草帽，兜裡揣一包當地少見的「大前門」香煙，不說話，有點像縣長。飯館破例為他們炒了四個菜，二兩糧票只可買一個燒餅。吃完後，「縣長」到廚房一一握手，各敬一支「大前門」。

我們三個人這是下幹校一年半後第一次吃炒菜！所以記得特別清楚。（頁236～237）

一人在田裡幹活，忽然流鼻涕，習慣性取出手絹。這下壞了，晚上開他的批判會：「你這種資產階級習氣什麼時候能夠改掉?!」此後，大家不敢再用手絹擤涕，來了鼻涕，只能學習貧下中農用手甩，再揩在腳底。（頁200）

不可說錯一句話

天津團泊窪幹校，學員排練歌舞「軍隊向前進，生產長一寸」，排練場乃一土檯，十分狹小，前排走不了，只得後退一步，舞協女演員調侃：「不是軍隊向前進嗎？怎麼往後退呢？」一句玩笑話，說成誣衊軍宣隊往後退，對幹校不滿，沸沸揚揚，要開她的批判會。這位女演員本是鐵杆革命群眾、堅定「依靠對象」，一下栽下來，實在受不了，第二天午飯沒去食堂，喝了敵敵畏，離開宿舍，晚上就要開批判會了。下午上工，找不到她，接著發現碗裡殘留的敵敵畏，全體出動尋找。七月雨後，大家踩著泥濘心急火撩尋覓，怎麼也找不到。三天後，一幫孩子上高粱地找「烏米」（高粱穗頭菌苞，可食），發現屍體。（頁191～192）

禍從口出，人人自危，誰都不敢多說話。「人人把自己包裹得很緊，互相間也不溝通。」（頁198）

38軍338團，鐵路文工團下放所在團。揪「五・一六」運動中，知識分子向東慷慨發言——

L，你汙蔑我們敬愛的江青同志！我們敬愛的江青同志為革命嘔心瀝血，流盡了最後一滴血……

下邊有人遞條，軍代表一看，馬上制止向東：「停！」軍代表回轉身，令L退場：「你，出去！」敵我矛盾的「五・一六」，必須內外有別。軍代表接著說：「向東，你站起來！你怎麼能說敬愛的江青同志灑盡了最後一滴……」軍代表一下子捂住嘴——

我不重複了，我不能犯客觀主義！向東，你知罪不知罪?!

台下群眾早就討厭這位唱高調的向東，一片呼喊：「打倒向東！」「向東不投降，就叫他滅亡！」（頁303～304）

鐵路文工團下放部隊，排隊看電影，一人一隻小馬紮。就那麼幾部倒過來放過去的老片子，不看還不行，可以打盹，但不許不去，如廁得報告班長，悄聲請示：「往後傳，××要上廁所。」一個個傳下來，班長在最後，再往前發令：「往前傳，忍著點！」不一會兒，又傳來：「往後傳，憋不住了！」班長這才批准：「去吧！找一個人跟著！」

譚偉，1936年參加中共，大學文化，歷任湘潭縣委書記、外經部局長，文革期間關在一機部樓裡，大小便也沒自由。每人發一小木牌，上邊寫著名字，如廁得掛牌於門，這樣別人就不能進去，以防「牛鬼蛇神」串連。早上廁所生意最好，門上老掛著牌子，好幾個人在外等候，儘管裡面很空，誰也不敢進。「牛鬼」向造反派叫苦：憋不住了！但沒人理你。外經部副部長汪道涵（1915～2005）也關在裡面，坐過國民黨監獄，說這一套比國民黨還厲害。巴金、魏金枝在上海作協機關監督勞動，上食堂幫廚，革命群眾的階級鬥爭警惕性很高，將他們轟出來：「像他們這樣的反動分子，怎麼可以進入廚房重地?!」

上海奉賢幹校，「牛鬼蛇神」指定睡上鋪，以便下鋪革命群眾監督。但上鋪的「牛鬼蛇神」必須輕手輕腳，不能隨意翻身，不能大聲咳嗽，起夜若打擾了下鋪革命群眾，麻煩就大了。而且，「牛鬼蛇神」既不能笑也不能歎息，更不能哭。笑是對抗勞動改造，心裡不滿；歎氣則是發洩對黨對社會主義的不滿；哭就性質更嚴重了。

文化部咸寧幹校的楊匡滿（1942～ ），打成「五・一六」。學部幹校的吳敬璉（1930～ ）也差點成「五・一六」。（頁82）著名影星于洋（1930～ ），在京郊大興縣天堂河勞改農場騰空的北影五七幹校，也打成「五・一六」，挨過整。有人在天堂河幹校蹲了五年，該幹校1974年撤銷。（頁337）

其他花絮

工、軍宣隊讀錯字——「負偶頑抗」、「可歌可拉」、「群眾腦袋是亮的」。

進駐總政文工團的軍管小組副組長——

不要再搞修正主義那一套！我們六個月能培養出一個飛行員，難道三個月就培養不出一個演員？培養一個小提琴手就比飛行員還難？（頁316）

著名小花臉李富祿的孫女裝瘋，指罵指導員：「你媽是潘金蓮！」指導員忙找人問：「潘金蓮是誰？」（頁313）

文革期間就放那麼幾部老片子，文化人嘲曰：挖不完的《地道戰》，走不完的「鐵道線」（《鐵道衛士》）。（頁288）

江西宜春上高縣外交部幹校，「五七戰士」一去，當地物價上漲一倍，上高集市的雞魚蛋油翻倍。當地農民十分不滿幹校，為「五七戰士」編諺：「穿得破，吃得好，一人一塊大手錶。」且不說幹校學員無法向農民兄弟學習，就是想學，人家也不讓，接觸都難。

幹校清晨，得向著旭日東昇的方向揮動紅語錄向毛主席請示。火車上，一廣播，全車廂起立，由列車員帶領，祝毛澤東萬壽無疆。（頁200）

1979年2月17日，國務院發佈〈關於停辦「五七」幹校有關問題的通知〉，幹校正式結束歷史生命。

2007年，「幹齡」九年（1969～1978）的何方總結幹校「價值」——

文革期間中國經濟在走向崩潰的邊緣，全國建幹校大概也是幫著向邊緣推了一把。以外交部來說，先後建立了七八所幹校，總的原則是建校時不從國際形勢考慮，準備有5/6的人長期上幹校，於是就到處鋪攤子。可是沒多久就開始收縮，一個一個地白扔，最後全部放棄。這還被說成是計劃經濟呢！單從這一滴水就可反映出計劃經濟是最浪費的經濟。不過浪費的只是納稅人的血汗，所以出主意的大小當官的是不會當作一回事，更不會進行總結和檢討。[4]

---

[4] 何方：《從延安一路走來的反思》，明報出版社（香港）2007年版，下冊，頁528～529。

再舉一則「計劃經濟優越性」——

1960年9月～1961年6月，北京中央機關精簡8萬餘人（原24萬餘）、撤銷司局機構89個、精簡事業機構111個。[5]

初稿：2007年2月；後增補

連載：《開放》（香港）2009年4月號、6月號

（原標題：〈文化名人下五七幹校〉）

[5] 徐達深主編：《共和國史記》第二卷（上），吉林人民出版社1999年版，頁642。

文革狂濤中的知識分子

必須拱倒的社會基礎

蘇聯大肅反與中國文革，均爆發於俄中赤黨奪取政權近二十年。驚人的「相似形」，緣於相似的政治內質：缺乏民主的一黨專政只能重陷專制窠臼，所謂「中央」成了獨裁黨魁的橡皮圖章，階級鬥爭成為翦除異己的合法外衣。知識分子則因其獨立價值訴求必遭整肅。東歐及朝越古柬等共產政權，均不約而同視知識分子為敵對力量。史達林時期，「包括許多作家和從事創作的知識分子在內被殺害……」[1]因為，知識分子根據理性最早感覺馬列赤說「不對勁」，最早嗅出「無產階級專政」的反民主酸味。

毛澤東發動文革，意在劉公。1964年12月27日，毛在中央會議上說：「北京，我說的不是北京市委，就有兩個獨立王國，你們去猜，我不講了。」[2]已經揚眉劍出鞘了。不過，如此政治大動作，不可能平地起雷，必須烘雲托月有所依憑。1968年劉少奇早被揪出，中外各界對文革用意議論紛紛，毛澤東公開點題：「不是社會鬥爭反映中央，應當是中央鬥爭是社會鬥爭的反映。」[3]將權爭私鬥說成「高尚」的反修防修，階級鬥爭成為毛澤東扳倒黨內外政敵的一柄現成法器。

在文化普及度很低的中國，劍指知識分子，容易動員群眾投入

1　赫魯雪夫：《最後的遺言——赫魯雪夫回憶錄續集》，上海國際問題研究所、上海市政協編譯組譯，東方出版社（北京）1988年版，頁132。

2　中央文獻研究室編：《毛澤東年譜》（1949～1976），中央文獻出版社（北京）2013年版，第5卷，頁457。

3　《聶元梓回憶錄》，時代國際出版公司（香港）2005年版，頁294。

運動。毛澤東明言——

我們沒有大學教授、中學教員、小學教員呵，全部用國民黨的。就是他們在那裡統治。文化大革命就是從他們那裡開刀。[4]

1968年7月28日凌晨，毛澤東召見紅衛兵五大領袖，又說：「知識分子最不文明了，我看老粗最文明。」[5]如此看待知識分子，毛澤東還可能是「大救星」麼？

反右打趴下黨外士林，這次必須火燒黨內士林，才能敲山震虎，拉拽出他們身後的「赫魯雪夫」——走資本主義道路的當權派。中共八屆政治局33人，文革受迫害20人；八屆中委、候委194人，打倒96人。[6]連中央文革組長陳伯達都一度想自殺。[7]被打倒的全國人大常委52名、全國政協常委76名、各民主黨派主要負責人11名。國家幹部立案審查17.5%，中央副部級與地方副省級以上高幹立案審查75%，中央機關及各部委被審查幹部16.3%，軍隊遭誣陷迫害8萬人，其中1169人致死；各級公檢法系統迫害致死1565人；全國因「惡毒攻擊」判刑10萬餘人。北京市委市府成為最初祭刀羊，包括「三家村」在內打倒13人，其中劉仁、鄧拓、吳晗、樂松生四人迫害致死。[8]

史達林大肅反，列寧組建的首屆政府15名成員，6名被處決、2名瘐斃、1名追殺。[9]蘇共十七大（1934）中委、候委139人，83名被捕、槍斃。蘇共十七大1966名代表，1108人被捕、槍斃。[10]俄共十七

---

4 《李銳論說文選》，中國社會科學出版社（北京）1998年版，頁176。

5 《聶元梓回憶錄》，時代國際出版公司（香港）2005年版，頁293。

6 張化、蘇采青主編：《回首「文革」》，中共黨史出版社（北京）2004年版，第2卷，頁749。

7 葉永烈：《陳伯達傳》（下），人民日報出版社（北京）1999年版，頁548～552。

8 董寶訓、丁龍嘉：《沉冤昭雪：平反冤假錯案》，安徽人民出版社2003年版版，頁2～3。

9 （美）伯里斯·列維茨基編：《三十年代史達林主義的恐怖——蘇聯出版物材料彙編》，克雄等合譯，人民出版社（北京）1981年版，頁614。

10 《赫魯雪夫回憶錄》，張岱雲等譯，東方出版社（北京）1988年版，頁763～764。

大選舉，當場宣佈史達林有少數幾張反對票，事實卻是160張反對票（一說260張），史達林得知不少代表對他不忠，而且「只有那些列寧時期的幹部才會投票反對他」。[11]這應該就是史達林搞大肅反的「價值來源」。

中共八屆中委多為小知出身的開朝功臣，不把他們集體摁下去，就無法拱倒黨內根基很深的劉鄧。但光批鬥黨內知識分子是不夠的，黨外知識分子也須拉來陪鬥，惟此才能說明黨內黨外串通一氣，才能證明「走資派」為階級敵人在黨內代理人。茅盾一直上天安門，仍遭家中服務員造反，領著紅衛兵抄家。1949年以後知識分子文化邊緣化，文革則政治邊緣化。

1978年12月13日中央工作會議，葉劍英說：文革死了2000萬人，整了1億人，全國人口1/8。[12]知識分子的比例無從得知，但他們無疑是最痛苦的一部分，因為他們是必須打倒的對象。不過，知識分子的陪綁並非純屬無辜，從價值觀念上，他們確實是「走資派」的社會基礎，不搞倒他們，極左那一套便難以貫徹推行。〈「五・一六」通知〉指出——

> 澈底批判學術界、教育界、新聞界、文藝界、出版界的資產階級反動思想，奪取在這些文化領域中的領導權。而要做到這一點，必須同時批判混進黨裡、政府裡、軍隊裡和文化領域的各界裡的資產階級代表人物，清洗這些人。

中國社科院2200餘人，547人立案審查。[13]鎮壓知識分子在中國素有傳統，北洋時期，「軍閥鎮壓群眾運動的第一件事便是把農村教員和他們的得意門生抓去砍頭。」[14]

---

[11] （美）威廉·陶伯曼：《赫魯雪夫全傳》，王躍進譯，中國社會科學出版社（北京）2009年版，頁80、

[12] 李銳：〈如何看待毛澤東〉，載《李銳文集》第5冊，中國社會教育出版社（香港）2009年版，第九卷，頁279。

[13] 鄧力群：《十二個春秋（1975—1987）》，2005年內部印行，頁166。

[14] （美）尼姆·威爾斯：《續西行漫記》，陶宜、徐復譯，三聯書店（北

悲慘歲月

身陷文革狂濤，心理落差最大、日腳最難過、自殺最多的，是那些一直自許革命中堅的左派，尤其是那些反右鬥士。其中名流：老舍、鄧拓、李立三、葉以群、范長江、饒毓泰（中研院士）、趙九章（中科院士）、聞捷、楊朔、李廣田、孔厥、羅廣斌、周瘦鵑、俞鴻模、陳璉（陳佈雷之女）、梁思順（梁啟超之女）、南漢宸、張學思（張學良之弟）、傅雷夫婦、翦伯贊夫婦……被迫害致死的文化名人：吳晗夫婦、馬敘倫、李達、張東蓀、熊慶來、潘光旦、田漢、馮雪峰、邵荃麟、趙樹理、巴人、麗尼、彭康、海默、陳翔鶴、蕭也牧、魏金枝、侯金鏡、孟超、馮沅君、鄭君里、蔡楚生、袁牧之……

最黑色幽默的一幕：此前整人的左士也一個個倒楣了。肅反、反右那麼「立場堅定」的文化部三位副部長：陳克寒跳樓自殺、劉芝明受虐致死、徐光霄進了秦城。文化部大樓收發員目睹歷次運動各路文化人的各種遭遇：親見路翎被捕、田漢被抓、周揚罰跪、陽翰笙挨打、夏衍被塞進麻袋……[15]

華東師大副校長常溪萍（1917～1968），劃該校中文系幾十位師生「右派」，超額完成揪「右」指標，調北大社教工作組，又整了不少北大師生。文革一起，被華東師大造反派扭著到處遊鬥，每間學生宿舍都可通過廣播勒令他在指定時間指定地點接受批判，常溪萍跳樓自殺。[16]吳晗1957年率先向「章羅聯盟」開炮，在人大發表〈我憤恨！我控訴！〉，掌聲響起，深得眷恩，以為與中共經過戰火考驗，此時也淪為「三反分子」，比「右派」還反動，這彎子怎麼轉得過來？一貫緊跟的曹禺只想一死了之，「我跪在地上，求著方瑞，『你

京）1991年版，頁246。

[15] 杜高：《又見昨天》，北京十月文藝出版社2004年版，頁196。

[16] 徐中玉：〈歷史真相的一角——追念許傑先生〉，載鄧九平主編：《中國文化名人談恩師》，大眾文藝出版社（北京）2003年版，頁300。

幫助我死了吧！用電電死我吧！』」曹妻方瑞反過來求丈夫：「你先幫我死好不好？」[17]

蕭乾憶曰——

> 對不少人來說，死比活著美麗多了，有吸引力多了。我也幾乎加入了那個行列。……蹲牛棚時，每次上廁所我都在勘察死的方式方法，琢磨哪根管子掛得住腰帶，要是跳樓，從哪裡往下蹦。[18]

北師大畢業生劉順元（1903～1996），1931年加入中共，歷任大連、濟南市委書記，關入上海警備司令部地下室，雙手反銬肩背，飯倒在地上，得趴地舔吃。[19]農村的批鬥遠比城市野蠻。縣委書記、縣長脖栓幾十斤糞桶，一邊鬥一邊往裡扔石頭，糞汁濺得滿身滿臉。有人熬不過，一時找不到自殺路徑，吃飯時將筷子插進鼻孔，用力往桌上一磕，筷子穿腦；有的自殺者跳了糞坑。[20]能否保持人格尊嚴成了知識分子的「最後防線」。監獄成為最安全的地方——群眾專政死角。黃苗子（1913～2012）、郁風（1916～2007），夫婦一起入監，2006年春接受採訪：「正因為在監獄裡頭，我們才活下來。」[21]

個人自尊與自殺成正比，與生存率成反比。自殺成為保持尊嚴的惟一武器。1966年9月3日，詩人陳夢家（1911～1966）第二次自殺成功，遺言：「我不能再讓別人把我當猴子耍」。[22]自殺者中以「海歸」為多，香港回國的乒壇三傑——姜永甯、容國團、傅其芳，全部自殺，然而，不要以為死了就一了百了，一句「自絕於人民」，依然

---

17 《曹禺自傳》，江蘇文藝出版社（南京）1996年版，頁166。

18 〈蕭乾自白〉，載鄧瑞全主編：《名士自白——我在文革中》，內蒙古人民出版社1999年版，下冊，頁231。

19 艾煊：〈智慧老人〉，載鄧九平主編：《中國文化名人談恩師》，大眾文藝出版社（北京）2003年版，頁450。

20 馮驥才：《一百個人的十年》，江蘇文藝出版社（南京）1991年版，頁30。

21 央視7套「大家」欄目採訪黃苗子、郁風夫婦，2006-4-4 20：30播出。

22 王友琴：《文革受難者》，開放雜誌出版社（香港）2004年版，頁32。

讓你死不安寧，自殺者的骨灰都不准家屬保留。[23]

北大校園監獄——「黑幫監改大院」，關押200多名教職員。王力、朱德熙等著名教授忝列其中。

背錯一個字（毛語錄），立即一記耳光。每天晚上的訓話，也是舊時獄中絕不會有的。每當夜幕降臨，犯人們列隊候訓，惡狠狠的訓斥聲、清脆的耳光聲，互相應答，融入夜空。[24]

北大被揪出「立案審查」900多人，[25]「牛鬼」走路不許抬頭，坐著不准翹二郎腿，整天寫無盡無止的檢查交待，還不許醜表功、攀關係、安釘子。友人相見不敢說話，不敢及私，只能「眉目傳情」。為防說夢話，有人銜著手絹才敢入睡。稍一不慎，就是「現反」，一判就是十年。眾多「牛鬼」嚮往監獄，那兒至少沒有隨時落下的拳棒。每所「五七幹校」旁近都有一附件——幾座或十多座新墳。

重慶「牛鬼」出工前唱〈語錄歌〉，早晚兩次向領袖像鞠躬請罪，法定挨打四次，但已比鬥爭會好得多，棍鞭也多落於臀部。吳宓絕食抗爭，一次因暑熱奇渴無處得水接喝過尿液。[26]

張北縣張北中學右派教師張德文被剃陰陽頭——

我被剃了鬼頭，我還怎麼出去見人？更糟的事情接連發生了。我和「走資派」、「牛鬼蛇神」們被勒令唱〈牛鬼蛇神歌〉，還要不斷打自己的嘴巴配合表演。邊走邊唱，一叫你停就停，一不滿意，還得重新開始，直到滿意為上。我受不了，想到了死。夜深人靜，難以入眠，我幻想著不同的死法。[27]

---

23 央視12套「大家」欄目，2006-7-16播出，中央音樂學院教授周廣仁丈夫遭此待遇。

24 季羨林：《牛棚雜憶》，中共中央黨校出版社（北京）2005年版，頁9。

25 王友琴：《文革受難者》，開放雜誌出版社（香港）2004年版，頁90。

26 張紫葛：《心香淚酒祭吳宓》，廣州出版社1997年版，頁366、361～362、442。

27 張德文：〈迷茫與掙扎〉，載俞安國等編：《不肯沉睡的記憶》，中國文史出版社（北京）2006年版，頁203。

1968年6月23日，陳白塵日記——

下午文聯各協會與生產隊聯合舉行鬥爭大會，第一次被施以「噴氣式」且挨敲打。每人都汗流如雨，滴水成汪。冰心年近七十，亦不免。文井撐持不住，要求跪下以代「噴氣式」，雖被允，又拳足交加。但令人難忍者，是與生產隊中四類分子同被鬥，其中且有扒灰公公，頗感侮辱。[28]

革命女將不准65歲的丁玲午睡（革命派與反革命得有區別），不准抬頭（「看，她那仇恨的眼光！」）、不准打鼾（破壞革命小將休息）、不准不欣賞每晚低劣的宿舍晚會。青島紅衛兵挖開康有為墳墓，挑起康白髮頭骨遊街。[29]

流沙河妻為監禁丈夫送飯，廊樓上工人射尿而下，澆淋其身、飯籃。[30]一位女紅衛兵點燃鞭炮塞到雙手被綁雙眼被蒙的「走資派」耳中，炸聲響起，「走資派」倒地亂叫。有人問是否太狠了，女將答曰：對付階級敵人，還算輕的。

中央研究院院士、1949年後首任清華校長葉企孫（1898～1977），「穿著破棉鞋，躑躅街頭，有時在一家店鋪買兩個小蘋果，邊走邊啃，碰到熟知的學生便說：『你有錢給我幾個。』所求不過三五元而已！」[31]早年退還大洋黃金的季羨林，路揀毛票趕緊揣兜，因發現廁所能撿到更多鋼崩兒，由此愛上那兒。復旦教授余上沅下鄉回來很想吃肉，妻子集中所有肉票做了一碗紅燒肉，余上沅夾至嘴邊又放回，說是監督小組吩咐：不准吃肉！如知道回家吃肉，又要打我了。[32]

---

[28] 陳白塵：《牛棚日記》，三聯書店（北京）1995年版，頁98。

[29] 章立凡：《君子之交》，明報出版社（香港）2005年版，頁91。

[30] 〈流沙河自白〉，載鄧瑞全主編：《名士自白——我在文革中》，內蒙古人民出版社1999年版，下冊，頁643。

[31] 劉克選、胡昇華：〈葉企孫的貢獻與悲劇〉，載《自然辯證法通訊》（北京）1989年3期，頁75。

[32] 吳中傑：《海上學人》，廣西師大出版社（桂林）2005年版，頁91。

五歲幼女未將掃帚借給別班小朋友，斥為「資產階級小姐作風」，責令向全園檢討，小女孩在台上嚇得哇哇大哭，班主任也陪著哭，一句句領讀檢討，才對付過去。[33]

1976年，蹲監十年的胡道靜「寬大」釋放。這位被英國史家李約瑟稱為「當代著名科學史學者」，1981年獲巴黎國際科學史研究院通訊院士，此時在上海魯迅公園旁甜愛路掃街，月薪20元。他回函一位日本學者的問候，需要節省全家一天的伙食費（5角），才能購買一張明信片。[34]

1996年8月，83歲的延安紅士張光年（光未然）——

文革初期那幾年，我們這些老幹部、老教師、老文化人組成的「黑幫」們，日日夜夜過的是什麼日子？身受者不堪回憶。年輕人略有所聞。我此刻不願提起。但願給少不更事的「紅衛兵」留點臉面，給「革命群眾」留點臉面，也給我們自己留點臉面吧。[35]

知識分子是標準的政治賤民——臭老九。每天必須打開家門，以便革命群眾隨時入室監督查抄、發佈訓示，每次進出須向治安委員立正報告。[36]兩個孩子吵架，一個罵：「你哥哥是勞改分子，你以後也要當勞改分子！」另一個回敬：「你們家都是知識分子，你長大了也是個知識分子！」[37]1978年，腦力勞動者均薪49.1元／月，比1957年下降0.8%，扣除物價上漲，實際下降13.3%。[38]

---

33 沙葉新：〈「檢討」文化〉，載余開偉編：《懺悔還是不懺悔》，中國工人出版社（北京）2004年版，頁58～59。

34 王恩重：〈「上海的戰士」胡道靜〉，載《文匯讀書週報》（上海）2006年1月6日。

35 張光年：《向陽日記》，上海遠東出版社1997年版，頁2。

36 張紫葛：《心香淚酒祭吳宓》，廣州出版社1997年版，頁412。

37 李煒：〈對「知識分子」一詞的反思〉，載《中國社會科學文摘》（北京）2004年第5期，頁39。

38 周方良：《知識分子經濟政策研究：困境與出路》，春秋出版社（北京）1989年版，頁89。

焚書・幽默

專政全憑知識少，反動皆因文化多；知識分子的代名詞「有學問的混蛋」，勞改隊中地位最低，小偷流氓呼為「吃屎分子」。湖南出了一句領導名言：「三個知識分子在一起就會反黨！」[39]有人公開聲稱：「不把你們這些知識分子統統槍斃，就算便宜你們啦。」[40]

滬上五四名士沈尹默（83歲）數度抄家，60多年搜藏的詩詞字畫古帖古書全部運走燒毀。劉海粟24次抄家，什麼東西都拿走了，六朝唐宋明清及自己的字畫七八十件都沒了下落。北大荒兵團某連，挖出一個埋藏很深的「階級敵人」，罪行是傳播黃色書籍——巴金的《春天裡的秋天》，判刑15年。林風眠入獄四年半，沒有理由也毋須理由，大量作品浸入浴缸沖走。[41]

1966年8月24日，北京123中學紅衛兵湧進梁漱溟寓所，撕字畫、砸古玩、燒圖書，梁氏三代京官所購珍本古籍、明清名家手跡、大量藏書，在院裡燒了好幾天。1967年2月，梁思成第三次勒令搬家，只給24平米一小屋，不得不盡賣藏書（包括其父《飲冰室文集》），雇三輪車往廢品站拉了一整天，共45車次，計售人民幣35塊。[42]華東師大教授許傑掛著「老右派」木牌，多年打掃學生宿舍廁所，老倆口住在全校最破舊的狹小工房，煤爐就在床邊，藏書無處可放，論斤賣了廢紙。語言學家陳原（1918～2004），萬餘藏書通通賣了廢紙。[43]《文匯報》「右派」呂文：「20多年的體力勞動下來，平反後，我連

39　《李銳論說文選》，中國社會科學出版社（北京）1998年版，頁509。

40　〈文潔若自白〉，載鄧瑞全主編：《名士自白—我在文革中》，內蒙古人民出版社1999年版，下冊，頁796。

41　鄧九平主編：《中國文化名人談恩師》，大眾文藝出版社（北京）2003年版，頁363。

42　沈展雲等編：《中國知識分子悲歡錄》，花城出版社（廣州）1993年版，頁362。

43　柳鳳運、陳原：《對話錄：走過的路》，三聯書店（北京）1997年版，頁42。

字都不會寫了。」[44]罰掃大街的路翎（1923～1994），家裡竟無一本書、一支筆、一頁紙，完全失去寫點什麼的需要。[45]

文革期間，知識分子的智慧只能體現在好兵帥克式的幽默上，儘量不給殘暴者發洩獸欲的機會。廖沫沙得以存活的原因在於幽默性格——

等到他們動手扭胳臂，迫使我低頭彎腰撅屁股的時候……我的滑稽感就油然而生。在低頭彎腰的時候，我默念起：「大慈大悲南無阿彌陀佛，救苦救難觀世音菩薩！」用這樣的咒語來分散肉體的不舒適和取得精神上的勝利與快樂。[46]

黑色幽默的檔次也越來越高。中央美院某學者被派歷史博物館打掃女廁，他卻從這一侮辱性差事中找出閃光點：「這是造反派領導、革命小將對我的信任，我雖然政治上不可靠，但道德上可靠……」[47]北大學生右派鄭光弟，因硬不低頭，進了鐵絲網裡的勞改隊，實在熬不過去，自行了斷。不過，方式特異。他將繩子一頭拴在水塘坡上的樹根，另一頭捆住雙腳，上半截身子順傾斜的塘坡栽向水中。樹上留一紙條——

我因對未來絕望，而和大家訣別了。無論哪位路過這兒的仁人君子，只要像拉魚網一樣往上一提繩子，另一個世界的萬物之靈，便又和「同類」見面了。[48]

郵局門口代寫書信的捉刀人與時俱進擴展業務，明碼標價：家

---

[44] 魏承思：《中國知識分子的浮沉》，牛津大學出版社（香港）2004年版，頁178。

[45] 沈展雲等編：《中國知識分子悲歡錄》，花城出版社（廣州）1993年版，頁180。

[46] 李輝編著：《書生累——深酌淺飲「三家村」》，海天出版社（深圳）1998年版，頁273。

[47] 黃永玉：〈平常的沈從文〉，載《書屋》（長沙）2000年第1期，頁17。

[48] 〈叢維熙自白〉，載鄧瑞全主編：《名士自白——我在文革中》，內蒙古人民出版社1999年版，下冊，頁742。

信一角，一般檢討二角，保證一次過關的深刻檢討五角。[49]

為打到身上的棍棒叫好

歷史的殘酷在於進程的一次性。暴虐空前的文革使絕大多數知識分子手足無措莫知應對。此時，史達林大清洗尚內幕不詳，早期蘇區酷烈肅反更是諱莫如深。他們無法從紅色歷史中找到對應的邏輯性解釋。一直在為革命歡呼高歌，這會兒成為革命對象，實在無法接受這一逆轉，也理解不了革命為何成為革命者的苦海。儘管一再提高認識，一再自誡必須接受「群眾幫助」，但又怎麼忍受得了栽誣與相互揭發的尷尬？如何面對必須以別人的血洗自己的手？

悲劇的最悲處乃是文革之初，寰內士林絕大多數完全認同毛氏的「繼續革命」，即便「觸及皮膚」，也認為「完全必要」，只怪自己水準太低，理解不了運動的偉大意義。他們都以「緊跟」為榮，為沒有資格「效忠」跌足捶胸。他們認認真真寫日記，學習王傑（按：軍訓中為掩護民兵犧牲烈士，其日記風行一時）每天自問50個「為什麼」，查問每一行為的對錯。多數知識分子非常虔誠地接受批判，祈求脫胎換骨淨化靈魂；竭力說服自己承受種種侮辱、寬容毆打自己的革命派。奈何「我本將心托明月，誰知明月照溝渠」。

于光遠——

文革剛發動那會兒，我把它們當作一場原則性的黨內鬥爭來接受，自己也努力反省在思想上是否有不符合黨的要求的缺點和錯誤。[50]

沙汀——

開始時，我是沒有懷疑的，總感到自己有錯誤，應當檢查，當時毛主席威信很高，加上我們長期的思考習慣和工作習慣，儘管紅衛

[49] 沙葉新：〈「檢討」文化〉，載余開偉編：《懺悔還是不懺悔》，中國工人出版社（北京）2004年版，頁59。

[50] 于光遠：《文革中的我》，上海遠東出版社1995年版，頁23。

兵的做法過激，還是一心擁護這場政治運動。……中國的政治生活已經規範了我們的思維模式。[51]

季羨林——

我自己在被打得「一佛出世，二佛升天」的時候還虔信文化大革命的正確性。……一直到1976年四人幫被打倒，我一直擁護七八年一次、一次七八年的「革命」。[52]

趙樹理在批判他的大字報上恭敬題詩——

塵埃由來久，未能及時除；歡迎諸同志，策我去陳汙。[53]

梁思成病情惡化無力外出，令妻子每天抄回有關他的大字報，「還有各種『革命組織』印發的眾多揭發材料和首長講話，他都如饑似渴地讀著。我們不斷努力去接受這些大字報上的『革命』觀點，拼命想跟上『群眾』的步伐。」[54]楊絳因工資稍高而內疚：「心上很不安，很抱歉，也很慚愧。每逢運動，『老先生』總成為『年輕人』批判的對象，這是理所當然，也是勢所必然。」[55]楊沫跟丈夫辯論：「毛主席親自發動和領導的這場大革命還能不對麼？」[56]

1950年代初的思想改造運動，「脫褲子」、「割尾巴」，已打掉知識分子的價值自信，從根子上否定了他們此前的人生經驗，使他們學會以「原則」代替感情（沈從文語），[57]首先思想投降自我懷疑，乖乖地沒錯找錯。吳宓在思想改造運動後說：「我皈依毛公陛下之心

[51] 吳福輝：《沙汀傳》，北京十月文藝出版社1987年版，第435～436。

[52] 季羨林：《牛棚雜憶》，中共中央黨校出版社（北京）2005年版，頁1、211。

[53] 戴光中：《趙樹理傳》，北京十月文藝出版社1987年版，頁429。

[54] 林洙：〈梁思成之死〉，載沈展雲等編：《中國知識分子悲歡錄》，花城出版社（廣州）1993年版，頁355。

[55] 楊絳：《我們仨》，北京三聯書店2003年版，頁141。

[56] 〈楊沫自白〉，載鄧瑞全主編：《名士自白——我在文革中》，內蒙古人民出版社1999年版，下冊，頁462。

[57] 〈沈從文自白〉，載鄧瑞全主編：《名士自白——我在文革中》，內蒙古人民出版社1999年版，上冊，頁21。

將進而虔誠寅敬矣！」[58]紅色教授馮至口頭禪——「偉大的時代，渺小的我。」[59]至此，個人權利被名正言順褫奪。知識分子的這一「繳械」，不僅使中國淪為政治全控型社會，也使自己淪為「最可欺負的人」。巴金甚至稱姚文元「無產階級金棍子」[60]，為打在身上的棍棒叫好，失去本能意識，甘於思想自虐，最深刻的文化悲劇。

另一值得注意的心態：文革初期，「右派」與久受壓抑的知識分子雖不理解，卻從心裡擁護。右派藍翎坦白——

文革剛開始時我不理解，但也擁護。心裡想，每次你們不是鬥人家嗎，這次也讓你們嘗嘗味道。[61]

1959年「反右傾」挨批吃癟的郭小川，在檢討書裡洩憤——

舊作協批判了邵荃麟（按：作協書記），我感到十分痛快……現在看出來，到底誰是好人，誰是壞人？

我從內心深處痛恨我自己，也痛恨周揚們。我更是願意揭發他們這些王八蛋的。[62]

中小知識分子對文革更是一片「熱烈歡呼」。錢理群（1939～）——

對毛澤東的「無產階級專政下繼續革命」的理論的真誠接受，一個重要原因是我們鬱積著一種怨憤情緒。這是長期受壓抑的地位所形成的；也由於我們幾乎是處於社會的最底層，對於黨內不正之風引起的一部分當權的幹部與群眾之間尖銳矛盾有著十分具體、強烈的感受，以至於產生了相當嚴重的對立。在滿腔怨憤急待噴發的心理和情緒支配下，自然很容易地就接受了毛澤東將矛盾、對立絕對化的「鬥

---

[58] 張紫葛：《心香淚酒祭吳宓》，廣州出版社1997年版，頁232。

[59] 馬嘶：《負笈燕園》，群言出版社（北京）1999年版，頁229。

[60] 巴金：《隨想錄》，三聯書店（北京）1987年版，頁256。

[61] 李輝編著：《搖盪的秋千——是是非非說周揚》，海天出版社（深圳）1998年版，頁197。

[62] 郭曉惠等編：《檢討書——詩人郭小川在政治運動中的另類文字》，中國工人出版社（北京）2001年版，頁186、208。

爭哲學」。[63]

文革中還有重要一景：幾乎所有自殺者都高呼領袖萬歲，表現出對革命的不貳忠心。雖身蒙重冤，但革命本身卻是千對萬對。幾乎無人對革命本身、對領袖存有任何懷疑。如鄧拓、吳晗、翦伯贊……1966年8月2日，一生膽小怕事的葉以群（1911～1966）跳樓自殺，遺書妻兒——

惟一要求你們的，就是堅決聽黨的話，堅決站在黨的立場上，逐步認清我的罪惡，激起對我的仇恨，堅定不移地與我劃清界限。……最後一句話就是要求你們認真讀毛主席的書，聽共產黨的話！為黨立功！[64]

知識分子諸多社會功能——預警神經、理性閘門、人文尺規等，喪失殆盡。

艱難覺悟

最初就看穿文革迷霧的，只能是站離廬山的「老甲魚」——章士釗、章乃器、張治中等。章士釗致信毛劉想當「和事佬」[65]，張治中撐持病體上天安門諫毛停止文革腳步。大右派章乃器很反動地說：「眼看他起朱樓，眼看他宴賓客，眼看他樓塌了。」[66]章伯鈞、羅隆基早在文革前得知《大英百科全書》新添條目——「章伯鈞、羅隆基是在社會主義國家制度下，要求實行民主政治」，便認定毛澤東違

---

63 錢理群：《拒絕遺忘－錢理群文選》，汕頭大學出版社1999年版，頁235。

64 沈展雲等編：《中國知識分子悲歡錄》，花城出版社（廣州）1993年版，頁333。

65 中央文獻研究室編：《毛澤東年譜》（1949～1976），中央文獻出版社（北京）2013年版，第6卷，頁63。

66 章立凡：《君子之交》，明報出版社（香港）2005年2月初版，頁87。

憲，「我們是為真理而淪為賤民。」[67]

中小知識分子挺身而出者，除了道德勇氣，還須擁有異質思想資源。文革前下獄的北大學生右派林昭，幼年為基督教徒，她依據教義發出質疑，她向《人民日報》等單位寄發公開信，表示對曾膜拜為父的毛澤東信念破滅，指斥毛是披著洋袍的真命天子，中國正淪於暴政之中——「剝奪人所有尊嚴的社會」。青工遇羅克撰寫〈出身論〉，思想資源乃是西方近代平等自由理念。囿於思考能力，絕大多數青年知識分子只能發問無力剖解。被槍斃的王申酉（1945～1977）迷惑不解——

為什麼青年時代的毛澤東曾那樣大力與禁錮著他精神發展的種種社會桎梏作鬥爭，但他走上政治舞台後，卻使我們這一代青年帶上更嚴厲的精神桎梏？[68]

賀綠汀之女賀曉秋憑直覺抵抗，以自殺「對抗文革」。她對審訊者直言——

對「文化大革命」，我想不通，我就是想不通，我也不願意想通！[69]

文革初期，章含之倚仗特殊關係投書毛澤東，指出文革是一場失去理性的暴力。章詳述眾多老幹部與知識分子如何挨鬥，指出老幹部開國有功，許多知識分子放棄優越條件海外投歸，何以都成了「資產階級反動權威」？沒有高知如何搞建設？希望毛及時制止動亂。章要求面呈意見。一周後，毛祕書打來電話：「主席現在不便見你，但有幾句話帶給你。一句是要你『經風雨見世面』，另一句是要你『今

67　章詒和：《最後的貴族》，牛津大學出版社（香港）2004年版，頁367、335。

68　《李銳近作——世紀之交留言》，中華國際出版公司（香港）2003年版，頁267。

69　沈展雲等編：《中國知識分子悲歡錄》，花城出版社（廣州）1993年版，頁497。

朝有酒今朝醉，明日憂來明日愁』。」[70]口齒尚嫩的章含之哪裡領會得了文革的真正蘊意。就連中常委兼中宣部長、副總理的老資格陶鑄：「我同全國各省市部委負責同志一樣，對於這場運動，的的確確不理解。……（直到被打倒）我才搞清楚，原來這場運動是對著劉鄧來的。」[71]毛澤東大接見紅衛兵的新聞報刊，他特意安排劉少奇、鄧小平鏡頭，毛澤東見陶鑄「拎勿清」，不領會其文革意圖，1967年1月8日說「陶鑄問題很嚴重」，陶鑄倒台。[72]

能夠從理性層面進行批判反思的知識分子寥若晨星。辨析烏托邦的難度在於它那件新麗閃光的外衣——終極解決一切社會弊端，使人們很難一下子認清它裹著的舊貨。何況出於對國民黨的厭惡及強大民族情結，寰內士林亟願承認新政權的合法性。陳寅恪、吳宓、余上沅一再拒絕飛台；冰心夫婦、錢學森、蕭乾等海外投歸。《觀察》雜誌1947年公佈的79名撰稿人，除10餘人外，大多留居故土。中小知識分子對新政權的歡呼聲更高。1990年代末仍健在的新聞界右派，當年均為中小自由知識分子，感情上對新政權一面倒，包括與國民黨關係十分密切者。[73]他們雖然對紅色意識形態不熟悉或不認同，但也不可能全力抗禦。更何況，大同型均貧富具有相當道德魅力，中國士子的千年夢寐。老舍1965年詩云：「滾滾橫流水，茫茫末世人；倘無共產黨，荒野鬼為鄰。」[74]周瘦鵑得毛接見，將毛給的一枝香煙掐滅帶回，供奉玻璃罩中。[75]1957年3月，傅雷致函在波蘭的兒子——

---

[70] 喬冠華、章含之：《那隨風飄去的歲月》，學林出版社（上海）1997年版，頁211。

[71] 曾志：〈如煙往事難忘卻〉，載周明主編：《歷史在這裡沉思：1966～1976年記實》第3卷，華夏出版社（北京）1986年版，頁23。

[72] 董寶訓、丁龍嘉：《沉冤昭雪：平反冤假錯案》，安徽人民出版社2003年版，頁82。

[73] 魏承思：《中國知識分子的浮沉》，牛津大學出版社（香港）2004年版，頁135～147。

[74] 周艾文：《素馨的梔子花》，浙江文藝出版社1994年版，頁59。

[75] 周瘦鵑：《姑蘇書簡》，新華出版社（北京）1995年版，頁61。

> 毛主席只有一個，別國沒有……他們（按：波蘭）的知識分子彷徨，你可不必彷徨。偉大的毛主席遠遠地發出萬丈光芒，照著你的前路，你得不辜負他老人家的領導才好。[76]

1950年代初，中共政府禁毒禁娼禁賭、取締幫會、廉潔自律，知識分子認為新政權與公正迭合，認可了中共殺伐蠻橫的正義性。聽黨的話與追求自由並不矛盾，一切批評已無必要，一切均可寄託「組織解決」，自棄獨立自甘工具。雖然思想改造運動使一些知識分子產生疑懼，但大多還是從積極方面理解並支持新政權。較之政治暴力，文化價值認同才是覺悟艱難不易邁逾之坎。郭小川倒台前也「左」得很，1955年他動員中宣部幹事李嘉陵與丈夫盧甸（胡風分子）離婚，然後他幫她介紹對象。[77]

此外，以單位、戶口為核心的網格式控制，壓縮了所有自由空間。余英時先生分析——

> 1949年以後，共產黨成為中國惟一的、無孔不入的、無遠弗屆的、包攬一切的政治組織，因此絕對地控制了中國人的一切生活資料和精神資源及其運用的方式。[78]

全控型社會不僅規範了知識分子的行為，也內化了他們的意識結構。胡風判刑14年，「我為了維護黨的威信，不但不上訴，甚至都不願辯解。」[79]1980年，梁漱溟接受美國芝加哥大學艾愷教授採訪，不止一次向這位研究自己的美國學者推薦新著《人心與人生》，認為這部著作才真正凝含自己思想精髓，價值遠遠大於先前任何一部著作。但這部梁氏新著，「其實只是在重複那個時代最通行的哲學……

76　傅雷：《傅雷家書》，三聯書店（北京）1981年版，頁117～118。

77　〈曾卓談周揚〉，載李輝編著：《搖盪的秋千——是是非非說周揚》，海天出版社（深圳）1998年版，頁134。

78　余英時：〈中國知識分子的邊緣化〉，載《二十一世紀》（香港）1991年8月號，頁21。

79　萬同林：《殉道者—胡風及其同仁們》，山東畫報出版社1998年版，頁360。

一個失敗者的自嘲成了述說的主基調。」[80]

寰內士林絕大多數判斷標準左偏。1973年4月29日，受盡折磨的穆旦（1918～1977）在天津第一飯店會見西南聯大同學、美籍數學家王憲鐘（1918～1978，台灣中央研究院院士），歸來後子女流露抱怨現實生存狀態。穆旦正色告誡——

美國的物質文明是發達的，但……物質不能代表一切。人不能像動物一樣活著，總要有人的抱負。中國再窮，也是自己的國家，我們不能去依附他人，做二等公民。[81]

1991年，91歲紅士夏衍仍天真地說——

中國知識分子這樣真心地擁護和支援中國共產黨，而四十多年來，中國知識分子的遭遇又如何呢？眾所周知，1957年的反右派，1959年的反右傾、拔白旗，1964年的文化部整風，以及「史無前例」的文化大革命，首當其衝的恰恰是知識分子。這個問題，我想了很久，但找不到順理成章的回答，只能說這是民族的悲劇吧。[82]

大規模長期鎮壓知識分子，如僅僅歸結老毛個人原因，顯屬偏頗。缺乏意識形態與制度的護航，缺乏一股強大的集體意志，不可能走得這麼偏這麼遠。高齡夏衍還拎勿清，只能說明深陷廬山之限。左士反思能力整體偏低，缺乏從根子上檢討的價值起點，大難過後也難以產生有品質的剖析。

反倒基層小知直擊現實，認識清醒。1976年4月24日，湘西溆浦低莊公社楊和坪大隊小學教師武文俊（1936～1976），投寄匿名信「國務院總理親收」；7月25日被捕，1977年1月4日被斃。「反革命」匿名信三千餘字，濃縮介紹——

（毛）惟我獨尊至高無上，毀滅人類文明、自由、民主，實行

---

[80] 馬勇：〈晚年梁漱溟的「自我顛覆」〉，載《中華讀書報》（北京）2006年1月18日。

[81] 李芳編：《穆旦詩全集》，中國文學出版社（香港）1996年版，頁402。

[82] 夏衍：《懶尋舊夢錄》（增補本），三聯書店（北京）2000年版，頁450。

野蠻殘暴、滅絕人性的社會奴隸主義制度，真正拉歷史倒車，中國由封建社會退入萬惡的社會奴隸主義制度。

國家和人民都很貧困。農民一年360天起早摸黑，比給地主做長工辛苦得多，可收入很少，只能半飽，每天工資不到一升大米。以前給地主打長工，三餐吃地主，有時還有酒肉葷菜，每月工資兩擔稻穀，一年24擔2000餘斤；打零工每日3～5升大米，三餐吃主人；插田打禾每天一斗五升稻穀，三餐吃主人的；手工業日薪5～8升大米，三餐吃主人；其他行業的工資就更不用說了，比農民高得多。封建社會勞動量沒現在這麼大，勞動時間也沒這麼多，種植面積不及現在一半。現在不許寫陰暗面，若允許寫的話，何止千萬個比祥林嫂、白毛女更慘的人？這證明現代社會不如封建社會，是奴隸社會。

人民沒有政治地位，買個東西也要講情面，講人熟。沒有政治權力，沒有言論自由。學術界不能發揮才能，都被認為毒草，要批判，沒有人敢寫書了，只有熊精（按：指毛）的邪說獨盛，盈櫃滿架。這種奴隸主義社會，阻礙了思想進步和學術發展。

人無行動自由，官員也不見得比老百姓自由多少，都被當做奴隸一樣管得死死的。不能自由擇業，連勞動生產都不自由（不能自由種植自由支配勞力），生活不自由，生存不自由，生育不自由，完全把人民當牲畜侮辱殘害。

傜役賦稅之多，史無前例。公糧比封建社會多十幾倍到二十倍，若按斤額計算約40倍。「收租院」演的是現實不是歷史。人民總負擔超過封建社會若干倍，農民這麼貧困，還不許搞點副業，說是資本主義道路，要退賠要批判，吃鹽的錢也沒有。農村忙碌不休而生活苦，城市蕭條而頹廢，工人生活水準亦不高。

1959～1961年更苦，確實餓死不少人……報刊廣播都講「形勢大好，越來越好」，從沒講過半點缺點錯誤，人們看透了這種虛偽實質。[83]

---

[83] 武文俊：〈反革命匿名信〉，載向繼東：《歷史深處有暗角》，秀威資訊公司（台北）2013年版，頁226～229。

失去理性堤壩之後

1983年中組部統計，全國各級領導人81萬，大學文化只占6%，高中22%，初中以下72%。黨委系統尤甚，縣委一級大學程度僅5%，[84]文化低的在上面，無知管理有知，老粗管老細；青少年管中老年，學生指導教師；半文盲陳永貴、紡織女工吳桂賢當副總理……全社會價值結構倒置，幼稚的求學者反而擁有揀選傳授何種知識的決定權。中小學文化程度的軍人成了學術研究機構的領導。北京某高校對工農兵學員進行文化調查，初中以上僅22%，初中58%，小學20%。數學系學生還鬧出大笑話：1/2＋1/2＝2/4。[85]

缺乏人文底蘊的「革命人民」，不可能無師自通走向理性；斬斷經驗的傳承，不可能有序管理社會。大破四舊只能是大破文物，血腥武鬥只能為一派之利。很簡單，「革命人民」不可能真正大公無私。自己解放自己，拿什麼去解放？還不只能憑了那點亂哄哄的本能直覺？無知者只能幹無知之事。文革前期，醫院拒收出身不好的「階級敵人」，紅五類病人批鬥黑五類病人，郵局不給被抄家的送信送報。[86]1973年，囚禁中的彭德懷醫療待遇降至軍級，患直腸癌後，北京阜外醫院、衛戍區第一師醫院一聽名字就拒絕收治。301醫院很願接收，但總長黃永勝親打電話給院長，強烈表示如301醫院收治彭德懷，他就拒絕上該院看病，院長莫知應對，壓力甚巨。後因周恩來表示彭的問題尚未明確結論，得病應予治療，彭才入住301醫院。[87]

一組簡單資料：1955年全國人均擁糧599斤，1970年589斤／

---

[84] 《李銳論說文選》，中國社會科學出版社（北京）1998年版，頁601、553。

[85] 曠晨編著：《我們的1970年代》，中國友誼出版公司（北京）2006年版，頁379。

[86] 馮驥才：《一百個人的十年》，江蘇文藝出版社1991年版，頁57、61。

[87] 周爾鎏：《我的七爸周恩來》，中央文獻出版社（北京）2015年版，頁201～202。

人。[88]1968年，經濟形勢連續兩年倒退。1967年全國工農業總產值2104.5億元人民幣，比1966年下降近10%，1968年再下降至4.2%；1967年國家財政收入419.4億元人民幣，比上年減少25%，1968年再減13.9%。兩年損失工農業總產值達1100億。[89]文革前北京高校55所，文革結束時僅剩18所。[90]更由於澈底剝奪國人殖富求利的合法性，全國磨洋工，計劃經濟的負弊四處綻露。1962年，上海憑票供應商品達92種，占商品零售總額60.9%。[91]

這一時期知識分子生活，數斑窺豹。1961年11月21日，毛澤東接到湖南一師張有晉先生的要錢信，這位教過老毛的86歲老人抱怨：文史館員月薪88元，只能勉強維持生活，無力添衣，陰曆八月就手足冰冷，不著棉衣無法禦寒，「祇望主席再賜寒衣費數百元以濟眉急。」毛匯去500元。1964年2月13日，毛澤東得知愛新覺羅‧載濤（溥儀叔父）生活困難，撥稿費2000元請章士釗轉交。載濤時任人大代表、政協民族組副組長、總後馬政局顧問。1965年1月11日，毛澤東得知湖南一師校友彭慶，一生教書，生活困難，擬劃款救濟。[92]

1978年11月，副總理紀登奎（1923～1988）向中央報告——

農民口糧人均三百斤以下，吃不飽肚子。1977年，平均一個大隊（按：相當現在的村）的公積金不到一萬元，買不上一部中型拖拉機。全國近四分之一的生產隊人均分配40元以下，按可比價格計算農民平均每年只增加收入五角錢。連簡單的再生產都難以維持。

貴州省委第一書記馬力（1916～2002）——

---

88 吳天威：〈中印人口問題之比較和展望〉，載《知識分子》（紐約）1986年秋季號，頁94。

89 王年一：《大動亂的年代》，河南人民出版社1996年版，頁372～373。

90 王友琴：《文革受難者》，開放雜誌出版社（香港）2004年版，頁181。

91 魏承思：《中國知識分子的浮沉》，牛津大學出版社（香港）2004年版，頁151。

92 中央文獻研究室編：《毛澤東年譜》（1949～1976），中央文獻出版社（北京）2013年版，第5卷，頁53、316、466。

口糧平均300斤以下的生產隊占40%。1978年預分，有的生產隊每個勞動日，只得二分錢。

安徽省委第一書記萬里（1909～2002）——

安徽省人均糧食佔有量至今沒有達到1955年的水準。1955年安徽人均768斤，1977年降為652斤，與1949年相比，建國28年只增加4斤。淮北農民每人每年只分得30多元，大別山老根據地，一些農民穿不上褲子，蓋不上被子，實在叫人難過。[93]

經濟學家千家駒（1909～2002）——

連天府之國的四川都賣兒賣女，人們花了幾十斤糧票便可以領一個女孩兒回來，真是哀鴻遍野，居然還有人說是：「一片鶯歌燕舞」（按：毛語），這又何異於晉惠帝的「民饑何不食肉糜」呢？[94]

權力既不受監督不准批評，又毋須負責，毛共怎麼幹都是「形勢一片大好」。民諺：「共產黨抗造（折騰）」。

失去知識分子維護的人文價值，人際關係陷入吾華有史以來最醜陋時期。人人處於「時刻準備著」——不是去鬥別人就是被別人所鬥，自己挨了踢，便去踩別人的雞眼。拈草木為刀兵，指骨肉為仇敵。師生成仇，友朋互揭，父子相殘，夫妻反目。護士妻子給審查中的丈夫打針，先高呼打倒口號，然後再行「革命的人道主義」。章君宜與女兒關係甚密，但在家中警覺收口：「我不能再講下去了，有一天我要被你出賣的。」文革後，《人民日報》某頭頭說：「在過去那些年裡，當一個黨員，誰不說假話和一些有保留的話？不說就活不了。」[95]吳祖光歎曰：「我們這裡變成了一個愛聽假話，愛說假話的假大空世界。不會說假話，慣說真話的都被弄去改造，改造到會說假

93 于光遠：《我親歷的那次歷史轉折》，中央編譯出版社（北京）1998年版，頁54、66。

94 千家駒：〈論中國的體制改革和現代化運動〉，載《知識分子》（紐約）1986年冬季號，頁57。

95 郭曉惠等編：《檢討書——詩人郭小川在政治運動中的另類文字》，中國工人出版社（北京）2001年版，頁94。

話了才叫做改造好了。」[96]虛偽成為生存「常識」，全社會生活品質降低到生物學的蔬菜水準。

一位知識分子——

我承認我是「幸運兒」，但這不是命運之神對我特別恩賜，而是我汲取了五十年代的政治教訓後所精心設計的一條人生道路。……我必須扭曲自己，必須裝傻，裝無能裝糊塗，叫人家看不上我，對我沒興趣才行。天天打磨自己的性格棱角，恨不得把自己藏在自己的影子裡。[97]

在革命的名義下，踐踏了最基本的人性人權，陰暗兇殘的獸性披著紅袍一一走出。禮崩樂壞，「什麼人間奇跡也可以造出來」。四川某地武鬥，抓到對立派俘虜，扒下褲子，劃開肛門拉出直腸，拴繫壓彎竹梢，鬆開竹杆，竹梢彈上天空活活拽出那人腸子。[98]還有挖眼珠、刀旋肛門、往人身上澆淋滾燙開水。[99]霸佔「黑五類」婦女，美其名曰「給你換換成分」。[100]唐山大地震，一位爬出廢墟者，妻兒壓在瓦礫下，他向鄰居求助，此人文革期間整人結怨四鄰，得到一道道冰冷目光，妻兒因無人扒救，活活窒息而死。[101]據《廣西文革大事年表》：文革中突擊入黨者兩萬餘，入黨後殺人，九千殺人後入黨，牽連殺人的黨員1.7萬餘。[102]廣西還有大規模不堪複述的搶食人肉與臟器。[103]

---

[96] 吳祖光：《往事隨想·吳祖光》，四川人民出版社2000年版，頁268～269。

[97] 馮驥才：《一百個人的十年》，江蘇文藝出版社1991年版，頁311～312。

[98] 陳開民：〈唐·吉訶德之旅〉，載《社會科學報》（上海）2002年8月15日。

[99] 鄧瑞全主編：《名士自白——我在文革中》，內蒙古人民出版社1999年版，上冊，頁233；下冊，頁685、784。

[100] 遇羅文：〈北京大興縣慘案調查〉，載宋永毅主編：《文革大屠殺》（序），開放雜誌社（香港）2002年版，頁35。

[101] 陳永弟：〈唐山地震紀實〉，載《報刊文摘》（上海）1992年1月14日。

[102] 王年一：《大動亂的年代》，河南人民出版社1996年版，頁353。

[103] 鄭義：〈廣西人吃人狂潮真相〉，載《開放》（香港）1992年6月號，頁32～45。

1970年3月，青海貴德縣一支200多新兵拉練隊伍遇到狼群，當嚮導得知新兵槍裡無子彈，要求立即改變路線西渡黃河。因為，狼群以河為界劃分勢力範圍，渡河可擺脫眼前越聚越多的狼群。連隊首長堅決不同意，理由是革命戰士一不怕苦二不怕死，我們乃不可阻擋的滾滾鐵流，怎能被狼群嚇倒？下令急行軍趕往宿營地。這一基於意識形態的決定致使67名官兵（包括嚮導）被狼吃掉。事後，連隊領導未受任何處分。十年後，連長晉升團長。[104]

文革對意識形態的破壞力難以估計，在重評一切的紅色旗幟下，否定一切經驗凝成的理念，否定一切個人權利的合理性，甚至包括存在價值。除了毛的個人權威與所謂「革命」，八億陸民懸空生活在價值真空之中，惟一有「價值」的便是毛共編制的「真實」——虛假。1977年，吳有訓去世前特約于光遠談話，「我以為談物理學方面的事，見面才知道他想上書中央，希望中央號召淡化家庭觀念。」[105]1979年3月22日，《北京日報》撰文——「人權不是無產階級口號」。「清官比貪官更壞」成為馬列史學最新學術成果。毛共確已走到人類對立面，無產階級居然不要人權、清官竟比貪官更壞……

暴力高壓、資訊單一，成功壓制了寰內士林的思維空間，超越政權許可成為不敢沾碰的絕對異端。人民必須忠於領袖，而非領袖必須忠於人民。全國思維劃一，似乎只要守著馬恩列斯毛的書就可搞定一切，領袖已對任何問題作出天才預見與英明指示，後人毋須思考只須注釋。1967年，全國僅出版1500餘種書籍，1950年的1/4，但每種書平均印數122.3萬。[106]1975年，鄧力群到版本圖書館調查，文革期間出版書籍（包括小冊子）共一、二萬種，「真正有學術價值（包括重版

---

104 馮遠理：〈那不該消失的生命〉，載《雜文月刊》（選刊版）2004年第11期（下），頁24。

105 于光遠：《文革中的我》，上海遠東出版社1995年版，頁87。

106 鄭也夫：《知識分子研究》，中國青年出版社（北京）2004年版，頁227。

書）不到20種。」[107]《紅旗》發行量1000萬、《人民日報》500餘萬，丙辰清明天安門廣場，「幾乎所有的人都發現，大家的思想都是一致的。」[108]大陸知識分子已被整體剝奪乾淨——從物質到精神，脊梁崩塌，自覺或不自覺避談國事，完全失去選擇公共話題的意願，更不用說獨立判斷與質疑價值標準。否則，1979年引領西單民主牆風騷的「政論家」，就不會是魏京生、任畹町等青工。

全社會失去動力。大到政治鑒定、評級定薪，小到登記結婚、孩子入托，都握於單位人事科。單位頭頭上至司法下至行政，權力無邊。高度集權使社會成員喪失一切主動性，無論入學、就業、遷移，毫無個人自由。1980年代初，沈從文、蕭乾、汝龍、麗尼家屬等人住房，均靠年近八旬的巴金奔走呼號才得解決。[109]1978年恢復職稱，華東師大60歲錢谷融（38年老講師），副教授都沒評上。[110]如此現實，加上腦體收入倒掛，知識分子還能幹什麼——除了全力爭取從知識分子行列脫籍。

眾所周知：經濟必須一頭繫於個人利益，另一頭才能繫於社會發展。個人利益既是社會發展的原始動力，也是社會發展的價值目的。馬列赤潮哲學上以階級性否定人性，倫理上否定一切個人權益，等於抽去整個社會大廈的基石。文革後，重新承認這一古老的ABC，你還不得不承認是一場「偉大而深刻的改革」。千家駒：

> 這些經濟學常識的再認識是花了我們高昂的代價的。……建國之後花了35年的代價，才懂得經濟學的一些基本常識。[111]

---

[107] 鄧力群：《十二個春秋（1975～1987）》，內部發行，2005年2月印行，頁27。

[108] 嚴家其：《我的思想自傳》，三聯書店（香港）1988年版，頁18。

[109] 沈展雲等編：《中國知識分子悲歡錄》，花城出版社（廣州）1993年版，頁479。

[110] 吳中傑：《海上學人》，廣西師大出版社（桂林）2005年版，頁170。

[111] 千家駒：〈論中國的體制改革和現代化運動〉，載《知識分子》（紐約）1986年冬季號，頁59。

至於人文領域大規模的學理性摧毀，更是遺禍無窮。極左者將歪歪理說成絕對不准懷疑的絕對真理，留下一大堆似是而非的意識形態垃圾，至今尚未打掃清理。2005年，1980年代意識形態最高領導鄧力群（政治局委員兼中宣部長），其自述《十二個春秋》還在批判「人民性高於黨性」、「全民公決高於黨代會」，認為應該倒過來，否則就是「資產階級自由化」。[112]

結語

中共希望文革永遠埋葬在經歷者的大腦中，希望知識分子再大度一把，不要再撩揭這塊傷疤——過去的就讓它過去吧！由「淡化」而「火化」，還將這一卑鄙的「淡化」說成是民族振興的金玉良言。這回知識分子不再聽話了，他們集體回答：「不！」儘管老一代知識分子大多謝世，儘管他們的控訴受到這樣那樣的封堵，他們還是留下了集體記憶。隨著時間推移，歷史的對比只會使文革的荒謬更凸顯。而且，筆者這樣的「文革少年」，尚在中年，真正「人還在心未死」，會同意「淡化」麼？馮驥才一文標題——〈文革進入了我們的血液〉。

巴金擲言——

太可怕了！十年的折磨和屈辱之後，我還不能保衛自己敘說慘痛經歷的權利。十年中間為了宣傳騙局、推銷謊言，動員了那麼多的人，使用了那麼大的力量，難道今天只要輕輕地一揮手，就可以將十年「浩劫」一筆勾銷?!「浩劫」絕不是文字遊戲！[113]

邵燕祥（1933～）痛斥——

是數千年皇權專制主義在20世紀人類歷史上的一次迴光返照。它

[112] 鄧力群：《十二個春秋（1975～1987）》，2005年內部印行，頁386～387。

[113] 巴金：《隨想錄》，三聯書店（北京）1987年版，頁VIII。

的反文明、反理性、反人道，因其持續時間之長，而且發生在八億人口的大國，對人民的荼毒之深之廣，甚至超過了希特勒納粹對其國內的禍害。[114]

一位曾在草原深處搞「兩彈」的黨員工程師說——

如果世界上還有比原子彈更厲害的東西，那就是「文化大革命」！[115]

于會泳（1925～1977）接任文化部長後竟說：我的文化部就是「文化公安部」，專門對文化實行無產階級專政。[116]

文革惟一歷史「正面作用」——使國人澈底認清紅色烏托邦，認請毛共只是螺旋型意義上的封建大復辟，深刻理解暴力革命只能通往獨裁；不進行制度層面的實質性變革，民主自由便無法具體落實。中共行政立法一體，缺乏監督競爭，一切美好願望既在實際運作中變形，更缺乏執行的制度保證，最終必將走向反面——以自由的名義否定自由，以革命的名義鎮壓革命。中國共運與國際共運一樣，當然沒有兌現紅色許諾，而是歷史大倒退，矗立起遠不如臨時政府（俄）、北洋政府（中）的封建紅朝，中俄人民不是脫離苦難，而是掉入更酷虐的「無產階級專政」。

2005-6～8於滬；後增補

原載：《二十一世紀》（香港）2006年2月號

---

[114] 高增德、丁東編：《世紀學人自述》，北京十月文藝出版社2000年版，頁452。

[115] 馮驥才：《一百個人的十年》（首卷），江蘇文藝出版社1991年版，頁75。

[116] 馬識途：《滄桑十年》，載《馬識途文集》第八卷，四川文藝出版社2005年版，頁353。

第六輯

遺老紅態

文革遺老落寞中

筆者乃標準文革少年，如今歲近六旬，也快壓縮成「文革遺老」。那些長我一兩輩的「文革健兒」，歲暮人靜，塵埃落定，心態如何？如何看待那段難忘的「火紅年代」？小刀輕剖，「紅味」立飄，很能嗅出一些歷史內涵。文革遺老的「遺味兒」裹著特殊紅色傷害——渾不自知的「內傷」。王力（1921～1996）孫女評《王力反思錄》——

他的反思，到死還有他那代人意識形態的局限。

1995年，王力還堅持「突出宣傳領導核心是歷史的必要」。中共十一屆三中全會後，他上書中央，要求突出宣傳鄧小平；「十四大」後再上書，建議突出宣傳江澤民；論據竟是——

沒有核心，黨心人心就會散了。天有二日、天有數日，是不利於穩定和發展的。第一小提琴手只能有一個。[1]

握持封建政治邏輯，歪歪理說得振振有詞，一派「長纓在手」之勢，確為文革遺老特殊精神遺產——臀部上蓋著清晰的封建紋章。為什麼必須聽命「第一小提琴手」？為什麼必須「天無二日」？符合現代政治基礎理念麼？符合民主自由的世界潮流麼？經得起「革命人民」的質問麼？為什麼中共宣傳什麼，人民就必須跟著轉？黨魁為什麼不能受監督？毛澤東的「文革」為什麼長達十年才「人亡政息」？問號一長串哩，王力先生經得住駁問否？

崇毛乃「文革健兒」一大共性。邱會作反思能力相對較強，最後仍堅持——

毛澤東起正面作用的時間長，文化大革命的錯誤在他一生中畢

---

1 《王力反思錄》，北星出版社（香港）2008年第2版，下冊，頁880、849。

竟還是短的。[2]

言出旨顯，毛的「正面作用時間長」，邱氏立場在黨不在國。邱仍感激毛為中共打下天下，他們得以一個個高官厚祿，故意忽略毛的禍國巨罪。如今中宣部都只歌頌「改革開放」，不好意思再提1949年後的毛氏「治績」，為何？

不服氣

文革人物的自傳自評，如陳伯達、江青、黃永勝、吳法憲、李作鵬、邱會作，上海的徐景賢、朱永嘉，北京的聶元梓、蒯大富、韓愛晶，無一人真正服氣。這些人物的品格境界，從他們敘述文革的口吻清晰流出，仍一個個「憶往昔崢嶸歲月稠」，不僅無懺無悔，還帶著難以掩飾的豪邁得意。對他們來說，小人物翻然成要角，指點江山起來，一生也就這段日子「無限風光在險峰」。聶元梓、徐景賢的自傳，此種「得意」溢透紙背。

文革紅角只承認政治失敗，不承認「主義」失敗，輸事不輸理。即便承認當年的錯誤，亦屬「路線錯誤」，個人沒多少責任，不需要道歉，毋須懺悔。對於全面徹底「否定文革」，當然不服氣：這不，還是毛主席有遠見，資本主義復辟了不是?!

《邱會作回憶錄》定型1990年代，邱會作不服氣「公審」，從根子上不認同鄧小平——

如果說毛主席晚年有什麼錯誤的話，他最大的錯誤就是看錯了鄧小平。鄧小平不是「永不翻案」，而是在他得勢後掘了毛主席和共產黨的「祖墳」。[3]

邱甚至認為應該搞一點個人崇拜——

個人權威一點不搞，也不行吧，連個權威都沒有了，也不行

2　程光：《心靈的對話》，北星出版社（香港）2011年版，下冊，頁936。

3　《邱會作回憶錄》，新世紀出版公司（香港）2011年版，下冊，頁909。

呵。[4]

2004年，九旬老翁李作鵬（1914～2009）上書中共中央，再次為林彪鳴冤——

……「擁護」變成錯誤，拍馬屁拍到馬腿上，烈馬揚腳一踢，把林彪踢翻了，落在臭水坑裡，慘不忍睹，臭不可聞。毛澤東對待幾十年南征北戰、出生入死、同甘共苦的親密戰友，多麼無情無義。

李作鵬最後的政治遺言——

我相信社會主義、共產主義最終會勝利！[5]

級別較低的上海文革弄潮兒朱永嘉（1931～ ），學出復旦歷史系，師從譚其驤、周予同等名家，文革時上海市委大批判寫作組總負責人，姚文元《評〈海瑞罷官〉》重要贊助者（參與寫作），為王洪文講解《後漢書・劉盆子傳》。復旦史家朱維錚（1936～2012）——

評《海瑞罷官》如果沒有朱永嘉的出力，姚（文元）再有水準，也不可能寫出來。

文革期間，朱永嘉深得張春橋、姚文元器重。「四人幫」被抓，朱永嘉高呼：「還我江青！還我洪文！還我春橋！還我文元！」力主上海民兵有所動作，鐵杆「三種人」。文革結束後，隔離審查五年，1982年領刑14年，1988年提前釋放。2000年前後，七旬朱永嘉以不屑一顧的態度對來訪者說——

我們當年看中的人（按：指余秋雨），現在不也很紅麼！[6]

2011年，戚本禹在香港出集《評李秀成》，還是那麼崇毛迷毛，無限懷念「崢嶸歲月」。再讀他那篇成名作，裡面的「無產階級專政」、「農民起義」，那麼「初級階段」、那麼隔閡遙遠，中共都已放棄階級鬥爭，階級學說這張皮都爛了，依附其上的戚氏之毛，還有

---

4 程光：《心靈的對話》，北星出版社（香港）2011年版，下冊，頁935。

5 《李作鵬回憶錄》，北星出版社（香港）2011年版，下冊，頁883、844。

6 古遠清編著：《庭外「審判」余秋雨》，北嶽文藝出版社（太原）2005年版，頁171、141。

什麼價值？這段赤色蹤跡，還有什麼光芒？

五大紅衛兵領袖

最初，「五大領袖」還真以為自己是「無產階級接班人」。1967年6月25日，周恩來傳達「最高指示」——

省市一級還是要幹部掛帥，紅衛兵小將往往是今天上台，明天被打倒，政治上不成熟，還不能當省市的革委會主任。[7]

「五大領袖」先甜後苦，早早星光黯淡。北師大調幹生、「井岡山公社」女頭頭譚厚蘭（1937～1982），第一個回應聶元梓，貼出批判北師大黨委的大字報。主要「功績」：在康生（一說戚本禹）授意下，帶領200餘北京紅衛兵上曲阜造反；1966年11月9日～12月7日在曲阜成立「澈底搗毀孔家店革命造反聯絡站」，11月28～29日於曲阜師院舉行「搗毀孔家店」十萬人大會；接著砸三孔（孔府、孔廟、孔林），毀壞文物6618件，燒毀古書2700餘冊，字畫900多軸，砸碑千餘座，包括國家一級文物七十餘件，珍版書籍1700多冊。挖開第76代「衍聖公」孔令貽墳墓，曝屍批判；押解經學家周予同教授到場開挖孔子墳墓。譚厚蘭後任北京市革委會常委兼北師大革委會主任，1970年6月隔離審查，10月發配農場勞動。1975年8月，送北京維尼綸廠監督勞動；1978年4月以「反革命罪」逮捕；1981年查出宮頸癌保外就醫回湘潭；1982年6月免於起訴；11月去世，終身未婚。如今，譚厚蘭仍「名揚」曲阜，魯人仍惦記著她的「業績」。因不能直接控訴那位「紅司令」，魯人將譚厚蘭銘刻「三孔」告示牌，陳述她1966年對「三孔」的砸燒。

北京地質學院王大賓（1945～ ），該校「東方紅公社」頭頭，北京市革委會常委兼地質學院革委會主任，1971年因「五・一六」

7　中央文獻研究室編：《毛澤東年譜》（1949～1976），中央文獻出版社（北京）2013年版，第6卷，頁94～95。

隔離審查、開除黨籍；1978年以「反革命宣傳煽動罪」、「誣告陷害罪」被捕，關押武漢第一看守所，武漢中院判刑9年，剝奪政治權利2年，1983年獲釋。[8]出獄後，蟄伏川中都江堰，街道商店臨時出納，後被軍辦貿易公司聘為副經理。

北京航空學院韓愛晶（1945～ ），北航「紅旗戰鬥隊」負責人、北京市革委會常委兼北航革委會主任，1968年底隔離審查，1969年11月分配湖南株洲工廠；1971年3月～1975年9月，再度隔離審查，監督勞動；1978年4月逮捕，1983年以「反革命殺人罪」、「反革命宣傳煽動罪」、「誣告陷害罪」判刑15年，剝奪政治權利3年；1987年獄中接「寬大」通知：仍按大學畢業生待遇回原單位，後調深圳，入國企公司任總經理；2003年內退。

清華大學蒯大富（1945～ ），1966年12月5日張春橋召見，受命搞臭劉鄧，發動「打倒劉鄧」，並將這一口號推向全國。[9] 1967年1月8日，毛澤東在中央會議上說：「搞革命不一定非要部，教育部管不了，我們也管不了，紅衛兵一來就能管了。陶鑄的問題我們沒能解決了，紅衛兵起來就解決了。」[10]此時，毛澤東需要紅衛兵衝鋒陷陣。等到打倒劉少奇，紅衛兵運動精華已盡，便是「小將犯錯誤了」。1968年底，蒯大富被毛澤東拋棄，流放寧夏青銅峽鋁廠（技術員）；1970年11月押回清華審查，1973年北京石化總廠監督勞動，1978年4月19日清華大會逮捕。

儘管1980年蒯大富出庭揭發張春橋，1983年3月10日仍以「反革命煽動罪」、「殺人罪和誣告罪」重判17年，剝奪政治權利4年，先押秦城，後移青海；1987年10月31日釋放，回青銅峽鋁廠。1988年8

---

8 《吳法憲回憶錄》，北星出版社（香港）2007年第2版，下卷，頁615。《毛澤東年譜》（1949～1976），中央文獻出版社（北京）2013年版，第六卷，頁175。

9 黃崢：《王光美訪談錄》，中央文獻出版社（北京）2006年版，頁412。

10 董寶訓、丁龍嘉：《沉冤昭雪：平反冤假錯案》，安徽人民出版社2003年版，頁82。

月，娶北大78級女生羅曉波（育一女）；1992年山東蓬萊登州鎮司家莊某公司總工；後赴常州、深圳，受聘民營公司。深圳只准其妻女落戶而不准蒯，多年申請才在山東獲得護照，方可出國旅行。公安機關始終禁止他接受記者採訪。[11]一位與蒯有交往的清華文友告知筆者：蒯經商失敗，四次中風，入住養老院，行動不便，妻子離婚，仍懷有六八年情結，評曰「一個真正的悲劇人物！」

北大聶元梓（1921～ ），16歲加入中共，1950年十二級高幹，十年文革八年審查（毛澤東批准），1973～77年下廠勞動，1978年4月19日被捕；1983年3月北京中院以「反革命宣傳煽動罪」、「誣告陷害罪」判刑17年、剝奪政治權利4年；1984年6月保外就醫，1986年假釋。出獄後20年無住房，14年無收入。聶元梓不認同全盤否定文革，港版回憶錄中認為文革也有值得肯定之處。

不認賬

這一派「一號」非余秋雨莫屬。此派人士大多文革後再次「起來」，享有一定社會聲譽，十分愛惜羽毛。他們深知文革髒臭，身下壓著文革屎尿，死扛死捂，絕不承認與文革的關係，尤其不能承認與文革寫作班子「石一歌」之類有染。

余秋雨在直面個人歷史的勇氣上，很令絕大多數國人看不懂。原本低個頭認個錯，檢討幾句也就過去了，誰會去揪文革青年的「當年盲從」？誰還能不理解那會兒年輕人的「跟著走」？偏偏余先生不肯認賬，狀告古遠清、肖夏林「誣衊」，激起社會共憤，忽忽然形成聲勢頗壯的「揪余派」。最後越描越粗，弄得全國人民皆知余先生確有一根「文革小辮子」，當年不僅「下水」，而且還是「石一歌」主要筆桿，以及上海大批判寫作組下屬文藝組的「第一號種子選

11　丁東：〈追隨毛澤東的「反革命」——重訪原首都高校紅衛兵領袖〉，載《當代中國研究》（美·普林斯頓）2006年夏季號，頁72～81。

手」。[12]

一位余秋雨老同事（原上海市委寫作組成員），2002年致信古遠清——

我已漸漸看淡了遠去的刀光劍影，當時鬧得挺凶，過了若干年，只是泡沫而已。[13]

這位文革遺老的心態比較典型，看空了，不願提，人生入暮，歲遠事了，大澈大悟，四大皆空，微笑對塵世。這一「看空」心態，在文革遺老中佔相當比例。

金敬邁（1930～），至今火氣最大的文革名人——1967年6～9月中央文革文藝組負責人（相當文化部長），後蹲秦城七年四個月，其港版文革回憶錄《好大的月亮好大的天哪》，充滿控訴、不平，文學激情大於理性思辯，反思力量較弱。

避評當下

文革弄潮兒回憶錄的一個共同特點為避評當下，字裡行間對改革開放不無嘲諷輕蔑。聶元梓、徐景賢、朱永嘉、郭鳳蓮均如是。

倒是老粗吳法憲（1915～2004）對改革開放明確讚揚——

我親眼看到了我們國家發生了巨大的變化，人民群眾的生活水準隨之得到了大幅度的提高。通過比較，我認為這才應該是真正的社會主義，我從內心裡擁護我們黨改革開放的根本國策。[14]

邱會作前面罵鄧小平掘了毛澤東、共產黨的祖墳，晚年也承認——

---

[12] 胡錫濤：〈余秋雨要不要懺悔？——「文革」中余秋雨及上海寫作組真相揭秘〉，原載《今日名流》（武漢）2000年第6期。收入古遠清編著：《庭外「審判」余秋雨》，北嶽文藝出版社（太原）2005年版，頁299。

[13] 古遠清編著：《庭外「審判」余秋雨》，北嶽文藝出版社（太原）2005年版，頁141。

[14] 《吳法憲回憶錄》，北星出版社（香港）2007年第2版，頁982。

鄧小平改革開放有功，了不起。

我真心地為鄧小平、趙紫陽的農村改革大聲叫好！鄧小平好福氣呀，他「摸著石頭過河」，頭一腳就踩了個正著，向前跨了一大步。……中國改革開放的方向是正確的。[15]

林彪四虎將中，邱會作文化程度最高，思考能力最強，回憶錄也寫得最好，但對赤潮禍華這一根本問題，包括文革成因，邱會作盡顯局限，無一點反思。

吳法憲之子吳新潮，「九・一三」前瀋陽飛機製造廠軍代表，一顆冉冉待升的新星。「九・一三」後，他懵然不知原委關入地下室，久不見天日，一段時間竟失明。後發落陝西偏僻農場餵豬、幹農活。他揣著一根電線隨時準備自裁，從雲端跌落塵埃，撰聯「活著沒信心，去死沒決心」。這撥父輩有汙點的「紅二代」從不承認自己是「黑二代」，黃永勝之子黃春光激動地說：「我認為我們仍然屬於這個黨。」[16]

大寨「鐵姑娘」郭鳳蓮（1947～），1999年自由亞洲之聲女記者問她——

大寨人感到「包產到戶」對大寨的農業發展有利還是不利？

郭答：現在已經習慣了，一樣。

女記者再問：從改革開放以來，農業政策的變化，您自己的感受如何？

郭答：我感到還可以吧。

再問：對社會上的一些不良風氣，你們有沒有什麼感受？

郭答：不良風氣慢慢糾正吧，都沒辦法，我們也沒辦法，那個咱們就不要多講了吧，我講不清楚。

---

[15] 程光：《心靈的對話》，北星出版社（香港）2011年版，下冊，頁934、884。

[16] 章劍鋒：〈「林彪集團」後代現狀〉，載《揚子晚報》（南京）2013年1月22日。

女記者終於放棄繼續採訪。[17]郭鳳蓮對改革開放的態度實屬「消極抵抗」。

「五大領袖」為代表的紅衛兵一代，青年時代只誦馬恩列斯毛，自炫「馬列主義彈藥庫」。文革結束後，所學無所用，「語錄」不再吃香，「馬列」不再必須，他們成了曾拼命捍衛的「無產階級專政」的敵人，親友不理解、世人不同情，拋棄、冷落、孤寂，內心那份落差那份尷尬，只能自嚼自咽，自我舔傷。

文革漸遠，文革遺老也一點點走進歷史皺褶，成為一抔尷尬的「歷史垃圾」。惟赤潮留下的意識形態腳手架仍未拆除，還有相當後滯力，整個國家運行在歪斜的意識形態轍道，江澤民還在說——

黨除了最廣大人民的利益，沒有自己特殊的利益。[18]

一個沒有自身利益的政黨，還能存在嗎？還需要存在嗎？中共如今掌握國家全部資源，國庫即黨產，還能沒有自身利益？不僅「自由」距離國人十分遙遠，說點真話都那麼困難、危險。各大社會顯弊（一黨專政、機構龐大、貪腐瀆職、浪費黑洞、新聞自由、貧困群體、訪民日增……），明知其病而無法療治，真正「特殊國情」，怎麼辦？讀書人只有一聲潼關長歎！

初稿：2013-4-1；增補：2013-8-8～22

原載：《開放》（香港）2013年11月號

---

[17] 張敏：《穿牆的短波》（第一卷），溯源書社（香港）2012年版，頁79。

[18] 江澤民：〈在慶祝中國共產黨成立八十周年大會上的講話〉（2001-7-1），載《江澤民文選》第三卷，人民出版社（北京）2006年版，頁280。

可憐聶元梓

若非覺得聶元梓（1921～ ）確有可憐之處，對文革深惡痛絕的筆者，斷不會為這位「文革符號」一掬同情之淚。若非迭經歲月洗滌，有了一定人生積澱，亦無法原諒這位紅衛兵師奶。謝天謝地，我們這代「文革少年」終於有能力從思維深處告別文革——不以文革方式對待文革人物。

十四年無收入

這位造反起家權傾一時的北大「老佛爺」（毛澤東亦呼之），最得意那幾年，北大文革主任、首都大專院校核心組長、北京革委會副主任、中央候補委員。那張「全國第一張馬列主義大字報」（1966-5-25），1966年7月毛澤東捧譽：「二十世紀六十年代的中國巴黎公社宣言書，意義超過巴黎公社。」[1]就憑其「第一紅衛兵」，就夠國人恨她幾輩子——掃進歷史垃圾堆，再踏上一隻腳，叫她永世不得翻身！（文革套語）可是，我得說，聶老太亦可進入「文革受害者」行列——懵裡懵懂跟著成為「發起人」，先打倒別人再打倒自己，哪頭都不落好。十年文革八年審查（毛澤東批准），文革後判刑17年（實際蹲監六年），剝奪政治權利四年，出獄後20年無住房，14年無收入，失去生活來源，後半生過得很不咋的。

聶元梓與趙紫陽同鄉，出生河南滑縣名醫之家（望族大戶），1934年入開封北倉女中，其兄聶真乃滑縣最早中共黨員。1937年7月，聶元梓赴太原入國民師範，接受「犧盟會」軍訓，參與中共情報

---

[1] 毛澤東對中央首長的講話，載《學習資料》（毛澤東講話集，1962～1967），內部資料，頁239。

工作；1938年入晉城華北軍政幹校，同年入黨；1939年送延安，入中央黨校；抗戰、內戰期間吃盡苦頭——

女同志來了例假，也照樣跟著部隊行軍打仗，褲子貼在身上，濕了乾，乾了又濕，誰都不叫一聲苦。（頁35）

1933～37年，聶家七兄妹六位先後入黨，惟二哥一生從醫，也是「烈屬」。聶家父母（地主）捐出土地隨軍行醫，一路跟進北京城，聶家對中共可謂「滿門忠良」。以聶家出身，足以說明階級成分論的荒謬。「我們家的經濟狀況是非常好的……我們家有幾百畝土地。」（頁4）偏偏這麼一位「必須打倒」的封建地主，卻出了一窩共產黨。

1946年，聶元梓任哈爾濱區委宣傳部長，1950年12級青年高幹。她為中共奪權奉獻全部青春，數度腳踏鬼門關，因陷身文革，坎坷半生，如此下場，被革命吃掉的另類人物。她的被「吃」很完整——從物質到精神。若非聶老太生命力頑強、申冤意志強烈，硬扎活到今天（83歲），她的故事與冤情真有可能永沉海底。

聶元梓當有自辯權利，何況她確有冤情。否則，老「右」王若水也不會為她的回憶錄寫序。

聶傳中不難看出這位革命者階級鬥爭之弦繃得何等緊。她將中組部長安子文與鄧家姐妹的「生活問題」及洩密事擺說給幾位朋友，請他們分析，幾位四旬赤婦都斷定鄧家姐妹必為特務無疑。聶晚年自剖：「過分單純的頭腦把事情想得過分複雜了。」（頁106）

拋棄與審判

1968年7月28日3:30～8:30，毛澤東率林彪、周恩來、陳伯達、康生、江青等召見北京紅衛兵「五大領袖」，定調「現在是輪到你們小將犯錯誤的時候了。」[2]27日，毛澤東為制止清華大學兩派紅衛兵4月

2 中央文獻研究室編：《毛澤東年譜》（1949～1976），中央文獻出版社（北京）2013年版，第6卷，頁175～176。

23日以來的百日武鬥，派出「工宣隊」收繳武器、拆除路障，近三萬工宣隊員開進清華，蒯大富下令武力「還擊」，打死五名工宣隊員，幾百名受傷。毛澤東當晚召見「五大領袖」，要紅衛兵聽命工宣隊。紅衛兵失勢，紅衛兵運動結束——「完成歷史使命」。[3]

六六屆北京高中畢業生李冬民（1947～ ），革幹子弟，北京中學多數派（四四派）紅衛兵領袖、「首都中學紅代會」核心組長、北京市革委會常委，江青改名「東民」，1968年放逐張北部隊農場。[4]

1972年6月28日，毛澤東評議被他拋棄的「造反派」——

所謂的「左」派現在在班房裡頭……我們這裡早幾年天下大亂，全國各地都打，全面內戰，現在好多了。外交部被那些「左」派奪了權，有一個半月權不在我們手裡，在那些所謂「左」派手裡。這些所謂「左」派，其實就是反革命。[5]

1968年10月，聶元梓進「學習班」，隔離審查，淪為「掃廁專家」（晚年自詡能將再髒的廁所打掃乾淨），批鬥百餘場。因全國知名的「文革符號」，周恩來堅持提名，聶元梓以受審之身參加中共「九大」，進入九屆中候委。九屆二中全會，她想提交申訴，被冤搞串聯，遭周恩來點名批評。「這日子還能過嗎？真不如死了好。我想吊死在廬山，以此抗議對我的誣陷。」（頁326）

文革結束後，讓她陪鬥此前一直整她的遲群、謝靜宜，感覺冰

[3] 紅衛兵運動，1966年6月中學、大學生「停課鬧革命」，殺向社會「破四舊」，抄家批鬥「黑五類」，更改街名弄名店名，等等。

[4] 李冬民：〈幾度風雨幾度秋〉，載米鶴都主編：《回憶與反思——紅衛兵時代風雲人物》，中國書局2011年版。參見http://blog.sina.com.cn/s/blog_3d25c01601013n4o.html

參見董寶訓、丁龍嘉：《沉冤昭雪：平反冤假錯案》，安徽人民出版社2003年版，頁16。

李冬民1970年入黨，1973年復員北京，1977年1月8日率人在天安門、新華門等地刷大字報，要求天安門事件平反，恢復鄧小平的「三副一總」，華國鋒定為「反革命重案」，判刑6年，1980年釋放。

[5] 中央文獻研究室編：《毛澤東年譜》（1949～1976），中央文獻出版社（北京）2013年版，第6卷，頁175～176、438。

炭同器荒謬至極。她原以為「四人幫」倒台，冤情可申，不料等來的竟是加重刑期。獄中，強迫易名「王蘭」，剝奪姓名權，理由：本名太招搖，「為你好」。

整這些文革派也運用文革手段——不給辯護權，不許申辯！1969年底，聶元梓發配江西農場勞動；1971年初隔離審查，1973年北京新華印刷廠勞動，1975年轉北大儀器廠；1978年4月19日逮捕。[6]1983年3月，62歲的聶元梓以反革命宣傳煽動罪、誣告陷害罪判刑17年、剝奪政治權利4年。審判時，先用「休庭再申辯」穩住她，關掉她面前麥克風。上訴書還未寫完，高級法院的終審判決已下達。（頁361～362）

聶元梓專案名義上歸法院，實由鄧小平、彭真直轄。法院負責人表示：「我們不主張判重刑，但領導一定要判。」彭真說：「這種人不判刑，什麼樣的人判刑呢？」一定要判聶17年，法院負責人表示不好執行，缺乏法理依據。彭真說：「哪有什麼依據？」（頁10）隨後，彭真向鄧小平講了法院方面的意見，鄧、彭以政治局名義發文，責成北京市政法委執行。[7]

聶元梓——

其實大人物要整小人物，還講什麼把柄不把柄，我後來的遭遇更深刻地體現了這一點。（頁89）

既然「徹底否定文革」，當然需要體現「否定」，標誌性人物的聶元梓已無法逃脫「覆巢之卵」。這位誓死捍衛無產階級司令部的第一紅衛兵，罪名竟是「反無產階級司令部」、「積極追隨林彪、四人幫反革命集團犯，參與推翻人民民主專政政權的陰謀活動」。聶的「罪狀」當然在於領銜那張大字報（七人共寫）、北大文革會主任、九屆中候委，標準「文革派」。

---

6 《吳法憲回憶錄》，北星出版社（香港）2007年第2版，下卷，頁614。

7 行雲：〈聶元梓談文革初期內幕〉，載《開放》（香港）2004年6月號，頁79。

鄧小平、彭真當然明白聶元梓不過小嘍嘍，老毛手裡小棋子（毛澤東派李訥找聶元梓密談，要她赴滬發動文革）。[8]1967年1月8日，毛需要紅衛兵為他前驅倒劉，在中央文革會議上如此捧評——

> 要大量轉載紅衛兵報的文章，我們的報紙很死。許多事情宣傳部管不了，文化部管不了，教育部管不了，你們管不了，我們也管不了，紅衛兵一來，就管住了。[9]

鄧小平、彭真無法審判「政權來源」的老毛，只能重判「四人幫」、聶元梓、徐景賢、劉慶棠之流。姚文元判20年，陳伯達、黃永勝、徐景賢、遲群18年，級別較低的聶元梓只好判17年（與吳法憲相同），「洪常青」劉慶棠也17年，以示「級差」。其他「五大領袖」，蒯大富17年、韓愛晶15年、王大賓9年、譚厚蘭已死。

聶被重判除「文革符號」這一特因，聶認為還有一些剪不斷理還亂的隱性因素：一、鄧小平認為其子鄧朴方摔斷腿乃聶所逼，鄧說過：「我什麼時候看到我的兒子，就想到聶元梓。」二、彭真以為聶元梓參與對他的陷害（實僅轉遞材料）。三、文革前夕聶揭發安子文被「女特務」拉下水。政壇多是非，處處沾腥膻。

紅衛兵運動罪孽深重。1966年10月9～28日，中央工作會議「參考材料之四〈把舊世界打得落花流水〉」，載全國部分紅衛兵戰果——

> 據不完全統計，全國各大城市8月23日～10月3日，在抄家中共抄走黃金119.8萬兩，白銀1200萬兩、銀元978.9萬塊、美元355.8萬元、英鎊和其他外幣373.9萬元，現鈔、存款、公債券等4328萬元，金銀首飾等1719萬件，綢緞和布95萬尺，文件約1億件，書刊524萬冊。全國各城市破獲現行反革命案件1788起，從城裡趕走「牛鬼蛇神」39.74

---

8 《聶元梓回憶錄》，時代國際出版公司（香港）2005年版，頁416。

9 中央文獻研究室編：《毛澤東年譜》（1949～1976），中央文獻出版社（北京）2013年版，第6卷，頁30。

萬人。[10]

部分地區或部門抄家情況——

國務院文教部門及直屬單位，抄家1776戶，占在編29975人的6%。北京被抄家33695戶，沒收私房52萬間、黃金10313兩、白銀345212兩、現金55459919元、文物玉器613618萬件，打死1700餘人，趕出北京的「黑五類」8.5萬餘人。上海被抄家84222戶，沒收私房124萬平米，其中高知、教師1231戶。蘇州被抄家64056戶，沒收字畫文物17萬件 。[11]

淒涼晚年

1984年底，聶保外就醫；1986年假釋，但無生活費、無單位、無住房、無醫藥費，無法維持生存。1998年起，街道發放生活費600元／月，可報銷醫藥費，仍無住房。她為中共工作31年（1937～1968），挨整38年（1968～2006），長期陷於「三無」困境，一年要搬幾次家。2004年10月，83歲「紅衛兵師奶」向最高當局呼籲——

我……不認為黨可以剝奪一個人的生存權。我是在生存無著、走投無路的情況下才不得已給最高當局寫信的，信發出後一年餘仍沒有任何回音，在告天不應的情況下，我只能將這兩封信公諸於世。（附錄，頁10）

回憶錄中，她多處悲訴——

黨對自己的犯錯誤的幹部的政策在我身上沒有任何體現，甚至我連戰犯和小偷流氓都不如。（頁473）

沒有想到，我這1937年參加革命的老共產黨員，為黨出生入死，

---

10 卜偉華：《「砸爛舊世界」——文化大革命的動亂與浩劫》（中華人民共和國史．第六卷），香港中文大學出版社2008年版，頁240。

11 胡平、張勝友：〈井岡山紅衛兵大串連20周年祭〉，載伍仁編：《共和國重大事件紀實》，西北大學出版社（西安）1992年版，卷二，頁39。

出獄後的待遇，連國民黨戰犯還不如。（頁478）

19年來，我多次請求黨領導人解決我的生活問題，都得不到合理的應有的解決。致使我的處境連個戰犯都不如！（給胡錦濤的信，附錄第5頁）

一位葉姓作家說聶元梓死於73歲，因付不起打官司費用，她無法向這位宣佈她「已死」的作家討回公道（頁482）。無論如何，她沒得到人道待遇，出獄後四處找地方（借房）捱時度日，流浪20年。2004年11月，當局得知聶老太將在香港出書，為待遇公開呼籲，這才著令民政部門解決其住房，她才結束「流浪」生活。2006年5月16日前夕，她接受香港記者採訪：在賈慶林、王岐山關照下，北京民政局月發補助金1600元。[12]很奇怪：同樣性質的政治犯戚本禹判刑18年，1986年初戚出獄，安排上海圖書館，1992年到點退休，月薪、住房、公費醫療，一切沒問題。

婚姻上，這位紅女亦甚不順。1945年在延安首嫁「筆桿子」吳宏毅（1918～1969），二子一女。聶指說吳宏毅亂搞男女關係，屢教不改，只好離婚，但隱去重大背景。吳宏毅「一二・九」出身，「七・七」後入八路軍學兵隊；1938年入抗大，《新華日報》記者、通訊社採訪科長、《民主日報》總編、哈爾濱總工會主席；1956年哈爾濱副市長；1959年底「反黨集團」成員、階級異己分子，撤銷職務、開除黨籍、勞動教養；1965年解除勞教，哈爾濱農科所工人；1969年死於心臟病，1982年平反。吳宏毅得意時可能「亂搞男女關係」，但聶離婚，吳淪落至少是原因之一。聶元梓未交待重大資訊，很不老實，缺乏直面個人歷史的真誠。

1965年，聶元梓再嫁「槍桿子」吳溉之（1898～1968），湖南平江人，1924年入黨，黃埔四期生，參加北伐、南昌暴動、平江暴動，紅三軍團組織部長、中央局祕書長、軍委組織部長、鋤奸部長、「七

---

[12] 陳陽、阮紀宏：〈當年風光換來晚景淒涼〉，載《明報》（香港）2006年5月16日，A7版。

大」代表；通化省委書記、華中軍政大學副政委；1949年後，最高法院黨組書記兼副院長。吳長聶23歲。聶懷疑吳溉之老朋友安子文情婦鄧覺先姐妹有「特疑」，向康生檢舉揭發，雖然「我對吳溉之心裡既負疚又無奈……既然組織上要我跟吳溉之離婚，我就執行吧。」（頁103）文革中，吳溉之受迫害，1968年含冤去世，1979年平反。

佩服周恩來

聶傳中有一段不經意帶出的「心裡話」——

我就是沒有學會周總理的那種本領，前頭派人去抓你，然後把你請到家裡，給你談心。我要是會這個就好了。包括陸平在內，[13]我要是在鬥爭大會結束以後，再找他談一談，要他忍耐住群眾的批鬥，以後等待平反，就好了。我沒有這種靈活性，沒有這個水平啊。（頁164）

周恩來當眾吹捧林彪——

林彪同志對主席著作學習好。包括蘇聯在內，對馬列原著都沒有掌握好，林副主席掌握好了。（頁312）

聶傳中還能看出毛澤東對教育不懂裝懂，毛當眾說——

哲學有什麼學頭呢？這個哲學是能夠在大學裡學來的嗎？沒有做過工人、農民就去學哲學，那個哲學叫什麼哲學？……（學文學的）不要搞文學史，但要搞小說，每週給我寫篇稿，寫不出來就到工廠當學徒，當學徒就寫當學徒的過程……至於法律恐怕是不太要學為好。

毛在發表這通「教育革命」宏論時，周恩來一旁附和：「高玉寶都進了大學，後來頭腦都僵化了。」（頁289～292）

1970年8月九屆二中全會，聶說自己像一隻膽怯小家鼠，根本沒

---

13 聶元梓等七人「第一張馬列主義大字報」，矛指北大書記兼校長陸平（1914～2002），陸旋被打倒。

什麼活動。吳德回憶錄卻有一段揭發，當陳伯達、汪東興在華北組發言「有人反對毛主席」（揪張春橋）——

北京組的聶元梓又顯示出「造反派」的能量，極其活躍，到處串聯。她找到河北的同志，找了軍隊後勤部門的同志，一直串聯到了吳忠（北京衛戍司令）。她對吳忠說有人反對毛主席，聶元梓也不說具體人。吳忠對聶元梓其人是有警惕的，他說他不清楚情況，也不清楚是什麼人反對毛主席，表示不願意與聶元梓談這樣的問題。吳忠隨即把這個情況告訴了我，說聶元梓在串聯。……8月25日，我給周總理寫了一封信……

周恩來交政治局傳閱此信，專門找吳德談話，要他組織工人委員開會，批評聶元梓，解決她的串聯問題。[14]

聶嫗評毛

聶元梓副手孫蓬一（1931～1990？），山東蓬萊紅小鬼出身，北大文化革命委員會副主任，綽號孫大炮，性格衝動，文革尚未結束即被捕，「現行反革命」，文革後「揭批查」運動，獄中積極批鄧，精神失常，暴死獄中。[15]聶說孫還是看不透。[16]

聶傳清晰透出延安一代終身難悟的思想局限。聶元梓雖然「覺悟」紅衛兵乃毛手中一粒棋子，但對文革深層原因幾無剖析，尤其對中共革命及紅色災難缺乏整體思考能力。1968年7月28日毛澤東率高層集體召見「五大領袖」，結束紅衛兵運動，她竟未能看清這齣古老政治劇的實質——鳥盡弓藏兔死狗烹。

---

[14] 《吳德口述：十年風雨紀事》，當代中國出版社（北京）2004年版，頁118～120。

[15] 周國平：《我的心靈自傳》，三聯書店（香港）2004年版，頁141。

[16] 行雲：〈聶元梓談文革初期內幕〉，載《開放》（香港）2004年6月號，頁79。

聶嫗對毛澤東的最後評價：「功勳卓著、罪惡滔天」。然而，毛的所謂功勳，只是對中共一黨，為中共奪取政權，「革命勝利」的意義僅僅止於奪權成功，1949年後毛澤東的所作所為，實為憑奪權之功行禍國之實，其禍國之烈，超出所有古代君主。血腥鎮反、替金日成買單的抗美援朝、三大改造、肅反、反右、大躍進、大饑餓、反右傾、四清、文革，吾華歷史最黑暗時期。

即便對中共來說，毛澤東也談不上「功勳卓著」，因為中共也讓他給整垮了——從「反右」失信天下到「文革」十年動亂。當然，僅就奪取政權這一點，毛對中共確實功勳卓著，也因此使他有能力「罪惡滔天」，否則誰有本事幹下1949年後一系列頂天極惡？

聶說——

當年為反對一黨專政才參加革命，今天仍是一黨專政；當年為反抗欺壓百姓才參加中共，今天各地還在欺壓百姓；當年中國沒有言論自由，今天中國還是沒有言論自由。

更何況中共已用行動否定了建黨時高舉的三面大旗——階級鬥爭、計劃經濟、公有制。聶對鄧小平的評論亦甚犀利：「改革開放有功，但私心太重，因私心極端化導致了『六四』悲劇。」她對當今政情評曰：「民主化大勢所趨，讓人民生活在沒有恐懼的自由中。」[17]

仍陷赤渦

《聶元梓回憶錄》的主旋律為真誠道歉與急切辯白，聶元梓認罪態度遠勝於徐景賢。聶認為徐景賢「你大概還沒有從夢中完全醒過來吧！」（頁330）不過，這位紅嫗最後仍為參與革命「至今感到自豪」（頁494）、「仍然在堅定不移地追求著我心中的理想」（頁493）、「為人類解放而鬥爭的選擇，絕沒有動搖。」（頁496）

---

17 陳陽、阮紀宏：〈當年風光換來晚景淒涼〉，載《明報》（香港）2006年5月16日。

她認為對文革不能全盤否定——

文革最重要的收穫在於全國人民的腦袋有了自己的思考，以前都是黨說什麼我說什麼，毛主席做什麼我做什麼，文革後人民從沉睡中醒來了。[18]

被「九・一三」震醒的大陸國人，更準確地說是絕大多數中共黨人，從「崇毛」開始「疑毛」，這樣被動的「客觀結果」也是值得肯定麼？也能算是文革的「積極面」麼？能成為文革的「正能量」麼？中國難道需要十年災難來提高政治認識能力麼？

聶嫗不可能達到保共領袖日夫科夫（1911～1998）的反思層次——

作為一個信奉共產主義的老戰士，我一直相信自己是在為國家和人民服務。但是，現在經過思考，我覺得自己一生的前提就是錯的。[19]

民間跳樑文革的大多是小知識分子。福建莆田民辦教師李慶霖（1936～2004），曾任莆田某中學校長，1957年淪「右」，降職降薪，發配城郊公社下林村小學；1972年冒險致函毛澤東，訴說兒子上山下鄉口糧年年不夠吃，至少半年得吃家裡補貼的「黑市糧」，且無一文勞動收入，無法安心務農，李慶霖本人連理髮的錢都沒有。毛接信後壓了幾個月，看了三遍半後回信（1973-4-25）。[20]李慶霖被立為「反潮流英雄」，先任當地革委會副主任，後扶搖直上，中央上山下鄉辦公室副主任，紅極一時；緊跟「四人幫」，轉身魚肉鄉里，稱霸一時，文革後比聶元梓判得還重，莆田中院以「反革命罪」判無期，1988年減為10年徒刑，1994年8月提前出獄。實際服刑18年。[21]

---

[18] 陳陽、阮紀宏：〈當年風光換來晚景淒涼〉，載《明報》（香港）2006年5月16日。

[19] 直言：〈日夫科夫的後悔〉，載《開放》（香港）1991年1月號，頁39。

[20] 中央文獻研究室編：《毛澤東年譜》（1949～1976），中央文獻出版社（北京）2013年版，第6卷，頁476～477、512。

[21] 曠晨、潘良編著：《我們的1960年代》，中國友誼出版公司（北京）2006

聶元梓跟所有文革人物一樣，很難真正面對自己，那段歷史實在太醜，躲躲閃閃遮遮掩掩在所難免。聶說：「校文革這一段，我們沒有指示任何人去批鬥任何一個幹部、教授、教員及學生，沒有逼死人。」1967年秋，當她發現文革這麼無法無天，遠遠超出她的理解與領導能力，自己已無力應付局面，北大「校文革」常委會及中央文革碰頭會上兩次請辭北大校文革主任，想撂挑子（頁280）。但此時哪還容她自由選擇？人在江湖身難由己。

1968年1月，北京街頭貼出「擁護陳伯達同志擔任北京大學校長」，事出周恩來1967年國慶在天安門上隨口對聶元梓說：「我建議陳伯達當北京大學的校長」。但陳伯達認為標語一定出於聶元梓授意：「聶元梓這點很不好，她自己想當北京大學的校長，她又沒有學問，哪有這個資格？我對她說，北京大學的校長，不能讓沒有學問的人當，周培源可以當，因為他有學問。」[22]

幸虧有個香港

小小一角的自由港為中國現代史保存了許多稍縱即逝的資料，國人能從非官方角度窺探歷史真相。也多虧聶元梓熬活至今，最後在香港找到「話筒」——

我在堅持和等待中生存了下來，也終於講了我藏在心裡很久的話，我也可以無憾了。（《回憶錄》結尾語）

真正拼身體拼壽命，誰活得長誰才能發聲自辯，才有機會洗刷一二。早早亡故，冤沉海底矣！

聶嫗還有兩大「奢望」：一、重返北大，不想吃民政部門救濟飯；二、推翻加身罪名。但中共更替三代領導人，她寫了無數申辯

年第2版，頁148。

[22] 陳曉農編纂：《陳伯達最後口述回憶》，陽光環球出版公司（香港）2005年版，頁367。

信，都石沉大海，只能無奈地「相信歷史吧！」然而，等我們這撥「文革少年」也成為過去時，誰還會對文革這盤老豆腐賬有興趣？誰還會耗時費力瞭解這段歷史的彎彎曲曲？歷史會為聶元梓翻案麼？還能將她從恥辱柱上解下來麼？怕是像筆者這點關注都不會有了。

對後人來說，文革人物的內部紛爭，整一個「春秋無義戰」的陰謀政治，誰也掰扯不清是非，誰掌權誰有理，誰在台上誰正確，無是非更無真理。尤其當權者霸住話筒不讓別人發聲，肯定掩蓋諸多「不便發佈」。當歷史的解釋權由掌權者獨享，當政權遠離社會監督，還能保證公平公正麼？能真正「三個代表」麼？沒有產生「代表」的公正程序，能公正完成「代表」的任務麼？對史家來說，撩揭集權制下的政治暗箱，既是一份職業興趣，更是一份歷史責任。

初稿：2006-2-3～7；後增補

原載：《開放》（香港）2006年3月號

民筆批御筆
——愚忠戚本禹

大陸資訊閉塞，《明報月刊》1996年6月號發表的〈御筆痛批御醫——戚本禹批判李志綏的回憶錄〉，筆者最近才得拜讀。儘管晚讀十年，仍激起陣陣驚訝：那麼聰明的戚本禹，怎會如此深陷「毛崇拜」？竟至難以起身？戚先生曾是老毛御筆，本人自然只是民筆。

戚本禹其人

戚本禹（1931～），山東威海人，祖父秀才，1942年春隨家赴滬，就讀滬上中小學，依靠貧寒生助學金入學浦東中學、南洋模範中學。1948年加入中共，1950年5月4日入中南海，歷任中央辦公廳祕書、信訪科長、《紅旗》雜誌歷史組長，靠迎合毛意撰文得寵，進入中央文革小組。

1955年進入「中辦」二科的沈國戚，戚本禹下屬，1998年10月14日接受採訪——

當時戚可是真鑽研毛主席著作，我與戚同一宿舍，他那時還沒有結婚，他學「毛選」常常學到深夜。……他這樣做是專門迎合毛主席的需要，寫東西也是投其所好，結果戚本禹爬上去了。

1998年10月15日，另一位「中辦」女祕書景文煥接受採訪——

戚本禹這個人就是想方設法往上爬，寫文章總是看風向。後來他寫李秀成的文章、批翦伯贊，你說他對歷史有什麼系統研究？文革中他回到中南海，把楊尚昆打成地下司令部的黑司令，當時我們提了點意見，就成了楊家死黨。[1]

---

[1] 智效民：〈一個中南海右派分子的悲劇人生〉，載《領導者》（香港）

一文竄紅

1963年第4期《歷史研究》，戚本禹發表〈評李秀成自述〉，指斥太平天國忠王李秀成為叛徒，得毛賞識，迅速竄紅，升任「中辦」祕書局副局長、《紅旗》副總編，後入中央文革小組，再升「中辦」代廳長、毛澤東大祕。陳伯達、康生見毛都得通過他，權重一時，得號「戚大帥」，中央文革組長陳伯達都搬不動他。[2]1967年2月10日，毛澤東提名關鋒、戚本禹列席政治局常委會。[3]

文革初期，北京民族文化宮武鬥，市委書記吳德都制止不了，反被困在那裡。戚本禹祕書找了兩派的人，一說是戚祕書，中央文革派來的，竟解決了武鬥。吳德感慨萬分：「我不由暗歎，我一個北京市委第二書記，說話還不如人家的一個祕書頂用。」[4]戚本禹在江青、張春橋唆使下，策動中南海造反派成立「造反團」、「戰鬥隊」，貼朱德的大字報：「黑司令」、「大軍閥」，北京街頭也出現標語：「打倒朱德、打倒康克清」。戚本禹還教唆北航韓愛晶貼出標語：「打倒陳毅」，成立「批陳聯絡站。有一陣，戚本禹想當北京革委會主任。

中南海造反派頭頭

1967年3月30日，《紅旗》1967年第5期發表戚文〈愛國主義還是賣國主義？——評反動影片《清宮祕史》〉（經毛審定），4月1日

2015年4月號，頁125～126。

2 葉永烈：《陳伯達傳》，人民日報出版社（北京）1999年，下冊，頁617、620。

3 中央文獻研究室編：《毛澤東年譜》（1949～1976），中央文獻出版社（北京）2013年版，第6卷，頁50。

4 《吳德口述：十年風雨紀事》，當代中國出版社（北京）2004年版，頁41。

《人民日報》等大報轉載，首次不點名地稱劉少奇「黨內最大的走資本主義道路當權派」，毛評「寫得很好」[5]，因該文符合老毛徹底打倒劉少奇之需。劉少奇閱後憤曰——

這篇文章講了許多假話，黨內鬥爭從來沒有這麼不嚴肅過。[6]

1967年1月12日，戚於釣魚台16號樓召集「中辦」一些人開會：「中南海冷冷清清，外面轟轟烈烈。劉少奇、鄧小平、陶鑄在中南海很舒服，你們為什麼不去鬥他們？你們可以貼大字報揭發朱德，可以去婦聯點火揭發康克清。」當晚，中央辦公廳祕書局七八十人闖進朱德家，圍鬥康克清，並在中南海西門等處張貼誣陷朱德的大字報、大標語。

1967年7月中旬，江青、康生、陳伯達在毛授意下，安排對劉少奇、鄧小平、陶鑄夫婦進行批鬥。戚本禹慫恿韓愛晶殘酷批鬥彭德懷，打斷彭肋骨。7月18日凌晨，戚本禹在大會堂再召集中南海機關一些人開會——

前幾天中南海圍鬥了劉少奇，規模小，有人圍鬥他總是好，但是火力不強。……對劉少奇、鄧小平、陶鑄要面對面鬥爭。……要使他們威風掃地，要殺氣騰騰，可以低頭彎腰。

戚還作了具體佈置——

搞幾個戰鬥組織，有的搞劉少奇，有的搞鄧小平，有的搞陶鑄。王光美、卓琳也要搞。

當天，中南海300餘人批鬥劉少奇和王光美、鄧小平和卓琳、陶鑄和曾志，先後抄了他們的家。吳德說「王關戚」（中央文革「小三」，「大三」為江青、陳伯達、康生）：「他們得意的日子不長，卻罪惡累累。」[7]

5　中央文獻研究室編：《毛澤東年譜》（1949～1976），中央文獻出版社（北京）2013年版，第6卷，頁68。

6　黄崢：《王光美訪談錄》，中央文獻出版社（北京）2006年版，頁417。

7　《吳德口述：十年風雨紀事》，當代中國出版社（北京）2004年版，頁王光美也控訴——

戚本禹卻指使中南海一些人成立造反團、戰鬥隊，幾次到我們家批鬥少奇和我。造反派讓我們低頭彎腰，叫少奇同志背語錄本上的某頁某段。……

這次批鬥……具體組織實施的人是戚本禹。他們組織了幾批造反派，在批鬥劉少奇和我的同時，也分別批鬥了小平、卓琳同志和陶鑄、曾志同志。

1967年8月5日，天安門廣場召開百萬人批判「劉、鄧、陶」大會，同時在中南海組織了三四百人批鬥少奇和我。批鬥會由戚本禹的祕書王道明主持，曹軼歐等都參加了，還拍了電影，這次批鬥會是最兇狠的一次，造反派對我們拳打腳踢，人身汙辱也更厲害。69歲的少奇被打鼻青臉腫，行走困難。[8]

好日子不長

戚的好日子不長。1967年8月26日，王力煽動外交部造反派奪權的「八七講話」被毛批「大大大毒草」，關鋒主持起草的《紅旗》社論鼓吹「揪軍內一小撮」，被毛認定「破壞文化大革命，不是好人」，命周恩來逮捕兩人。唇亡齒寒，戚本禹岌岌可危。毛因惜戚才暫時保了他：「嚴肅批評，限期改正，再看一看，能不能分化出來，看他改不改。」[9]這一過程中，吳法憲揭發關鋒欲扳倒康生（關鋒向毛呈遞康生幫劉少奇修改《修養》手跡），引起毛懷疑，加上戚未將一批上海來的舊報刊（有關江青三十年從影）呈遞江青，故於1968年

63～66。

[8] 黃崢：《王光美訪談錄》，中央文獻出版社（北京）2006年版，頁414、428～429。

[9] 中央文獻研究室編：《毛澤東年譜》（1949～1976），中央文獻出版社（北京）2013年版，第6卷，頁113～114。

初倒台，成為「王關戚」。[10]毛很清楚「王關戚」乃自己一手提拔，絕對忠心，但為平息軍派對文革的怨氣，以防軍隊失穩，只能借用三位青年的「政治生命」。毛御批不得提審「王關戚」。[11]

1968年1月14日，戚本禹被毛江拋出——「請假檢查」，中南海懷仁堂直送秦城。1月26日，王力、關鋒也移押秦城。[12]中央文革三位「小三」終於再次聚首，這回可是一個澈底清靜的地方。

中央文革「小三」集體倒下，時任江青祕書閻長貴分析——

我想是為了某種政治需要吧，如安撫和穩定軍隊等——因為當時『文革』觸動軍隊了，在全國到處掀起「揪軍內一小撮」的聲浪。1967年8月30日，關鋒被毛澤東拋出來，實際上是作「替罪羊」和「犧牲品」的。

毛搬借三位「小三」的政治生命向全國老軍幹示意：「揪軍內一小撮」乃三個壞人所為，軍隊不搞「文革」，以穩住老軍幹對自己的忠心。

8月30日，周恩來在中央文革碰頭會上傳達毛澤東的決定，宣佈對王力、關鋒隔離審查，戚本禹送他們到釣魚台二號樓，對警衛說：他們還是首長，你們要好好對待。還以為兩位兄弟過一陣就能「重新出來工作」。[13]

戚案當然也由毛澤東拍板，周恩來在碰頭會上宣佈「立即把他抓起來」，命謝富治當即執行。戚一到會場，衛士一擁而上銬住他。戚大叫：「開甚麼玩笑，要逮捕我？」押上車時，他回頭對姚文元喊：「請你代我向江青同志問好！」其實正是江青要拿掉他，且連他老婆也不放過，要吳法憲將戚本禹兩幼子送到偏遠的青海機場。文革

---

10 《吳法憲回憶錄》，北星出版社（香港）2007年第2版，下卷，頁694。

11 《王力反思錄》，北星出版社（香港）2008年第2版，上冊，頁23。

12 葉永烈：《陳伯達傳》，人民日報出版社（北京）1999年，下冊，頁619。

13 〈江青秘書談江青——閻長貴訪談錄〉，載向繼東：《歷史深處有暗角》，秀威資訊公司（台北）2013年版，頁16、18。

後，吳法憲說，「反軍」的責任，根本搞不清，「王關戚」只是替罪羊，沒有江青支持，他們敢為？[14]

原本就是一齣「兔死狗烹」，劉鄧陶既已打倒，戚「精華」已盡。戚認為之所以被毛江拋棄，乃處置一批上海送來的有關江青早年從影的材料失當，引起江青懷疑，江青才向毛進言「看來戚本禹保不住」，毛終下決心。

1980年7月14日，戚本禹正式被捕，1983年11月2日北京中院判刑18年（1968年起刑），剝奪政治權利4年，1986年初刑滿釋放，安排上海圖書館藏書部管理員。[15]其實，他也是赤潮受難者，1958年就以「八司馬」事件在中南海挨過整。[16]戚本禹深陷赤漩，真誠相信毛的「繼續革命」，先打倒別人，再遭別人打倒。

不認為毛獨裁

令筆者萬分驚訝困惑難解：老毛御筆送戚入獄（戚稱毛是其「難星」），大苦大難的戚先生，何以大夢至今未醒？仍是鐵杆毛迷一個？

1996年，他與好友之子（美國《達拉斯時報》編輯）談到——

說毛澤東是「封建帝王」實在比指鹿為馬、指黑為白還要荒謬。說毛澤東「專制獨裁」也是信口雌黃！

戚的根據是蘇維埃時期、延安小朝廷，「就連美國記者斯諾、斯特朗等人都承認這些政府是中國歷史上破天荒的民主政府。」且不

---

14 金鐘：〈吳法憲突破崇毛禁錮〉，載《開放》（香港）2007年第4期。

15 《北京日報》1983年11月3日，參見穆欣：《辦〈光明日報〉十年自述》，中共黨史出版社1994年版，頁370。

16 1958年3月，林克、戚本禹等八位中南海青年幹事上書，反映政治秘書室的問題，引起「中辦」主任楊尚昆等不滿，便借「反右」批判八位青年。毛澤東得知後：「想不到我的身邊也發生了新的『八司馬事件』」。毛保了「八司馬」，從此記住戚名。

說斯諾、斯特朗的紅色身分（「第三國際」特別黨員），也不說江西、延安時期的中共已是「清一色」專政，並無多少民主內質，就算那時是「民主政府」，也無法拉來證明1949年後的「不專制」。不同時空，不同時勢，有多少證明力？

接著，戚本禹先生再發驚人之語——

毛澤東建立的中華人民共和國政府，儘管在民主建設上仍有諸多的缺陷，但它仍是中國歷史上最民主的政府，除了文化大革命這個非常時期，這個政府的所有重大決定，都是經過法定的會議討論通過的；即使是文化大革命時期，各級政權癱瘓了，黨和國家的重大事務，仍然由黨中央和國務院法定的會議討論決定。既然是通過了合法的形式，你並不能說它是專制獨裁！[17]

啊喲喲，余生也晚，不知還有這樣信口雌黃指黑為白的護毛辯士！筆者可抄一段鄧小平語錄——

革命隊伍內的家長制作風，除了使個人高度集權以外，還使個人凌駕於組織之上，組織成為個人的工具……黨內討論重大問題，不少時候發揚民主、充分醞釀不夠，由個人或少數人匆忙做出決定，很少按照少數服從多數的原則實行投票表決。[18]

至於中共政府是「中國歷史上最民主的政府」，那麼請問「鎮反」、「肅反」、「思想改造」是民主嗎？「反右」、「反右傾」是民主嗎？餓死四千餘萬國人的「大饑荒」是民主嗎？十年動亂的「文革」是民主嗎？這還沒說毛像下天安門廣場坦克碾人的「六四」。如果毛澤東的專制獨裁尚未「達標」，那麼他一句話打倒「高饒」、打倒彭德懷、打倒「彭羅陸楊」、打倒「劉鄧陶」、打倒「楊余傅」、打倒……就算通過所謂程序，蓋了橡皮圖章，老毛就能脫籍獨裁者

---

[17] 陸源：〈御筆痛批御醫〉，載《明報月刊》（香港）1996年6月號，頁31、28～29。

[18] 《鄧小平文選》（1975～1982），人民出版社（北京）1983年版，頁289～290。

麼？毛澤東為什麼欣賞秦皇漢武？為什麼最欣賞劉邦、朱元璋？毛……

發動文革，如此政治大動作，毛澤東僅將彭真、陸定一、周揚、許立群叫至臥室，躺在床上要他們草擬有關「文化革命」文件。先推陸定一任組長，「陸在主席面前毫不掩飾抵觸情緒，用三個字表態『我不幹。』口氣堅決。」後推彭真任組長，搞出臭名昭著的〈五‧一六通知〉。[19]跳開政治局常委，直接床前會議佈置，這是民主程序嗎？

1967年2月14日、16日中南海政治局會議，後被定為「二月逆流」的「四帥三副」大鬧懷仁堂，四位元帥——陳毅、徐向前、聶榮臻、葉劍英，三位副總理——譚震林、李富春、李先念，還有余秋里、谷牧，集體反對文革打倒一切、攪亂一切章程的「造反」，葉劍英拍桌斷了小手指，總算「集體意見」吧？19日晚，毛澤東召見周恩來、李富春、李先念、康生、葉劍英、謝富治等，嚴厲批評「四帥三副」——

我等了你們三天，你們不來。如果是這樣，我回湖南，陳伯達去蘇州，江青留在北京，讓你們批判、槍斃。陳老總不是很想王明嗎？把王明請回來做「文革」正組長，你陳老總做副組長……[20]

會議決定譚震林、陳毅、徐向前「請假檢討」。2月25日～3月18日，政治局七次生活會，專題批鬥「四帥三副」。這一大多數政治局委員反對文革的「集體意見」硬被老毛一人壓下去，各地造反派「奪權」，全國只革命不生產。此後，政治局碰頭會由中央文革碰頭會取代。這難道是毛澤東走「組織程序」麼？[21]

---

[19] 〈周邁談周揚〉，載李輝編著：《搖盪的秋千》，海天出版社（深圳）1998年版，頁218。

[20] 《谷牧回憶錄》，中央文獻出版社2009年版，頁156～157。

[21] 中央文獻研究室編：《毛澤東年譜》（1949～1976），中央文獻出版社（北京）2013年版，第6卷，頁55～56。

再舉一證：1971年12月，毛澤東因林彪叛飛深受刺激，急性中風，沒了呼吸，一時病危。大會堂主持會議的周恩來慌忙趕到，指揮搶救。毛澤東漸漸甦醒，周恩來如釋重負，撲到毛床邊，淚水奪眶、語音哽咽、衝口而出：「主席、主席，大權還在你的手裡！」如是民主政制，精明之至的周恩來會衝口而出這句關鍵語麼？都沒回避一下周邊的衛士護士？

都說周恩來最瞭解毛澤東，一輩子侍候老毛，關鍵時刻當然明白老毛最想聽什麼。如此忠心，老毛病癒後仍未放過周恩來。1973年11月，抓住周恩來與基辛格臨時會談未事前指示，指使江青、王洪文召開二十餘天政治局「生活會」，專題批鬥周恩來「等不及了，急於搶班奪權」；江青大叫：「這是第十一次路線鬥爭！」12月9日，毛先後找周恩來、王洪文談話：「這次會議開得很好」。[22]中宣部把關水準實在低，放出如此關鍵細節，還想塑造毛周「親密合作」，可乎？能乎？

戚本禹還拿出毛欣賞英美民主一段談話，證明毛具備民主思想。毛曾對戚等人說：「我們寧可走英美式的民主道路，也不能走法西斯、貝利亞式的道路。」[23]這段談話至多只能證明毛有這方面閃念，並不能證明他真正執行的政策。史家常識：評判政治人物的業績只能根據「行」不能根據「言」。以戚本禹的水準，斷不至於不知這一點。不惜犯低級錯誤以挺毛，實出於他的「階級立場」。

至於大饑荒時期毛不吃肉以自懲、未將財富留給子女、偶而關懷身邊人員，且不說故作姿態，就算真性真情，仍無法抹去他的「滔天罪惡」——除直接禍害一兩代人，至少耽誤國家三十年發展。那點「道德閃光」（且不說種種反面汙點），還有多少分量？多少光芒？

---

[22] 周秉德：《我的伯父周恩來》，人民出版社（北京）2009年版，頁248～251。

[23] 陸源：〈御筆痛批御醫〉，載《明報月刊》（香港）1996年6月號，頁29。

政治首領，重在治國。老百姓說話：唐玄宗如能識破安祿山之偽，避免安史之亂，莫要說寵幸一個楊貴妃，就是給他十個楊貴妃也中！

戚還說：「我不感到他比我所見到的任何領導人更缺少民主。」你的個人感受能代替綜合全面的判斷嗎？能駁倒如山反證嗎？

如此護毛

毛明明死不認錯，一再說「我是不下罪己詔的！」大饑荒蔓延全國，1960年5月29日，安徽鳳台縣殷澗公社書記張少柏化名「石求明」向毛寫信告急。此信作為反動信件轉回鳳陽縣委，縣委責成公安局查辦。內容摘錄——

中央並主席：

我打跑了個人得失念頭，確立以黨和人民得失為重，才決心反映鳳陽縣去冬今春人口大量死亡的情況。據我知道的三個公社四個莊子的人口死亡情況是極為驚人的。一個死亡占5%，一個死亡11%強，一個15%，一個占20%多。……在死人最嚴重的時候，有的村子一天死5～6人。有的村子幾乎無人了，跑的跑，死的死。我親眼看到住在我們臨淮關上的招收起來的被大人丟棄的兒童約三四百人，死了100名左右。……[24]

然而，1960年初上海政治局會議，毛仍鼓吹「反右傾」正確必要，拔高當年鋼產量，甚至放言1972年鋼生產將達15億萬噸，「把世界各國都拋在後面！」就惦著自己「建功立業」，創不世奇功，根本不把百姓生命放在眼裡。

戚本禹一再嘲笑李志綏醫家充評家，外行充內行，但戚先生自己也實在很外行，以微遮彰，以小掩大，只說毛的小節小事，避開毛

---

[24] 王立新：〈毛澤東以後的歲月——安徽農村改革紀實〉，原載《昆侖》（北京）1988年第6期，參見伍仁編：《共和國重大事件紀實》，西北大學出版社（西安）1992年版，卷三，頁64～65。

的大罪大惡，哪裡還有一點唯物主義的味道？僅僅根據毛某一言行，便判定「毛澤東至少是一個『善補過』者吧！」真不知毛的「善補過」於何處？

從戚本禹的言談中，只能看出徹頭徹尾的實用主義。他要證明毛並非獨裁，而這一求證實在艱難，饒是戚御筆乃處處捉襟見肘，自相矛盾難圓自說。如他說「毛澤東掌握著全中國的財富，但他的子女除了分得一點稿費外沒有分得任何財產。難道世界上有這樣的封建帝王？」既然認定毛不是封建帝王，又何來「掌握全中國的財富」？設若毛掌握了全中國財富，還不具備帝王性質麼？眾所周知，憑藉現代通訊與嚴密組織系統，毛澤東的專制能力遠超古代帝王。毛發佈一通言論，全國百姓得連夜上街慶祝，放下一切，學習領會。1975年秋就連兩部電影（《創業》、《海霞》）、一場音樂會（紀念聶耳、冼星海），都得煩勞這位老病翁御筆親批。11月1日閱准周海嬰奏請：1958年下放北京文化局的魯迅博物館劃回國家文物局並增設魯迅研究室。[25]集權如此，哪一位舊時帝王可與比肩？

戚先生甚至用文革已有八億人口證明大饑荒沒死多少人，否認「大躍進」造成的大災禍，牛頭馬嘴，根本對不上。文革時的人口總數，能證明十年前「沒餓死多少人」麼？中國人多，此乃事實，但這能成為餓死四千餘萬人也無所謂的理由麼？尤其不能容忍的是：戚本禹認為文革之災乃是中國走向成熟必須經歷的苦難——

在當時歷史條件下的文化大革命的發生是必然的，誰也逃脫不了。……我們這個空前巨大的民族群，只有通過苦難的歷程，才能臻於成熟，歷史只能對此發一聲深深的歎息。[26]

難道文革乃吾華必須支付的歷史學費麼？只能發一聲「深深

[25] 中央文獻研究室編：《毛澤東年譜》（1949～1976），中央文獻出版社（北京）2013年版，第6卷，頁600～602、611～612、618～619。

[26] 陸源：〈御筆痛批御醫〉，載《明報月刊》（香港）1996年6月號，頁30、29、34。

的歎息」？不能責怪中共？更不應責怪老毛？既然毛共那麼「偉光正」，為什麼會有這一聲「深沉歎息」？國人又為什麼只能一聲「歎息」？為什麼中共至今還不對這一聲「歎息」檢討？為什麼遮著攔著「淡化」？

戚本禹嘲笑李志綏將文革肇因歸於倒劉，認為李志綏史學水準太低，還未跨過歷史探索門檻。戚論據：「歷時十年、牽涉到億萬人民命運的一場運動，不可能根源於一、二個人的權力之爭。」那麼，高明的戚先生，能為我們芸芸愚眾指出文革肇因之祕麼？戚本禹在羅列了一些雲山霧罩的概念之後，並未給出擲地有聲的結論。他在嘲笑別人的錯誤後，轉身而出，未出示他的「正確」。

層次太低

當然，戚本禹有他的發言權，可以為他的觀點辯護，可以閉眼指認毛共時代是「中國歷史上最民主的政府」，但能得到幾個認同者？尤其能得到幾位史家的認同？

讀畢戚文，強烈感受到戚本禹還沉浸那個時代，或者說只願停留在那一時代。這番戚論也讓我真正領教御筆水準——不過爾爾！戚先生18歲進中南海，一個高中肄業生，文革初執掌《紅旗》雜誌歷史組，不到35歲，能有多少學養？1967年《紅旗》第5期那篇〈愛國主義還是賣國主義？——評反動影片《清宮祕史》〉，將清廷大員趙舒翹寫成「趙舒饒」，被毛澤東「御糾」一小把。[27]

戚本禹似未接觸西方近代人文學說，更談不上什麼理解。學識如此之淺，毛澤東竟倚為「御筆」，可見毛的層次實在不高，一名青

---

[27] 中央文獻研究室編：《建國以來毛澤東文稿》，中央文獻出版社（北京）1998年版，第12冊，頁292～293。
閻長貴：〈對劉少奇的大批判是怎樣發動的？〉，載《炎黃春秋》（北京）2009年第7期，頁9。

年小知都能對付下來。用什麼層次的人，當然說明用人者自己的層次。文革之初，毛對戚的倚重大大超過張春橋、姚文元。如此知遇之恩，戚進了秦城也不怨恨毛親筆批捕，只怪江青從中搗鬼作祟——「她會因一些誤會和形勢需要，把我視為仇讎。」[28]

許多材料表明：三位中央文革「小三」，依靠文革發跡的紅色秀才，野心膨脹，不可一世——「揪軍內一小撮」，甚至要倒周恩來，康生，毛於是批示「拿掉」，但想保一下戚，五個月後才送戚去秦城。吳法憲根據道聽塗說，指說戚倒台是「江青懷疑戚本禹對李納有非分之想」，戚以為江青寵他，忘乎所以，想做駙馬[29]，吳法憲此說遭戚本禹嗤鼻。[30]

1967年8月30日，王力、關鋒收審當天，戚本禹將兩人送到「目的地」（釣魚台二號樓），回來後，周恩來離開會場，江青哭了。閻長貴——

> 「文革」後，戚本禹把江青哭的事情告訴關鋒，關鋒認為江青哭是真的，所以他對江青始終懷有好感。……他對毛一直懷有知遇之恩。[31]

左士有一共同特點：邏輯上以偏概全——以十分偏狹的微小證據支撐宏大結論；信仰上無視現實——高舉未來豔旗；態度上極端排異——認為包打天下絕對正確；行動上實用主義——惟權是瞻迷信暴力。戚先生一張嘴就原形畢露。如說「五・一六通知」為政治局集體通過，全盤否定文革本身就是一大荒謬。戚本禹如此表現，也有一大好處——讓世人更深刻理解赤潮之偏與文革的社會基礎。

---

28 戚本禹：《評李秀成》，天地圖書公司（香港）2011年版，頁15。

29 《吳法憲回憶錄》，北星出版社（香港）2007年7月第2版，下冊，頁695。

30 《戚本禹回憶錄》，中國文革歷史出版社（香港）2016年版，下冊，頁695。

31 〈江青秘書談江青——閻長貴訪談錄〉，載向繼東：《歷史深處有暗角》，秀威資訊公司（台北）2013年版，頁18。

文革後重新審理「王關戚」，王力、關鋒開除黨籍，鄧小平決定免予起訴兩人，獨送戚本禹上法院。1986年1月，戚本禹出獄，要求回滬入上海圖書館，從事史料整理。1991年後，戚本禹在中華易學大辭典編委會任常務副總編，並任上海世貿通化工公司高級顧問。葉永烈採訪過戚：戚說和葉談文革，是他惟一一次與別人談文革，也是最後一次。看來，文革對戚相當「不堪回首」。

初稿：2006-2-10～11；增補：2008-6-22；2016-7-12

原載：《開放》（香港）2006年6月號

評戚本禹《評李秀成》

文革流星戚本禹（1931～），蹲秦城18年，1986年出獄，蟄伏上海圖書館收藏部，演出早已結束。偏偏他最看不上的資本主義淵藪香港，還有出版社惦著他的「崢嶸歲月」。天地圖書公司2011年出版其《評李秀成》，收入他1964年攪出「揪查叛徒」大潮的兩篇文章及〈李秀成自述〉。

八旬出集，還是惹出政治大禍的文字，按說多少會有一點「晚年悔少」，應該有點總結歷史的態度吧？可出於「階級立場」，戚翁毫無此意，仍以毛澤東「十六字批語」自豪不已，堅持階級鬥爭、農民起義等赤色邏輯，還在運行文革思維。2009年所撰序文，以堅決捍毛形象自居。序文尾句——

是啊，對待這些反華、反共、反毛的右派，我們是太缺乏警惕了！

香港出版社尊重言論自由，沒刪去這些「反動言論」，國人得聞這位文革弄潮兒的晚年真聲——帶著花崗岩腦袋去見毛澤東。他最後的遺憾是當年對「右派」太缺乏警惕，未能宜將剩勇追窮寇，將他們澈底消滅，以致「右派」翻轉坐大，搞出今天的「改革開放」——資本主義復辟了！

1964年筆者十歲，與聞戚名與他這篇評太平天國大作。稍長成，不解陳糠爛穀的太平天國何以那麼熱。這次精讀戚集，尤其讀他的兩篇成名作，恍若隔世。當年那麼神聖發光的「階級鬥爭」、「農民起義」、「無產階級革命」……已被掃入歷史垃圾堆，這位戚先生還在熟練操用赤左邏輯，還以紅色鬥士自傲，提醒國人「警惕叛徒」！

老毛用意

戚文〈評李秀成自述——並同羅爾綱、梁岵廬、呂集義等先生商榷〉，載1963年第4期《歷史研究》。小戚發現毛澤東那陣在讀太平天國，寫出這篇「商榷」，說是「我體會毛主席的歷史觀之後純粹的個人自覺行為」。[1]

最初，小戚受周揚、周恩來壓制，學界一片批判，「成了人人喊打的『過街』老鼠，陷入四面楚歌的難堪境地」。引起爭議後，得老毛關注，1964年春批出「十六字」——白紙黑字，鐵證如山；忠王不終，不足為訓。江青找戚本禹談話，遞交毛澤東贈戚的台灣版藍皮線裝《李秀成供狀》（張春橋從香港進口），並交底——

主席終於對李秀成的問題表了態。這可不是個簡單的表態呀，這是大是大非呀，一場牽扯面很大的原則鬥爭呀！國內外的修正主義者，都是反馬克思主義的革命叛徒呀！

你做了件好事，給人民立了功。但你不要驕傲，還要再看材料，繼續寫文章。你別怕大人物的干涉，主席支持你，你怕什麼？

江青這通談話已露底：毛澤東要借李秀成問題做政治文章。江青叫戚本禹去找康生。形勢大逆轉，1964年7月24日《人民日報》摘轉戚文。次日，《光明日報》全文轉載。8月23日，《人民日報》、《光明日報》同時刊載戚本禹第二篇文章〈怎樣對待李秀成的投降變節行為〉。

毛澤東晚年一招一式，無不圍繞黨內權鬥，摻乎李秀成「叛徒」之爭，當然是看上「農民起義」、「叛徒」、「晚節不忠」這些與中共權爭的暗合處，因勢利導，借題發揮，決定「做大」李秀成的叛徒問題。

1964年，老毛下決心扳倒劉少奇，已在醞釀大動作，如將「反

---

[1] 《戚本禹回憶錄》，中國文革歷史出版社（香港）2016年版，上冊，頁289、300。

修」定為全黨中心任務。名義上反蘇修反赫魯雪夫，實意在劉公。但劉少奇根基深厚，白區地下黨大多學生出身，此時多為中央及省市大員。毛更知道抗戰前劉少奇的北方局61人寫了〈反共自首書〉出獄：薄一波、劉瀾濤、安子文、楊獻珍、楊之華、廖魯言、魏文伯、馮基平……白區多叛徒，抓「叛徒」，正好符合倒劉的「挖牆角」。評古寓今，用「叛徒」說事兒，抽緊那批寫過自首書的白區幹部脊梁。康生立即明白老毛何以關注「叛徒」，中央文藝口會議上專題講「李秀成」。江青評康：「薑還是老的辣，他可是一顆老薑！」戚本禹說他去找康生，康熱情親切，江青答曰：「那是對同志，康老對敵人可凶啦！」[2]

1965年12月21日，毛澤東在杭州對陳伯達、艾思奇、關鋒等人談話，特別提到——

> 戚本禹的文章（按：〈為革命而研究歷史〉）寫得很好，我看了三遍。[3]

戚文正好趕上毛的政治節拍，得寵一時，就像毛澤東需要王進喜證明「工人階級火車頭」、需要陳永貴證明「人民公社優越性」、需要吳桂賢證明「婦女能頂半邊天」、需要王洪文證明「文化大革命就是好」、需要……否則，怎麼突然看上一個小祕書？之所以讚揚〈為革命而研究歷史〉，當然是看中「史學為政治服務」。只有成為毛棋盤上的棋子，才可能有接下來的「知遇之恩」。小戚鋒頭一時蓋過張春橋、姚文元，迅速竄紅，權重一時。1967年初，釣魚台16號樓中央文革會議室，組長陳伯達當眾對戚本禹說：「請本禹同志替我在主席、江青同志面前多美言幾句。」[4]

---

2 張聿溫：〈戚本禹評李秀成引發的政治風雲〉，載《同舟共進》（廣州）2015年第11期，頁57～60。

3 葉永烈：〈張春橋姚文元近況〉，載金鐘主編：《共產中國五十年》，開放出版社（香港）2006年第6版，頁233。

4 〈江青秘書談江青——閻長貴訪談錄〉，載向繼東：《歷史深處有暗角》，秀威資訊公司（台北）2013年版，頁62。

就算戚本禹當年不清楚毛的政治機心，今天則無論如何都清楚了，但大戚就是不著一字，仍以文革邏輯作結，奈何？

戚翁無悔

1966年9月16日，奸佞康生致函毛澤東——

我長期懷疑少奇同志要安子文、薄一波等人「自首出獄」的決定。最近我找人翻閱了1936年8、9月的北京報紙，從他們所登報的〈反共啟事〉來看，證明這一決定是完全錯誤的，是一個反共的決定。

康生附上1936年報紙影印件。毛未批復，留中不發。此時，毛對劉雖已亮劍，但澈底倒劉時機未熟，仍須「清君側」，劉在各省市的根鬚尚未完全打倒。

「61人自首出獄」，由北方局組織部長柯慶施提議、北方局書記劉少奇同意、中共一把手張聞天批准，要求關押於草嵐子監獄的中共黨員履行出獄手續（發表〈反共啟示〉），換取自由為黨工作，完全合乎手續的組織行為。1936年8月31日～1937年3月，61名中共黨員陸續出獄。中共七大，「61人」中12人當選代表，2人候補，會前經嚴格資格審查。文革之初，紅衛兵揪鬥「61人」的西北局第一書記劉瀾濤、吉林省委第一書記趙林，周恩來復電：「這些人的出獄問題，中央是知道的。」周恩來又將批復送毛審批，附信：「當時確為少奇同志代表中央所決定，七大、八大又均審查過，故中央必須承認知道此事。」毛澤東批准周件。

但為打倒劉少奇，1967年2月3日，毛澤東不認賬了。1967年3月16日，毛澤東批復〈薄一波、劉瀾濤、安子文、楊獻珍等自首叛變材料的批示〉及附件，將此前定性的「自首出獄」改為「自首叛變」，將「61人叛徒集團」的材料發至全國，各地旋即颳風「揪叛徒」，省市地縣成立各級專案組，大揪叛徒。4月，華東局將「著名黨員」

陳璉（陳佈雷之女）列為重點審查對象，11月17日陳璉遭大會批鬥，19日深夜跳下11樓自殺。全國至少六千餘中高級幹部受審查，僅「61人」中，折磨至死就有6人：中央監委書記劉錫五、農業部長廖魯言、公安部副部長徐子榮、西藏工委副書記王其梅、西北局書記處書記胡錫奎、全國婦聯副主席楊之華（瞿秋白妻）。[5]文革初期，戚本禹亦積極參與「揪叛徒」。

《評李秀成》戚序對文革無一悔語，對當年依靠政治暴力壓服論敵，無一字懺悔，還在聲討周揚「太霸道」，陶醉於「能引起兩大革命領袖（毛周）的關注，值了」。只在「附錄‧說明」對受傷最重的羅爾綱稍稍示歉，也只說羅爾綱考證《李秀成自述》「特見功力」。儘管戚翁未言其他，誰都明白短短十餘行字，乃戚翁對羅爾綱的「最後姿態」。在這位「無產階級戰士」看來，能夠向資產階級權威彎腰示意，已經很有風度很那個了。

羅爾綱（1901～1997），胡適入室弟子，一生研治太平天國，功力深巨的《李秀成自述原稿注》前後耗時49年（1931～1980）[6]，戚本禹不過一「革命戰士」，階級感情有餘，學術功力無積，出獄後也未繼續太平天國研究。失卻政治動力，小戚已無興趣再研究天王忠王，李秀成是不是叛徒無關宏旨矣。當年因學術問題政治化，小戚顯赫一時，一顆文革小流星耳。

赤潮誤戚

按說，戚翁短短四年人生得意換來18年秦城鐵窗——「請假檢討」，以及晚年負名「文革餘孽」，上海圖書館收藏部小小管理員，

---

[5] 董寶訓、丁龍嘉：《沉冤昭雪：平反冤假錯案》，安徽人民出版社2003年版，頁63～66。

[6] 羅爾綱：《李秀成自述原稿注》，中華書局（北京）1982年版，「前言」，頁11。

所遭之罪並不低於「右派」、「叛徒」、「走資派」，也是極左赤潮受害者，對赤潮本該有所反思。尤其那些殺傷力甚大的一篇篇「少作」，歲暮之年應該有點認識吧？

1965年12月6日，《紅旗》第13期戚本禹〈為革命而研究歷史〉，攻擊翦伯贊既要重視階級觀點又要注意歷史主義，乃是「超階級」、「純客觀」的資產階級觀點，因打倒「資產階級學術權威」，要求「研究歷史」為革命服務，再得毛澤東賞識。

1966年5月11日，《紅旗》第7期戚文〈評《前線》、《北京日報》的資產階級立場〉，5月16日《人民日報》全文轉載，已是中央文革小組成員、中辦祕書局副局長的戚本禹點名批判鄧拓——

鄧拓是一個什麼人？現在已經查明，他是一個叛徒。在抗日戰爭時期又混進黨內……1957年夏天，他是資產階級右派方面一個搖鵝毛扇的人物。

從批判李秀成開始的「叛徒問題」，這回落到實處——北京市委文教書記鄧拓，並意在彭真——鄧拓「後台」。5月17日深夜，鄧拓自殺。[7]

1967年3月30日，第5期《紅旗》，戚文〈愛國主義還是賣國主義？——評反動影片〈清宮祕史〉〉，4月1日《人民日報》全文轉載。這篇大批判的目標是劉少奇。

1967年12月13日《人民日報》〈粉碎中國的裴多菲俱樂部「二流堂」〉（署名「南衛東」），呂恩（吳祖光前妻）指作者實為戚本禹。[8]此文點了夏衍、唐瑜、葉淺予、金山、郁風……害了多少人吃苦頭——批鬥、下獄。當年小戚「佳作」迭迭呵！毛家軍中馬前卒。

2009年，文革受難者李莎在回憶錄中也惦著小戚先生——

---

[7] 卜偉華：《「砸爛舊世界」——文化大革命的動亂與浩劫》，香港中文大學出版社2008年版，頁108～109。

[8] 呂恩口述：〈悠悠往事〉，載李菁訪編：《往事不寂寞》，三聯書店（北京）2009年版，頁374。

1967年5月24日，中央文革成員關鋒、戚本禹接見了華北局機關「紅色造反團」，明確指出：「你們華北局運動的大方向搞錯了，你們的矛頭不應該對準李雪峰同志，而應該對準李立三。……李立三的老婆鬥過沒有？為什麼不鬥她？她的問題大，是大特務。」

戚本禹點名李立三夫婦，李氏夫婦立遭大會批鬥（脖掛大牌）。1967年6月22日下午，華北局機關召開批鬥李立三大會，李立三中午自殺，李莎秦城獨囚八年、流放運城三年，兩個女兒雖然認為媽媽真是「無恥壞蛋」，也蹲秦城兩年。李立三特務案牽連幾十人：孫維世、林利（林伯渠女）、趙洵（中國社科院蘇研所副所長）、張錫儔（北外院長）、黃一然（北大副校長）、歐陽菲（譯家）……[9]

赤潮如此禍華，如此誤我戚翁，偏偏戚翁就是咬定赤潮不放鬆，晚年仍「階級立場」堅定，打爛屁股還提褲護毛，認定鄧小平叛徒一個，資本主義復辟，堅決呼籲回到毛時代。還要人們「警惕呀」，好像還有什麼「革命群眾」會認同他的馬列主義與「繼續革命」。

《明報月刊》1996年6月號載〈御筆痛批御醫〉，戚本禹在痛批李志綏的同時既否定大饑荒，也否定毛獨裁，瞪著眼睛說毛時代是「中國歷史上最民主的政府」。

沉舟側畔千帆過，且不說文革，馬列主義都已金光黯淡，旗折魂銷。階級鬥爭、階級專政、公有制、計劃經濟、暴力革命，實踐證謬，絕大多數赤國赤黨都修正拋棄。歷史還能轉回戚翁當年的「崢嶸歲月」麼？2016年4月，港版《戚本禹回憶錄》照片圖說，戚稱在中南海度過18年「輝煌歲月」。雖說一代有一代的思想，人人都有自己的發言權，但像戚翁這樣堅定保持「革命者氣節」、「明知不可為而為之」，對受害人堅不道歉，也算一道文革遺景吧？

---

[9] 李莎：《我的中國緣分》，外語教學與研究出版社（北京）2009年版，頁305～306、336～337。

叛徒問題

據《李秀成自述》，李秀成押禁囚籠，奉承乞活「心悔未及」，以招降長江兩岸太平軍殘部求赦，氣節有虧，確為事實。不過，要求面對屠刀面不改色心不跳，李秀成得有「無產階級革命者氣節」，既超越人性也超越歷史可能。羅爾綱的「詐降說」，也是赤潮高壓下逼出來的「設想」——必須為這場暴民造反尋找正面論據，英雄人物不能蒙塵，必須通體金光。周揚等最初就是持此邏輯批駁戚本禹。周揚打報告給周恩來要求批戚，論據之一：「李秀成是無產階級革命以前的革命領袖，我們是從他們那裡來的。……要改變對他的評價，是帶政治性的問題」。[10]當年政治高壓下，羅爾綱即便意識到李秀成「忠王不忠」，也不敢指為叛徒，擔心背上汙蔑天朝英雄之罪名。羅爾綱處處為太平天國及李秀成曲意護短——

李秀成視死如歸，從容就義的革命氣概，雖然在反革命分子的極頂惡毒筆下，仍昭然共見，掩蓋不了的！

第一、《李秀成自述原稿》有堅定的革命立場與強烈的革命的感情……[11]

「階級分析」成為羅爾綱這部心血之著的「時代硬傷」，後人只能給予同情式理解。

今天，太平天國種種暴行一一裸露，神光不再，恢復原評——「一場阻攔中國現代化車輪的暴亂」，連整個農民起義都神聖不再，恢復原稱——造反暴動。階級鬥爭的「合法性」都坍掉了，「階級分析」徒留笑柄。李秀成是不是叛徒，價值微渺，誰還有興趣在這兒折騰糾結？惟當年何以折騰出如此動靜，或值後輩史家留足稍顧。

戚翁到底氣度不大，集子未收入批戚文章與相關資料（尤其1963

---

[10] 戚本禹：《評李秀成》，天地圖書公司（香港）2011年版，自序，頁8。

[11] 羅爾綱：《李秀成自述原稿注》，中華書局（北京）1982年版，頁6、23。

年下半年～1964年春），只有「半壁江山」——自己的一篇及1964年春以後的相關文章目錄，讀者一時難窺全豹。當然，此一「細節」也暴露這路赤角一貫作派——無視對立方的「不同聲音」。

初稿：2013-8-15；定稿：2014-9-7；後增補

原載：《開放》（香港）2015年2月號

（編輯改名：〈評戚本禹出獄後的言論〉）

「文化大革命就是好！」
——驚讀《戚本禹回憶錄》

2016年4月20日，最後一位中央文革成員戚本禹離世。同月，《戚本禹回憶錄》在港出版（中國文革歷史出版社）。戚先生頑強地以這一方式紀念文革爆發50周年。

戚本禹（1931～2016），上海南洋模範中學肄業（高中）；1948年6月入黨，1949年9月入中央勞動大學（中央團校），1950年5月4日入中南海——中央書記處政秘室，中央文革成員（「小三」之一），「中辦」祕書局副局長、「中辦」代主任。

1966年，戚先生35歲；筆者12歲。五十年後，戚先生升入「文革遺老」、筆者只能忝列「文革遺少」。想來，不少「文革遺少」會對《戚本禹回憶錄》有興趣，想看看這位文革聞人最後「怎麼說」？

全書主題

近日，網上微信在傳《戚本禹回憶錄》有關高層腐敗細節（如譚震林老婆用軍機買活雞，頁226；王光美一天三換衣，頁233），其實該書最有價值的是主題思想，提供了文革化石級標本——

謹用此書紀念毛澤東發動無產階級文化大革命五十周年！（2016-3-1，手寫扉頁）

為完整表達戚本禹對毛對文革的感情，再錄一段〈獻詞〉——

謹以此書獻給偉大導師毛澤東主席，並以此紀念他以驚人的魄力發動的無產階級文化大革命五十周年。……毛澤東思想萬歲！（2016-1-12，頁16～17）

書中小標題——

紅衛兵運動的偉大歷史作用（頁476）

毛主席和中央文革小組在文革中對知識分子的保護（頁502）

中央文革在文革中保護國家文物（頁504）

中央文革在運動中保護的一些老幹部（頁531）

最有代表性的「最後告白」——

我想起了史達林說過的，當歷史車輪在轉變的時候，總有人要被從車上甩出去的。我大概也是這樣的被歷史車輪甩出去的人吧？然而即使這樣，沒有動搖我對無產階級文化大革命目標的追求和對忠誠毛主席繼續革命思想的信念。（頁712）

讀者會立即生疑：如此立場如此立論，如何撇清毛澤東與反右、與1959年廬山會議、與大饑荒、與文革的干係？難道毛澤東不是這一系列左禍的第一責任人？如無法撇清，毛澤東如何「萬歲」？毛澤東思想如何「萬歲」？

為罪惡文革正面立言、為動亂之源階級論立說、為毛澤東為江青為中央文革立德，戚先生的任務委實不輕，相當不易完成，最後當然也未完成。因為，這是一項不可能完成的任務。很簡單，文革動亂大形勢是毛澤東與中央文革推聳掀起，「中央文革」乃全國造反派總司令部（戚語），即便對局部與一些人有所保護，微補難掩大疵，小功難遮大罪。一手製造黑色十年的文革，居然將種種血汙推給莫須有的「破壞文革黑手」，且拿不出確鑿實證。這樣的論證、這樣的論據，有多少證明力說服力？歪說沿著歪理當然無法成為正說正理。

因此，對絕大多數讀者來說，讀《戚本禹回憶錄》得有點心理準備：忍受作者對文革對中央文革的評功擺好。最難熬的是作者對文革的正面闡述——仍將已被歷史證謬的極左之論奉為金光閃閃的真理。

鐵杆毛粉

儘管筆者對戚先生相當瞭解，但展閱扉頁那一行手跡，得知他帶著如此鐵硬花崗岩腦袋去見「偉大領袖」，仍陣陣驚悚，一聲長歎。

文革結束四十年，毛時代實況已大面積披露，資訊豐實、證據鐵鑿。血腥土改、恐怖肅反、狂暴反右、偌大饑荒、黑色文革，如此糟糕底版，戚本禹竟還要為這段歲月挺台。加上戚乃毛澤東御筆批送秦城，於公於私按說多少得對「偉大毛時代」有一點反思、有一點「階級覺悟」吧？沒想到戚本禹至今還持守「文化大革命就是好」！對毛澤東仍一腔「階級忠誠」，那種一跪下就不想起來、很享受的信徒愚忠。江青也是將戚送入秦城的另一主角，戚也對她保持純潔的「階級感情」，敬意有加，只褒不貶，數處述說江青看人眼光很準。（頁667）對張春橋也一口一個「春橋」，那個親切那個戰友深情！

很難想像還有這樣的「文革遺老」，還有這樣的毛左擁躉，除了「文化大革命就是好」，全面持守階級論、共產主義、無產階級專政、毛主席萬歲！……戚翁思想完全停擺1968年，並以這一停擺自傲——未像王力那樣成為「可恥叛徒」。那麼，為什麼得持守這些紅說赤論，給國家給人民帶來什麼利益？戚本禹未予最起碼的論證，因為他認為「毋須論證」——難道毛澤東會錯嗎？馬列主義會錯嗎？

在戚本禹眼中，毛澤東無一不是處——「主席是最開明的，歷史上也無人可比」。（頁203）終身「凡是派」——凡是毛的政策絕對英明、凡是毛的言行絕對正確。所有毛語皆黑粗標顯。至於毛時代的所有災禍，皆用動機遮掩解釋，對災難性後果，一律回避，「六經注我」式述史。1966年八屆十一中全會通過的〈十六條〉，戚認為乃毛澤東一項創舉——

毛主席希望在文革運動中實踐巴黎公社的原則，發動群眾監督人民公僕，防止人民的公僕成為人民的主人。……毛主席的這個思想是很明確的，這就是他後來講的要尋找一種方式，一種「自下而上」的群眾運動的方式，人民群眾監督公僕的方式，來克服我們黨內存在的「陰暗面」。（頁460）

甚至說傅雷不知道中共上層的複雜情況，如知道就不會自殺了。（頁106）

戚本禹避開文革「死了兩千萬，整了一億人」（葉劍英語），如此為毛開脫：毛澤東發動文革的動機十分崇高，堅持無產階級專政下繼續革命，防止中共變質，防止各級幹部成為騎在人民頭上作威作福的新一代統治者。（頁711）毛為打倒劉少奇而掀聳文革，如此顯豁政治動機且為史實證明，陶鑄都說「原來這場運動是對著劉鄧來的。」[1]戚本禹硬閉目不視，仍說劉少奇因「劉鄧路線」（派工作組進校）而倒台。

戚本禹用動機指證反右、大躍進、文革的正確純潔。對最難邁越的反右、大饑荒，戚回避原因，只說毛澤東如何仁慈、不吃肉……「包產到戶」是歷史逆流，吳晗的《海瑞罷官》就是借古諷今，「阻止中國社會主義改造」（頁350）……如此袒護之至的偏論，莫要說「中外反動派」，就是八千萬中共黨員，會認同嗎？能不搖頭乎？

堅定紅徒

戚本禹的紅色信仰確實有始有終。1962年毛澤東硬著頭皮頂著「單幹風」，拒絕「包產到戶」，戚仍認為是絕對正確的「堅持社會主義道路」。（頁411～412）至於文革後的改革開放，在戚本禹看來：當然是毛澤東早就料到的「資本主義復辟」。

85歲的戚本禹號召當代青年閱讀《西行漫記》，將此書提高至比億萬富翁還富有的財產——

[1] 曾志：〈如煙往事難忘卻〉，載周明主編：《歷史在這裡沉思：1966～1976年記實》第3卷，華夏出版社（北京）1986年版，頁23。

現今我個人的藏書裡有《西行漫記》的三個版本，它們是我的珍愛。現在許多人都在追求億萬家財，想做億萬富翁，其實，這本書裡講的真理其價值在億萬之上！你只要認真讀了，就比億萬富翁還富有。（頁14）

戚本禹以為當代青年對《西行漫記》會有自己當年的讀後感，還走在精神萬能的價值軌道上。且不說共產主義是不是真理，僅僅讀一本書就比億萬富翁還富有，這一邏輯就大謬特謬。精神無論怎樣富有，終究不能代替物質。當今青年會認為一則「主義」抵得上萬千財富？為什麼將主義與財富對立起來？為什麼不能帶著主義追求財富？從邏輯關係上，當然「主義」須以財富自證其效，脫離財富的「主義」，還有什麼價值根繫？

1983年，尚在獄中的戚先生（52歲），寫了回憶錄「代序」——〈夜夜空江頭，似有蛟龍起〉，雖然很虛很文學，但很自勉，主題明確，結句——

不要悲觀，不要失望，「夜夜空江頭，似有蛟龍起」，光明在前。（頁14）

自況潛伏蛟龍，85歲出回憶錄，不甚謙虛呵！最後一章：戚將自己出獄後擔任上海圖書館管理員這段歲月命名〈繼續革命〉。

高崗・江青

戚本禹認為高崗案是劉少奇借機打擊高饒的宗派行為，老毛竟成了最大受害者——

高饒的案子，在我看來，就是劉少奇搞的名堂。

劉少奇搞掉高崗，明顯是利用了主席的毫不手軟打擊宗派主義。

回頭看歷史，劉少奇、鄧小平都是高饒事件的直接得益者，而毛主席則是最大的受害者。（頁94～96、91）

大概愛屋及烏，愛毛及江。戚本禹對江青崇敬有加，很羨慕她深得毛澤東親灸，在毛直接指點下讀書，說江青是喝「蜂王漿」成長起來的不屈女英雄。（頁344、713）戚說江青與田家英、胡喬木的矛盾很大，最早看出兩人不可靠，後來的歷史也證明：江青是對的。（頁298）

王力・田家英

戚本禹十分憎恨「叛徒」王力、穆欣，兩人「當年左得很，而現在又在不遺餘力地全面否定文革」。（頁631）

田家英案不能平反——

無論從黨的工作紀律，還是從馬克思主義理論原則上來說，田家英擅自刪改主席重要講話都是不應該的。鄧小平等人以這件事（按：田家英刪毛澤東批彭講話）作為平反理由也是不充足的。（頁365）

據田家英祕書逄先知（1929～ ）文革初期揭發，田家英酒後曾說毛澤東死後也會睡水晶棺材，但最終會像史達林一樣焚屍揚灰。田家英還說劉公為什麼不起來造反？逄先知還揭發了田家英的生活問題——有小情人。（頁408）

陰險惡毒

戚本禹正規學歷高中肄業，一路自學，得任《紅旗》歷史組長，多少有點史學功底，知道如何「做史」，如何不動聲色給人下套，尤其痛恨「階級叛徒」——李銳、鄧小平、彭德懷……戚本禹給這些人下的套甚具「專業性」，很值得蹲察關注。

李銳

李銳先生晚年研毛析共，發表一系列反思中國共運的論著，黨內民主派領軍人物，得到海內外廣泛尊敬。正因為「敵人擁護的」，戚本禹就「我們必須反對」，戚認為李銳乃中共最陰險的猶大、最兇惡的敵人，對李銳的下套也最陰險。

1959年廬山會議轉向突然打倒彭德懷，毛澤東無法擦拭的汙點，戚本禹竟栽贓李銳，說廬山會議形勢逆轉，罪在李銳的「告密」，專節論述：李銳的揭發交代與廬山會議的轉向。（頁199）

戚本禹說彭德懷那兒晚上開小會，一個個人進去後，整幢樓都關燈，一切在黑暗中進行，好像真有什麼見不得人的陰謀。警衛檢舉揭發，羅瑞卿親往考察。7月23日晚，李銳最後一個出來，走路老往後看，撞見羅瑞卿，以為被羅發現祕密，為「爭取主動」，連夜求見毛澤東，檢舉揭發。後得知毛澤東找了周小舟、周惠，「生怕他們說的要比他說的多」，李銳又做了第二次交代，揭發出最關鍵那句：「毛主席比史達林晚年還要壞」，云云。（頁199～200）

李銳所揭發的交代出來的問題，在廬山會議上掀起了軒然大波。大家一聽，原來彭德懷他們不只是對大躍進中所發生的一些錯誤有意見，而是把矛頭對著毛主席和中央的領導的。彭德懷是國防部長、黃克誠是總參謀長，問題的嚴重性是顯而易見的。

會議馬上從克服大躍進中的錯誤，轉到了對彭德懷的右傾機會主義錯誤的批判。這樣一來，廬山會議就澈底轉向了。（頁200～201）

如此這般，廬山批彭，似乎得由李銳負責了，至少李銳的揭發成為廬山會議轉向的「引信」。可根據常識，以李銳一個小小副部級（列席會議），怎麼可能扭轉會議大方向？一封致毛函就能造成如此大的轉彎子？得對廬山批彭負責？從時間上，7月23日上午毛澤東長篇發言批彭，26日李銳的第一次檢討《簡報》刊出，致毛信則在30

日。[2]怎麼能指李銳的揭發造成廬山會議轉向？還有一點邏輯否？

戚還說——

彭德懷後來被指責為「裡通外國」，應該是事出有因的。（頁199）

為證明「彭黃張周」反黨集團事出有因，戚說彭德懷信中那句惹禍的「小資產階級狂熱性」乃張聞天要求加上，且為「路線鬥爭」信號，指彭信中下了許多鉤子。（頁199～200）彭信就是「別有用心」、就是「反黨」。（頁411）戚本禹故布疑陣，以似是而非的論據，為毛冤枉「彭黃張周」找理由求開脫。

如此這般，幾處下套設絆，透出戚本禹的陰險。查對李銳《廬山會議實錄》（1989年版），李銳回頭看見羅瑞卿在7月23日晚，即毛澤東「23日講話」當晚；幾個秀才滿腹委屈，傾述不平，並非14日彭德懷遞信前的「事先密謀」。如此事涉重大的揭發，戚本禹至少應標出李銳交代的時間、地點、當事人，以備查考。《戚本禹回憶錄》只有蜻蜓點水的幾句，無有論據，無法查考，如何服人？讀者當然會產生合乎邏輯的聯想——對「叛徒」的政治陷害！

戚本禹還說——

陳伯達、胡喬木和田家英宣佈從此與李銳絕交。（頁202、411）

戚本禹借田家英、胡喬木之口大罵李銳——

無恥小人、亂咬人、誣告、（在廬山會議）上竄下跳、叛徒……（頁203）割袍絕義（頁411）

反正都是田家英、胡喬木說的，死無對證，無法查核。

李銳先生的《廬山會議實錄》，縱有隱己之惡（急於辯解、洗脫），亦屬微疵。尚屬解凍期的1989年，《廬山會議實錄》撩起廬山會議帷幕，對破解毛崇拜、還原廬山會議面目，其功其績大大超過那點莫須有的「隱惡」。

---

[2] 李銳：《廬山會議實錄》，春秋出版社、湖南教育出版社1989年版，頁192、194、212。

戚還指張聞天是「彭集團」軍師，安排誰誰在小組會上發言，具體怎麼說，說什麼，事前都打好招呼。（頁204）等於指張聞天也得為廬山會議的轉向擔責。

戚本禹認為廬山批彭完全正確，十分必要——

盧山會議上對彭德懷的批判是有著深刻的國際國內的背景的。試想，如果當時不批判彭德懷，而是完全採取彭德懷的意見，那將會出現怎樣的一種情形呢？恐怕黨就會分裂，全國也將要陷入到一種混亂中去了。……把彭德懷說成是糾正大躍進中「左」的錯誤的代表，也是不符合歷史事實的。……彭德懷只不過是要利用這些在大躍進中所犯的錯誤，來達到他所要達到的個人目的。（頁205～206）

戚本禹拉周惠回憶錄作證。筆者細閱權延赤整理的《周惠與廬山會議》，並無與《戚憶》一致之處，反倒印證了李銳《廬山會議實錄》並無隱惡，李銳全文附載他7月30日致毛信。[3]

戚本禹最想說的話終於曲終人出——

有關「廬山會議」的文章和書籍也不計其數了，可悲的是，其中大多數的文章與書籍，都是置歷史事實與真實文獻於不顧，竟然是把那個在廬山上有著拙劣表現的李銳的所謂筆記當作了最權威的依據。（頁206）

劉少奇

戚以種種自我感覺與推測，否定楊尚昆等人提供的史料，指為虛假、不可能。（頁207）目的十分明確：維護毛澤東的一貫正確。將辦公共食堂的責任推給劉少奇（頁242）「他自己（按：劉少奇）和鄧小平卻正是這個『人禍』的主要責任人。」（頁245）戚將大躍進「浮誇風」的責任推給劉鄧，他借田家英的口——

3　李銳：《廬山會議實錄》，春秋出版社、湖南教育出版社1989年版，頁212～214。

他（按：田家英）倒是沒有跟著劉少奇、鄧小平他們搞浮誇風。他在私底下還對我們說，鄧小平雖說也是出身在農村的，但他根本就沒幹過農活，不懂農業。劉公（少奇）家在農村，可是也不幹活，也不懂農業，所以他們才會搞浮誇，才會相信什麼萬斤糧。毛公從小幹農活，所以他就不信什麼萬斤糧。（頁410）

戚對劉少奇有一實質性揭發。1925年，劉少奇領導全國總工會，被湖南軍閥趙恒惕抓住，本要處決，趙恒惕親戚兼祕書楊劍雄乃劉少奇同學，將劉保下並釋放。1950年代初鎮反，楊劍雄被捕，楊稱救過劉少奇，說得有鼻有眼；湖南公安廳轉來楊劍雄給劉少奇的信函，請求核實；劉少奇否認此事，要當地立即處決楊劍雄。（頁512）如此事非誣，當然說明劉少奇道德有虧，也不是什麼好東西。如此這般，毛澤東打倒劉少奇也就稍稍有理了。

戚文〈愛國主義還是賣國主義——評反動影片《清宮祕史》〉（載《紅旗》1967年第5期），以權威姿態第一次在最高黨刊批判「黨內最大的走資本主義道路的當權派」，聲稱要將劉少奇「拉下馬，讓他靠邊站」。劉少奇讀後，氣憤至極：「這篇文章有許多假話……是栽贓！黨內鬥爭從來沒有這樣不嚴肅過。」[4]

鄧小平

戚對鄧小平的攻擊相當深刻，戳到腰眼上。1966年8月八屆十一中全會後，「劉鄧路線」二號人物鄧小平不降反升，政治局排名第七進至第六，政治局及中委議論紛紛。毛澤東指派林彪主持「幫鄧會」，政治局委員及中央文革成員參加。這次專題批鄧會上——

張雲逸說，你這個人從參加革命開始就不堅定，當革命遇上困難的時候你就逃跑。而且對他是怎樣逃跑的，張雲逸都說得清清楚

---

4 董寶訓、丁龍嘉：《沉冤昭雪：平反冤假錯案》，安徽人民出版社2003年版，頁229～230。

楚。他說，左、右江起義受挫（按：1931年初），你就跑到越南去了，然後再從那裡去了上海。這件事情一直是鄧小平的一塊心病。鄧小平說：他是去向中央作彙報的。張雲逸就說，彙報？你打個電報或者派個人去就好了。部隊都要垮了，你這黨代表再一跑，軍心不就亂了？……謝富治知道鄧小平的事情更多，他揭發出來的事情簡直是挖鄧小平的老底。他說，哪一仗，你不聽劉帥的話，瞎指揮，結果打了敗仗；哪一仗，你擅自作主，結果弄得損兵折將，你就做你的政委，你為什麼老要去干預劉帥的軍事指揮？你每次的干預都搞得我們非常被動。

所以，鄧小平對張雲逸和謝富治都是恨得要命的，他後來一定要把謝富治的骨灰從八寶山扔出去，睚眥必報啊！（頁463）

戚認為鄧小平的長項之一是對毛澤東心理的掌控——

他是一個非常聰明的人。他後來寫給毛澤東的那封「永不翻案」的信，無論在選擇的時機上和對主席心理的把握上，都有「古文觀止」名文的水準。儘管這在政治上是欺騙。（頁515）

戚說鄧小平不怎麼讀書、不講什麼理論，但有概括總結的能力，只要聽一遍毛澤東的講話，便能提鉤出要害。經常和鄧小平打橋牌的吳晗、呂正操、萬里都是他的高參。（頁514）

洗罪・辯解

洗罪、辯解，《戚本禹回憶錄》主線之一。

1966年5月11日，戚文〈評《前線》《北京日報》的資產階級立場〉發表《紅旗》第7期，劍指鄧拓，並點出最重要的「叛徒」。5月17日深夜，鄧拓自殺。按說，戚文之力不言自明。《戚本禹回憶錄》中，先說鄧拓的「叛徒」經中組部長安子文核查檔案，稿子由陳伯達簽發、劉少奇、鄧小平審閱，為自己「減責」。接著，他再為自己開脫——

鄧拓在1966年5月18日凌晨自殺。聽到這個消息，我馬上就想到，他是不是因為看到5月11日我的文章，受到了刺激，因而自殺的？可能有這個因素。但我後來知道，在這篇文章發表之前，他已經寫過很長的東西，表示要自殺了。……文革被否定後，負責我專案的審判庭在準備審判我的時候，也把我這篇點鄧拓是叛徒的文章作為鄧拓自殺原因而定為我的一個罪名……後來審判庭就把起訴書的這一條拉掉了。（頁413～415）

如此這般，鄧拓自殺與他點名「叛徒」似乎干係就不大了。雖然戚本禹承認鄧拓自殺「我還是有責任」，畢竟向鄧拓仍了一塊石頭。但前述引文，露出狐狸尾巴——為自己「洗罪」，甚至為江青、張春橋在鄧拓問題上「減負」。（頁415）

1966年「紅八月」，抄家沒產、打人死人、驅離黑六類等紅色恐怖，戚本禹為毛澤東為中央文革澈底開脫，指葉劍英、王任重所為——

據文革小組當時的調查瞭解，在背後支持這個「亂打人」、「亂抄家」、驅離「黑六類」人員等行動的是葉劍英領導的「首都工作組」控制的。王任重在裡面也起了不小的作用。他們並沒有在中央文革小組的會上提出過，更不要說得到中央文革小組的同意了。毛澤東更是不知道。（頁474～475）

萬里時任北京副市長（負責公安），電話指示派出所將「黑六類」名單提供給紅衛兵，結果不少「黑六類」被打死，一個電話叫來拉屍車，當天火化，查都沒法查。「估計是『首都工作組』給他們下的命令」。（頁483）文革初期的抄家、批鬥、死人，都與毛與中央文革無關，都是「偏激分子」或「別有用心者」所為。（頁503）

對一些無法抵賴無法遮醜的罪行，戚也做了一點檢討。如承認他那篇批判翦伯贊的〈為革命而研究歷史〉，對翦的自殺「造成壓力」（頁353）承認譚厚蘭曲阜毀三孔，得到中央文革支持與指使。（頁739）

倒台原因

王關戚倒台（尤其戚本禹的「滯後」）一直未有「第一手資料」，吳法憲回憶錄說戚送了一套《紅樓夢》給李訥，似意「駙馬」，引江青警覺，要拿掉戚，毛同意了，夫妻一體，云云。戚本禹臨終前出回憶錄，對此喊冤，專寫一節「抓我的真正原因究竟是什麼？」，撮錄幾節——

多少年來這個問題一直困擾著我。我和江青之間應該說沒有任何過節。那江青為什麼要那麼恨我呢？我想也許她是想不明白，她對我那麼好，可我為什麼還要一再地查勘她的歷史！……還有些人，像吳法憲，說我是因為送《紅樓夢》給李訥，想追求李訥，所以被抓的，那更是無稽之談了。……當時我還是很愛惜自己羽毛的，所以在生活作風上也一直是很自律的，這在中南海裡是人所共知的。我早已是有婦之夫，怎麼可能有此妄想呢？

戚本禹只知未將上海送至「中辦」一批舊刊資料（有關1930年代江青從影）及時轉送江青，而「存檔不辦」，引起江青懷疑——竟在收集我的黑材料！至於毛澤東也懷疑他的忠心，戚本禹指認傅崇碧因不敢得罪江青，在毛面前將轉移老幹部遭中央文革挨批的責任移栽給他——

這件事情我估計引起主席對我的不滿。但這是不是就是毛主席批准審查我的主要原因呢，我不得而知。但至少也是一個重要的因素吧。[5]

以筆者之見，戚本禹還是政治經驗不足，或對老毛認識不夠。王關戚倒台的最大原因是將帥對文革的強烈抵制，「揪軍內一小撮」引起軍界恐慌，老毛只好借文革標誌人物王關戚的「頭」示慰將帥，以穩軍界。之所以最初還想拉一下戚本禹，那是老毛認為推出王關就

---

[5] 《戚本禹回憶錄》（下），中國文革歷史出版社（香港）2016年版，頁687、691～699。

可以了，但江青也不想保戚，毛澤東也就順水推舟，當然夫妻一體。劉鄧陶都倒得，小小戚本禹還倒不得麼？戚本禹不從政治大前提考慮倒台原因，只能說他到死都未讀懂老毛、未讀通中共政治。

細節鉤沉

《戚本禹回憶錄》多少有些乾貨，輯錄一些或有史料價值的細節：

——高崗倒台前，戚本禹親見劉少奇與高崗對罵，王光美在一旁哭。（頁98）

——1957年2月27日毛澤東最高國務會議講話，抖出「鎮反」殺了至少70萬，1955年殺了7萬。（頁111）

——1958年中南海「八司馬事件」戚氏版本。（頁149～165）

——女科員崔英舞會上向毛反映「反右」打擊面太寬，被楊尚昆立即調離，三天內離開中南海。（頁138～139）

——1959年春夏，田家英帶隊，戚本禹下至成都北郊新繁縣崇義鄉大豐公社第四中隊第六小隊，親種一畝試驗田，從播到收，最後證實：這塊上好之田水稻單季畝產不足600斤。四川全國農業勞模羅世發、江蘇全國農業勞模陳永康也就800斤。（頁186、188～189）

——大饑荒時期，譚震林老婆葛慧敏利用首長軍機違規購運活雞，雞飛出籠，影響機場安全，搞得滿地抓雞，影響十分惡劣。機場告狀信寫到中央辦公廳。（頁226）

——困難時期，工交口高級別首長大吃大喝，喝醉了還亂說話，群眾檢舉信寫到中南海。省委書記賭博輸錢，要祕書用公款還帳。（頁228、231）

——毛澤東五大祕書葉子龍（1916～2003），用毛澤東的名義搞女人。看上哪個女人就說「毛主席要找你談談話」，將人騙走。他管轄的機要室調來一漂亮女孩，占為己有，還用公務車跑到天津去搞

腐化，被發現後，1962年葉子龍調離中南海，降任北京輕工業局副局長。（頁231～233）

——1962年，戚本禹整理上報餓死人數800萬，即毛澤東至少知道全國餓死800萬。（頁241）

——1965年汪東興得任中辦主任，江青投了關鍵一票。「後來江青也為了她這關鍵的一票而付出了慘重的代價。」（頁388）

——1966年秋譚厚蘭上曲阜「破四舊」，毀「三孔」（孔府、孔廟、孔林），乃是在中央文革及最高決策層安排下進行。如今將板子全打在小卒譚厚蘭身上，甚失公允。（頁506）

——1967年7月，葉向真、劉詩昆夫婦被隔離審查，周恩來一手操辦。（頁519）

——我們的感覺，總理就好像是中央文革的政委，江青是司令員。……他們兩人在大問題上意見基本都是一致的，至少有80%以上的意見都是一致的。……在當時中央高層的領導中，也只有總理是大力支持江青的，江青怎麼可能去反對總理呢？……總理也是不反對江青的，還處處維護她。（頁674～675）

——1967年「王關戚」倒台前，陳伯達常常對三人哀歎：「文革不行了，再這樣搞下去，得罪的人越來越多，怎麼得了，將來很多責任都是要由我們來承擔的。……毛主席不會失敗，我們得失敗。」（頁681～682）老夫子很有政治遠見呵！

——「九・一三」事件，林彪給林立果的那個手令，非常熟悉林彪筆跡的戚判定非林彪所寫，亦非林彪祕書所寫，可能出於林立果一伙的仿寫。（頁593）據戚對毛的死忠，不會特意護林，他據筆跡作出這一判認，應該可信。

——賀龍倒台是因為倒向劉少奇一邊。（頁384）文革初期，劉少奇組織鬥朱德，說他就是「睡在我們身邊的赫魯雪夫」。（頁392）可能劉少奇此時還不知道赫魯雪夫就是自已，或知道了故意「轉移鬥爭大方向」。

——評價聶元梓，「後來的事實證明，她（按：聶元梓）是個思想雖糊塗但卻善於投機的人。」（頁418）

——文革前彭真的家富麗堂皇，「比豪華飯店的高級房間還要高級」。（頁334）

——嚴慰冰給葉群的匿名騷擾信，有的內容很下流，抄自《金瓶梅》。（頁385）

結語

文如其人。《戚本禹回憶錄》的最大貢獻：提供了一位文革遺老的標本。與所有左迷者一樣，戚本禹價值錯亂邏輯歪斜，論據似是而非，卻自命真理。不顧客觀事實、無視基本是非，「六經注我」，左僵者十分鮮烈的思想特徵。青年戚本禹如此擺放科學與革命的位置——

科學能夠推動生產力發展，卻不能解決國家的政治腐敗和社會的進步問題。在社會發展問題上，革命比科學更重要。（頁27）

今人已看得清楚：社會發展的基礎動力當然還是科學，革命最多只能改變社會發展的速率，科學則最終決定社會的質地。就兩者關係，革命當然得為科學服務，而非科學為革命服務。革命只是為了更好地發展科學，而非科學為了更好的革命。科學才是社會須臾難離的空氣，革命只是不得已時才能一親的芳澤。將革命置於最高層的第一，以為革命可以改變一切，實為國際共運重大認識誤區，赤說謬源。

讀畢《戚本禹回憶錄》，深感獨裁制下「春秋無義戰」，各為己利，相敵相鬥；「三親」敘史，百說紛歧。史家履此，必須小心。

七律‧驚讀《戚本禹回憶錄》

赤潮已遠戚星逝，無限崢嶸惆悵濃；
反右文革領袖偉，改革開放叛徒凶。
秦城漫漫不回首，滬市囂囂不改容；
為報君王滴水遇，遺書驚世湧泉忠。

2016-5-26～6-5於滬

原載：《動向》（香港）2016年9月號（濃縮稿）

複雜浩然

浩然（1932～2008）走了，像極左年代眾多名角一樣，留下一長串說不清理還亂的是是非非，成為中國式「羅生門」——浩然現象。

浩然走了，中國當代文學繞不過去的一座車站。一定的藝術性與偏執的左傾視角構成「浩然現象」的兩翼。原本就有點複雜的浩然，晚年又執拗堅持左偏觀點，無論對其作品還是對已被歷史否定的捆綁式合作化，仍一往情深，挾「公社」以升天，抱「合作」而長終，更為「浩然現象」注入歷史複雜性，具有相當標本意義，值得後人彎腰一探。

成名地基

兒童團長出身的浩然（梁金廣），學歷小學三年半（半年私塾，三年小學），14歲娶親。20歲在河北薊縣基層工作，頂著「作家精神病」的外號寫稿投稿，成就二十年大紅大紫。直到他成為專業作家，一直認為他不老老實實種地過日子的鄉親們，才承認他努力的價值。

浩然趕上他的「好時候」——1960～70年代。「八個樣板戲一個作家」，一峰獨立。沈從文、曹禺、茅盾、丁玲、巴金、趙樹理……群英低伏，無數英雄競折腰。浩然的階級出身及農村題材吻合「時代需要」，成就這位薊縣貧家弟子的「人生輝煌」。若無反右～文革這一大背景，浩然怕是無論如何站不上「一個作家」的絕巔，不可能眾喉哀啞而獨家歌唱。

浩然說自己對革命的「信念，在一瞬間扎根」。他十分詳述這份優越感——

我被時代的大潮捲進獻身血與火的革命鬥爭行列，再以後我傾心於文學創作，那種早就扎了根子的優越感和滿足感一直或多或少、或明或暗、或自覺或下意識地起著一定的作用。儘管隨著我的年齡增長、知識增長、經驗增長，以及真正的革命性和唯物史觀的確立，因而曾經努力地用最偉大最無私的觀念管束和規正自己的思想與行為，強制自己沿著最美好、最乾淨的軌道塑造自己的靈魂、移動人生腳步，然而那種優越感、滿足感依舊頑固地、陰雲不散地、時隱時現地伴隨著我，干擾著我，折磨著我；十有八九將要跟我同生共死，為此苦惱與怨恨也無濟於事。[1]

失去這份優越與滿足，浩然能願意麼？會不起波瀾麼？能服氣麼？那可是真正的「失去天堂」呵！

反思自己成名的赤左地基，剖析赤潮的反動性，需要較深理論修養與理性能力，浩然文化層次不高，自難具備。同時，成名所倚托的赤左地基成為他反思的強大反作用力，使他無法走出廬山之限。看不透，想不通，晚年浩然多委屈而少懺悔，只惦著昔日輝煌而缺乏必要反省，凝為真正悲劇人物。

《浩然口述自傳》採寫者說：浩然講述奮鬥成名經歷時很有激情，說到文革就不那麼順暢，只強調「太複雜」，對世人最關心的這一段，講的不多，也不夠細。[2]對文革講的不多不細或不願講，蓋因覺得很難說，理不清。浩然晚年總是對來訪青年說：「我的心很亂」。整體回避姿態說明他無力梳理那一段歷史。另兩位文革聞人戚本禹、關鋒，晚年對文革也持「三不」——不接受採訪、不寫回憶錄、不談政事。[3]

1　《我的人生——浩然口述自傳》，鄭實采寫，華藝出版社（北京）2000年版，頁167、133。

2　鄭實：〈浩然現象的標本意義屬於將來〉，載《新世紀週刊》（海口）2008年2月20日。

3　陸源：〈御筆痛批御醫〉，載《明報月刊》（香港）1996年6月號，頁28。2016年3月，戚本禹臨終前在香港出版《戚本禹回憶錄》。

成長於赤潮漲頂年代的浩然，只能是一枚歪扭左果。生未逢時，本屬正常，偏偏浩然不認這一茬，執拗地以左為正，從而形成「浩然現象」。

幼稚思維

與眾多左角一樣，他們的複雜源於他們的單純。他們將艱難複雜的社會變革視為簡單的「主義至上」，似乎只要信仰堅定，「內心爆發革命」，便一切OK。在他們看來，改造社會就是改造思想（類乎宗教），思想改造好了，道德自律，社會也就改造好了。「複雜的浩然」其實思想單純，赤潮的「簡單信仰者」。

據筆者觀察，今持左論者大多為八旬以上老人，資訊管道單一，知識結構偏頗，不認識資本主義也不知道社會主義，不通曉國際共運也不熟悉現代思潮，不知道社會變革只能是點滴增量的一個過程，也缺乏好心也會辦壞事的歷史常識。他們成為赤潮退落後殘剩沙灘的「社會意識」，不願承認國際共運已然失敗，不承認他們的時代已是歷史「過去時」。托派老人鄭超麟（1901～1998），1990年還在盼望「第二次世界革命浪潮爆發」。[4]

2000年浩然《口述自傳》：1949年春地委黨校播放蘇聯集體農莊記錄片，整個黨校沸騰了——

這個清晨特別晴朗，霞光特別鮮豔。我的心情也特別舒暢。我一邊走著一邊欣喜地想，用吃過飯到上課前的那段閒置時間給妻子寫封信，告訴她，我不能回家種那幾畝地了，我要參加搞社會主義建設，讓全國農民都過上社會主義的好日子，讓全國農民都不破產，讓他們的後代都不成為無依無靠的孤兒，而且都成為有文化的人。我要告訴妻子，只有一心一意為這樣的理想工作、奮鬥，才是有正氣、有

[4] 鄭超麟：《鄭超麟回憶錄》，東方出版社（北京）2004年版，上冊，頁198。

志氣、有出息的人。……一個人的信仰和世界觀的形成很複雜嗎？要有一個漫長的過程嗎？也許是。然而，對我來說卻為簡單而迅速的——彷彿就在洵河河邊那個明淨的早晨，就那麼一閃念，便冒出了芽兒、扎下了根子，一直到年近古稀的今天，都在長，都在長；這期間，儘管有過動盪的波折，我也不敢說已經長成了大樹，但是，要想把它連根拔掉，我還能夠呼吸，那就絕對辦不到。

文革後，浩然不僅不認為跟錯潮頭，反而認為「躬逢盛時」——

我對過去歲月的看法是：那種處境下有一度輝煌，對年輕的我來說，確實有所愜意，有所滿足，但也伴隨著旁人難以知道和體味的惶恐、憂患和寂寞。我趕上那個時代，並有幸記錄下當時的情況。我對當時的創作不後悔。

特別是「合作化」，絕對屬於史無前例的驚天動地。

嚴格地說，只有我一個用小說形式記錄下中國農業社會主義改造的全過程，這就是四部《金光大道》。我敢斷言，世界上再不會有第二個我了。後人一定會有人寫這段歷史，但他們非是親身經歷，寫法、角度、觀點都不會是那個歷史時期的「局內人」，他們的作品跟《金光大道》反差一定極大，甚至完全相反。從這個意義上講，出這部書絕非個人，而屬於整個文學事業。

自我感覺還好得很哪！「史無前例」、「驚天動地」就一定了不起？整個國際共運都大錯大歪，依附其上的小小浩然，還有什麼永垂不朽的文學價值？浩然以合作化文學「惟一」局內作家自傲，但「惟一」就一定了不起麼？就具備必須膜拜的價值內核？一段被否定的災難能有什麼正能量？一場導致4000萬餓殍的公社化運動，[5]你那個「局內人」還有什麼驕傲資本？胸脯還挺得起來麼？一段只能提供反面訓鑒的「大時代」，你這些鼓吹煽動的公社化小說，還值得高舉高懸麼？別忘了，文學並不是人類社會的最高價值，較之千萬生命與

[5] 楊先材主編：《共和國重大事件紀實》，中央黨校出版社（北京）1998年版，上卷，頁608。

社會大倒退，浩然先生應該為自己的「惟一」感到慚愧，為什麼只有你的「惟一」？你的「惟一」墊襯著什麼？還好意思往外拎舉吆喝？

浩然甚至堅持1956年大陸文藝界的「干預生活」確屬逆流——

第二年春天，極容易走極端的中國文藝界氣候驟變，一股干預生活、揭露生活陰暗面的風耀武揚威地刮起。彷彿除了寫這類題材和內容的作品之外，一律都不是文學。我的幾篇自以為有所長進的新作，屢屢遭到報刊拒絕而不能發表。……由於我是在翻身農民和他們的先進分子基層幹部中間成長起來的，加上年輕熱情、積極向上，所以在生活中總愛看愛聽光明的、鮮豔的東西，總愛想愛寫美好、順心的事物，新官僚主義者當然存在著，但數量少。

浩然一直如此看待1956年的「干預文學」，怪不得終身難以走出深深左巷。不過，浩然當年亦曾趕時髦，寫過一篇「干預生活」的短篇小說〈梯子〉，幸而生活不足沒成篇——

事過多年，每每由什麼事情引起回憶，我還有一種心顫身抖般的後怕，當年我要是下苦工夫硬把〈梯子〉寫出，寫得順手了再寫幾篇，我大有可能跟北京文學界的幾位老兄老弟一樣被錯打成右派分子！相反，〈喜鵲登枝〉卻成了我實現理想成名成家的「梯子」。這一齣本來應該以悲劇告終的戲，魔術似地變為喜劇結果，那麼我主要應該感恩於何人，這不是清清楚楚的嗎？[6]

浩然確與「新時期」格格不入，思想境界如此低下——以一己私利劃別是非區分恩怨。他當年逃「右」並以「歌德」小說成名成家，便理所當然地認為應「清清楚楚」感謝那個時代。執守這樣的價值起點，如斯自戀，器局之小，格調之低，還有反省赤難的可能麼？

---

6 《我的人生——浩然口述自傳》，鄭實采寫，華藝出版社（北京）2000年版，頁144、338、349～350、208～209、210。

堅不認錯

1994年《金光大道》再版，上海評家楊揚（1963～）撰文——

作品本身從頭至尾充斥的豪言壯語及陳舊的情感表達方式，完全是「文革」特有的……《金光大道》與其說在表現農業合作化過程中，中國農民的偉大、正確，還不如說是在為「文革」歷史粉飾、唱贊歌……《金光大道》在藝術表現上並沒有什麼成就，更談不上是什麼經典之作，那種概念化的描寫，那種假、大、空的佯裝幸福感，那種空洞的充滿說教的豪言壯語，那種謊言式的寓言故事方式，都是「文革」特有的東西。[7]

浩然好友劉紹棠（1936～1997）當面批評——

《豔陽天》好，把看家的本領全拿出來了，但《金光大道》沒金光。[8]

楊揚評語概括了當代大多數讀者對《金光大道》的感覺，尤其親歷反右～文革的中老年讀者。浩然卻不以為然。1998年，浩然在接受《環球時報》採訪時作出回應——

我從一個只讀過三年小學的農民，靠黨給予的機會……成了實施包圍城市戰鬥的一員……在向文化進軍的農民中間我是一代表人物。我不是蟊賊，不是爬蟲，而是一個普通的文藝戰士，一個有所貢獻、受了傷的文藝戰士。迄今為止，我還從未為以前的作品後悔過。相反，我為它們驕傲。我認為在「文革」期間，我對社會、對人民是有積極貢獻的。

這樣，浩然就將自己參與「文革大合唱」歸為正能量，不以為羞，反以為傲，自哀自憐「受傷的文藝戰士」。如此這般，當然通不過當代評界的最低尺規，只能捧接「不中聽」的評語，只能從一位老

7　楊揚：〈癡迷與失誤〉，載《文匯報》（上海）1994年11月13日。

8　劉孝存：〈懷念浩然：我認識的第一位作家〉，載《光明日報》（北京）2008年3月28日。

外的奉承中找尋安慰——

國際上一次討論中國文學現狀的會上，有一位外國評論家說，那時只有浩然的小說創作是沙漠中的一片綠洲。在中國到處是一片澈底否定我的浪潮中，聽到這樣的聲音，我很欣慰。想到我們國內，最瞭解中國當時情形的中國人，對這些卻視而不見，實在可悲！[9]

浩然晚年的判斷力是真不行了。一些老外不知中國情況，用純文藝眼光評論作品，瞭解國情的「家裡人」自然一眼就看出浩然作品的極左內臟。浩然也承認《豔陽天》、《金光大道》非常突出血統論。文評家雷達（1943～）近評《豔陽天》——

作家過分突出階級鬥爭和路線鬥爭的主動脈，削弱了生活真實的深廣度，不可能真正從歷史文化的高度審視中國農民的命運，不可能具備深沉的歷史意識，只能把人物擱置在政治鬥爭的功利目的上，而這是淺層次的……政治需要壓扁了藝術。[10]

對浩然文革作品，評界壓倒性評語：「偽現實主義」、「偽浪漫主義」。

韋君宜（1917～2002）「揭發」——

《金光大道》的架子實際上是由編輯幫他搭的，先賣公糧，後合作化……

負責《金光大道》的編輯組長乃外單位造反派，新調入人民文學出版社，從沒當過文學編輯，看了稿子就說書中時間正值抗美援朝，怎麼能不寫上？

但這一段故事實在與抗美援朝無干，作者只好收回稿子，還是把抗美援朝添了進去。

編輯組長再次審稿，前後四五頁每頁添上抗美援朝，浩然向韋

9 《我的人生——浩然口述自傳》，鄭實采寫，華藝出版社（北京）2000年版，頁351～352。

10 雷達：〈浩然，「十七年文學」的最後一個歌者〉，載《光明日報》（北京）2008年3月21日。

君宜抱怨——

還想保護一點點我的藝術創作……這個人像念咒似的一句一個抗美援朝。[11]

就這麼一部需要為「保護藝術創作」而奮鬥的編造型作品，不僅反映的合作化內容嚴重失實，嚴重違背生活真實，創作過程也毫無自由可言，怎麼可能是一部了不得的「經典」？

楊沫與浩然關係很近，楊沫之子老鬼（1947～）評浩然——

打倒「四人幫」後，他對自己與江青保持距離的那一面，強調過多，對自己作品中左的印痕那一面檢查不夠，對文革前農村受極左政策危害的那一方面，認識也不深，因而知識界的部分人對他的批評意見較多，其中有些人也說了一些很尖銳的話。浩然的心情非常沉重，他只好一頭扎到農村，遠離知識界，也遠離文聯的同行。……你的代表作美化了五十年代農村大搞集體化的那一段痛苦歷程……以中國農民的代言人自居，不承認自己的作品有問題。[12]

左偏視角

浩然直到最後都沒改變對人民公社的謳歌，雖然他經歷了公社化帶來的那場慘烈大饑荒。那時，他下放山東濰坊昌樂東村，每月定糧27斤（社員18斤），一次上縣城開會，連吃11個饅頭，擔心太撐了才歇口。社員們卻餓得吃樹葉嚼青麥，《浩然口述自傳》詳細記載這一時期饑餓場景。

眾所周知，公社化極大挫傷農民生產積極性，糧產量連年猛跌，導致大饑餓。薄一波提供的資料——

1960年，糧食實產2870億斤，比1957年的3901億斤減少26%以上；棉花實產2126萬擔，比1957年的3280萬擔減少35%以上；油料作

[11] 韋君宜：《思痛錄》，北京十月文藝出版社1998年版，頁165。

[12] 老鬼：《母親楊沫》，長江文藝出版社（武漢）2005年版，頁352～353。

物實產3405萬擔，比1957年的7542萬擔減少一半多；豬的年底存欄數8227萬頭，比1957年的14590萬頭減少56%；大牲畜年底飼養量7336萬頭，比1957年的8382萬頭減少12.5%。這些農牧業產品的產量，大都退到1951年的水準，油料作物的產量僅及1951年的一半。[13]

浩然僅因接觸到幾個公而忘私的先進人物，就對公社化留連忘返——

那個災禍時期沒在我的心靈裡投下多麼濃重的失望的陰影，更多的倒是希望的曙光。回到北京兩年之後，動筆創作我的第一部長篇《豔陽天》，當寫到社會主義的根子深深扎在農民心裡那些情節和細節……

浩然仍從「正面」看待合作化公社化，沉醉於當年「新人新事」的淺俗欣賞，仍視禍因為福緣，這樣的左偏視角，如何進行反思？怎麼可能展開反思？晚年浩然還單極強調扶貧助弱，硬著脖子為合作化公社化立論——

對於單幹，我心裡一直是矛盾的。無疑單幹有利於發揮個人積極性，但對於那些缺乏勞動力，家裡有病人，又沒有生產工具和牲口的農戶來說，互助組、合作社是他們惟一可以依靠的力量。在這一兩年裡關於我的爭議中，有人指責我在八十年代的作品中依然留戀互助組，對此，我不想辯駁。

在我寫《金光大道》時，我內心的矛盾一點也沒有流露出來。事實上，我毫不猶豫地站到了互助組一邊。今天有人問我，當時社會生活也是有許多陰暗面的，為什麼你在作品中沒有一點反映？那你的作品能算是真實的嗎？這要看如何理解「真實」二字了。對我來說，積極的、光明的一面永遠是生活的主流。我的作品當然要寫這些。至於單幹，當時的確只有那些被認為落後的人才希望。和我要好的、談得來的都反對單幹，這是現實。

---

[13] 薄一波：《若干重大決策與事件的回顧》，中央黨校出版社（北京）1993年版，下卷，頁884。

整個共產潮流都錯了，當年的「落後」正是後來農村改革的動力。晚年浩然的價值尺規還停留於公社化時代，與當代社會自然格格難入。《口述自傳》最後有一段——

有些人好奇地問我，是否能理解當今的社會。問者大約覺得我和這個時代的距離太大了。我承認，是這麼回事。我想自己只能盡力適應現在，努力溶合進這個時代吧。[14]

清晰可見浩然的價值持守——不可能也不願意與合作化告別。抽象地看，合作化頗具光環，扶貧救弱，問題是救助局部困難影響了整體生產力。人性本私，公有制普遍束縛了社會成員的生產積極性，追求共富成了捆綁共貧，引發慘烈後果——大饑荒。公社化擰歪整個時代，浩然身在歪處不知歪，扭著脖子堅持謬誤。這就不得不令後人起而指謬，一辨正誤。

不承認苦難，面對大饑荒轉過身去，還有一點作家的良知否？判斷現實乃作家基本能力，浩然在這方面如此低能，且以低為高，實在倒胃口。相比之下，趙樹理1955年就開始質疑合作化。1956年8月23日，兼任縣委書記的趙樹理致信長治地委負責人——

試想高級化了，進入社會主義社會了，反而使多數人缺糧、缺草、缺錢、缺煤、爛了糧、荒了地，如何能使群眾熱愛社會主義呢？勞動比起前幾年來緊張得多，生活比前幾年困難得多，如何能使群眾感到生產的興趣呢？……我相信我們縣級幹部都是勤奮勤勤懇懇作工作的，但勤勤懇懇的結果，做得使群眾吃苦，使群眾和我們離心，是太不上算的事。大家都是給群眾辦好事的，可惜不能使群眾享受到好事之福，反而受到好事之累。[15]

趙樹理50年前就看到浩然50年後還不願看到的現實，甘願背離

---

[14] 《我的人生——浩然口述自傳》，華藝出版社（北京）2000年版，頁263、276、354。

[15] 王中青、李文儒：〈記趙樹理的最後五年〉，載《新文學史料》（北京）1983年第3期，頁160。

「主流」，從「解放區文藝旗手」淪為「黑幫」並獻祭生命。浩然一直以「主流」自傲，1952年第一次讀到毛氏〈在延安文藝座談會上的講話〉——

我一口氣讀了兩遍。它像當空的太陽，把光和熱都融進我的心裡。我的兩眼亮了，渾身升起一股強大的信心和力量……[16]

浩然毫不避諱「自覺自願用文學為政治服務」，要為《金光大道》的「待遇」翻案，這種以恥為榮的立場，當然激起盈天沸反。時代不同了，欣賞浩然的人已很少很少。

民間批說「浩然就是五十年前的周正龍」[17]——

浩然以農民作家自居，然而那些在1960年餓死的農民認可他嗎？浩然筆下的農村現象，現實中真實存在嗎？……浩然在當時的國人面前展示的農村畫面，比「周老虎」還假。……我認為，浩然就是五十年前的周正龍。還是老百姓說得好，你蒙得了一時，蒙不了一世。[18]

批的是浩然的作品，戳的當然是毛共的「偉光正」。

相對其他文革人物，浩然的政治行為、個人品德引議不多，爭論主要集中其作品思想性真實性，指責浩然小說反歷史反真實，從而反文學。

複雜實質

複雜的「浩然現象」，其實也只「複雜」在浩然的堅不認錯，以歪為正。公社化、公有制身後矗立的價值支撐可是階級鬥爭呵！晚年浩然仍持左傾文論，堅持寫「主流」寫「光明」，其歷史觀、認識

[16] 《我的人生——浩然口述自傳》，鄭實采寫，華藝出版社（北京）2000年版，頁168。

[17] 周正龍，陝西鎮坪縣農民，2007年偽制華南虎照片，冒領兩萬元獎金。2008年6月，政府宣佈周正龍造假，13名官員受處分；11月周正龍判刑兩年半、緩刑三年。周正龍成為「假冒者」熱詞。

[18] http://www.infzm.com/hot/pingbao/200803/t20080305_39516.shtml

論五十年一貫制，以赤左觀點為當然理據，無有一點進步。

《浩然口述自傳》既無懺悔亦無反思，倒有不少自炫。且不說人生修養，即使從智慧角度，浩然的層次也甚低。評家唐達成（1928～1999）說得很清楚——

> 趙樹理在六十年代階級鬥爭越來越盛行的時候，再也無法按照以階級鬥爭為綱的理論來進行創作，他走不下去了，而浩然沿著這條路走下去，這樣才出現了《豔陽天》以及後來的《金光大道》。[19]

趙樹理（1906～1970），確為中共「同路人」，1937年入黨，代表作〈小二黑結婚〉、〈登記〉雖意在歌頌中共，所敘之事則為追求自由婚戀，道理尚直根子尚正，今天尚能一看。進入合作化，趙樹理憑直感發覺不對勁，寧肯掉隊落伍挨批判，也不寫「歌德」作品，最終贏得歷史尊敬。相比後起之秀的浩然，同為農民作家的趙樹理，其社會責任感何以大大優於浩然？

世人對浩然相當寬容了，文革時期「江青身邊的人」，紅得發紫。文化界不少人原諒了他，認為他不想當官、沒整過人、與江青保持一定距離，只是被裹著走。浩然卻不怎麼領情，不爭事卻爭「理」，再三宣稱《金光大道》為其代表作，較的勁兒還是「農村社會主義道路」，還是要「合作化」。形格勢禁，浩然雖不便直言，但不甘默默退場，轉著彎憋著氣就要蒸這屜包子。說白了，浩然打心底不承認人民公社失敗，就是要為公社招魂，認定合作化必將再起，《金光大道》必將再放金光。不認輸不服氣，不認為走錯了路。浩然嘴裡說的是《金光大道》，心裡揣的卻是「人民公社萬歲」！

真正傳世文學經典，思想性藝術性均須達一定高度。浩然作品雖有一點藝術性民俗性，奈何先天嚴重不足——思想傾向硬傷，很難再得後人垂顧了。「進入經典」，只能是浩然的一廂情願。

一言以蔽之，浩然之所以堅不認錯，文革結束三十年仍冥頑不

---

[19] 李輝：《往事蒼老》，花城出版社（廣州）1998年版，頁360。李輝專訪唐達成（1996-11-28）。

化，實在於我們這個時代的「複雜」，提供了使他堅持左傾的價值自信。浩然的「堅持」也有一點代表性，證明赤潮未遭犁庭掃穴的滌蕩，紅色意識形態還有一排聳然挺立的堡壘，許多似是而非的赤左邏輯還在公然行走，這些才是成就「複雜浩然」的真正複雜之處。說到底，複雜的浩然，實為我們這個社會判認能力低下，真偽正謬評判標準相差太大，且無力進行辨析。浩然的「複雜」，深刻說明新舊價值觀念的現實對立，說明左傾意識形態還不願退出歷史舞台，對左傾思潮「掃除尚未成功，同志仍須努力」。

2008年，雷達感慨——

他的一身奇特地交織著當代文學的某些規範、觀念、教訓和矛盾……「浩然方式」既複雜又有代表性。通過「最後一個」，看到的東西往往是豐富的。[20]

「複雜的浩然」，文革文藝的「最後一個」，典型性、時代性齊備，「不二」標本。隨著歲月推移與認識深化，浩然的「迷左」還會被一再提起，驚訝與迷惑一色，歎息共嘲笑齊飛。

初稿：2008-4；修改：2010-5-16；稍增補

原載：《領導者》（香港）2012年12月號

---

[20] 雷達：〈浩然，「十七年文學」的最後一個歌者〉，載《光明日報》（北京）2008年3月21日。

周揚與丁玲

周揚（1908～1989）與丁玲（1904～1986），從上海到延安再到北京的一對紅色冤家，紅色文藝史繞不過去的一處車站，甚值挖掘的兩大「現象」。

1956年中共高層決定複查「丁陳案」，周恩來特囑中宣部：丁玲與周揚成見很深，複查小組與丁玲談話，不要讓周揚（審查小組成員）參加，擔心兩人感情對立從而影響複查的客觀公正。中宣部祕書長、複查小組成員李之璉（1913～2006）——

因此，我們每次同丁玲談話時，都不通知周揚參加，但每次談話的情況都向他一一通報。

複查小組會上，周揚一直反對翻案。1957年6月大形勢逆轉，周揚與另一位中宣部副部長張際春當眾爭吵。在沒有新證據的情況下，中宣部長陸定一宣佈：丁玲1933年5月被捕後叛變，從南京到陝北是國民黨有計劃派回。

「丁陳」案牽連甚廣，李之璉、黎辛（中宣部機關黨委副書記）都為此劃「右」；複查小組成員、機關黨委副書記張海、崔毅打為「反黨分子」，留黨察看。[1]全國受牽連者至少上千。

文革後，周揚仍抓住丁玲的「自首」不放。1978年丁玲還在山西農村，丁玲女兒上京找周揚，周揚告知：你媽媽的歷史疑點現可排除，但汙點還是有的。1979年丁玲兩次向中國作協黨組書面申請恢復黨籍，「黨組討論過丁玲的要求，周揚和夏衍都反對。」丁玲黨籍1980年才恢復。1984年7月14日，中組部經年餘調查、幾次慎重討

---

[1] 李之璉：〈不該發生的故事——回憶1955～1957年處理丁玲等問題的經過〉，載丁玲研究會編：《丁玲紀念集》，湖南文藝出版社2004年版，頁702、708、713。

論，終於為丁玲「澈底平反」（澈底洗脫「叛徒」嫌疑），周揚仍持異議：「這件事情為什麼事先不和我商量一下，我還是宣傳部的顧問嘛。」周揚老部下張光年將這份為丁玲澈底平反的文件壓了一個多月。[2]結下如此樑子，兩人終身難釋。

不過，拙文關注的並非兩人剪不斷理還亂的人際關係，而是更沉重的一大問號：從正確起點出發的作家丁玲，寫出代表五四方向的〈莎菲女士日記〉、〈「三八節」有感〉、〈我在霞村的時候〉、〈在醫院中〉，何以最後完全迷失方向，拐入錯誤終點？而從錯誤起點出發的理論家周揚，一開始就被異化的紅色文藝沙皇，最後何以反倒回歸五四方向，閃出理性光芒，拐回正確終點？

丁玲從個性解放的感性起步，逐步被赤潮異化，晚年竟以自覺異化為榮，走向歷史反面，寫下〈作家是政治化了的人〉（1980）、〈歌德之歌〉（1981），故意忽略紅色苦難——反右、反右傾、大饑荒、文革，以低級的選擇性述史「歌德」——歌頌中共，認定文學就該自縛政治為黨服務。最最可悲的是：晚年丁玲以「不談自己苦難」為高尚，出位體現「共產黨員情操」，滴下一生真正汙點——遠比「叛徒」更糟的人生敗筆——挽赤潮於既倒，挺老毛於將墜，最後的思想歸宿竟依偎於迫害自己也深害國家的紅色赤說。這回可是親筆所書，白紙黑字，無法拭去了。1979年3月，丁玲雖回京療身，但她的兩個「反黨集團」尚未撤銷，因為「這是毛主席批的」。[3]此時，十一屆三中全會雖然召開，但「中央」還是華國鋒、汪東興、紀登奎、吳德、陳錫聯等人的「凡是派」——凡是毛主席作出的決策，我們都堅決維護；凡是毛主席的指示，我們都始終不渝地遵循。

反過來，周揚的人生軌跡則從最初的迷失到最後的清醒，身後

2 〈陳明談周揚〉，載李輝編著：《搖盪的秋千——是是非非說周揚》，海天出版社（深圳）1998年版，頁106～108。

3 李銳：〈懷丁玲〉，載《李銳文集》第8冊，中國社會教育出版社（香港）2009年版，第15卷，頁231。

也拖著長長一串問號，裹帶濃密紅色信息。

周揚與丁玲，延安一代紅色文士兩大標誌性人物。無論二十世紀紅色文學史還是紅色思想史，兩人都是很有嚼頭的「典型」，估計會被後人常拭常提。

周揚現象

周揚研究專家顧驤（1930～2015）——

周揚……他的升謫沉浮，折射著中共文藝方針、政策、路線、口號的變化。他就是一部左翼文藝運動史。[4]

另一位研究者——

在他（按：周揚）身上，幾乎濃縮了一部當代中國文藝理論和文藝思潮的歷史。[5]

「胡風分子」曾卓（1922～2002）——

這段文學史上的許多缺點、問題，譬如教條主義、社會庸俗論、宗派主義，他都有份。可以說，革命文學史的缺點表現在他身上，或者說他體現了文學史的缺陷。……政治鬥爭麻痺了他的真正審美能力。作為一個理論家來評價，他的許多文章現在看，只有史料價值，從中來瞭解文學鬥爭的發展，但基本上沒有藝術上的建樹。何況有些文章對他本人來說也是不光彩的。[6]

周揚對馬克思主義文藝理論在中國的傳播作用甚巨，為毛澤東提供國統區文藝活動資料，參與起草〈延安文藝座談會上講話〉。[7]

4　顧驤：〈此情可待成追憶——我與晚年周揚師〉，載王蒙、袁鷹主編：《憶周揚》，內蒙古人民出版社1998年版，頁446。

5　朱輝軍：〈周揚現象初探〉，載王蒙、袁鷹主編：《憶周揚》，內蒙古人民出版社1998年版，頁642。

6　〈曾卓談周揚〉，載李輝編著：《搖盪的秋千》，海天出版社（深圳）1998年版，頁131～133。

7　〈駱文談周揚〉，載李輝編著：《搖盪的秋千》，海天出版社（深圳）

周揚積極貫徹毛〈講話〉精神，成了毛澤東思想詮釋者，1930～60年代「文藝為政治服務」執行人；但其晚年反思又很經典地閃爍出「兩頭真」光芒，一生思想歷程凝聚人性黨性複雜交織。也正因了這兩重性，周揚成為文化學意義上饒有意味的「周揚現象」。

1983年，周揚倡說異化與人道主義，領受最後一場政治衝擊——最閃光的人生演出。如果沒有這篇〈關於馬克思主義的幾個理論問題的探討〉[8]，沒有他為捍衛思想觀點與政治尊嚴——當面抗擊胡喬木，沒有這點回歸五四的動作，他這一生還真就只剩下「非非」，沒了「是是」，也就與「一面倒」的胡喬木、鄧力群無甚區別。

意味深長的掌聲

1984年12月29日全國作協「四大」開幕式——

大會那天宣佈胡喬木的賀電，會場上有三四個人鼓了幾下掌，看見無人響應，也不鼓了，會場氣氛很尷尬。接著宣佈鄧力群的賀電，半晌，場內鴉雀無聲。接著，又宣佈周揚給大會打來的電話祝賀，會場上猛然掌聲如雷，經久不息。這場面不是任何人可以操縱或控制的。代表們看到，胡耀邦笑了，習仲勳、胡啟立也笑了，許多主席台坐著的領導都笑了。[9]

有人當場記時：這陣給周揚的熱烈掌聲持續1分34秒。[10]人心向背呵，作家們一次集體發洩——不認同對周揚的批判。主席台上中央

1998年版，頁127。

8 1983年3月7日，中央黨校禮堂召開「馬克思逝世一百周年學術報告會」，周揚宣讀此文，載《人民日報》（北京）1983年3月16日，此文由周揚、王元化、王若水、顧驤合寫。

9 陳為人：《唐達成文壇風雨五十年》，溪流出版社（美國）2005年版，頁207。

10 李子雲：《我經歷的那些人和事》，文匯出版社（上海）2005年版，頁119。

首長的笑，當然「你懂得」。是日，鄭萬隆、馮驥才、陳建功、王安憶、史鐵生、鄭義等青年作家發起給周揚的〈致敬信〉，獲大會356位代表簽名。簽名者有「胡風集團」的徐放、魯藜、路翎、賈植芳、杜谷。[11]

周揚與胡喬木這場「異化」之爭，明確擁周貶胡者：陸定一、于光遠、夏衍、張光年、溫濟澤、王若水、王蒙。1989年8月18日，陸定一給周揚女兒的信中：「他太善良了。他是被人氣死的」。[12]

胡喬木借鄧小平權勢得逞一時，終遭唾詬於後世。胡喬木、鄧力群因終身迷左不返，鐵杆堅持無產階級世界觀，堅持「反自由化」，晚年無一點反思，成了無甚嚼頭一條筋，真正身後蕭條——既少關注，只得詬評。

複雜的多棱面

嚴格地說，周揚文藝思想的起點亦非一開始就是歪的。1937年7月，周揚認為：「我們並不主張文學成為政治的附庸」。1942年延安文藝座談會後，一轉身大力宣倡「文藝為政治服務」。[13]據蕭軍日記，周揚在延安搶救運動中吊審周立波七天七夜。[14]但周揚對「文藝為政治服務」又有保留，延安詩人張光年——

從他在多次政治運動和思想批判中的言行說來，他是「左」的了。但他在藝術問題上，並不贊成簡單化，概念化。[15]

---

[11] 李輝：《胡風集團冤案始末》，湖北人民出版社2003年版，頁394～397。

[12] 〈陸定一給周密的信〉，載王蒙、袁鷹主編：《憶周揚》，內蒙古人民出版社1998年版，頁611、619。

[13] 朱輝軍：〈周揚現象初探〉，載王蒙、袁鷹主編：《憶周揚》，內蒙古人民出版社1998年版，頁646。

[14] 蕭軍日記1948-3-29，載《蕭軍全集》第20卷，華夏出版社（北京）2008年版，頁219。

[15] 張光年：〈回憶周揚〉，載王蒙、袁鷹主編：《憶周揚》，內蒙古人民出版社1998年版，頁6。

1983年11月，周揚遭胡喬木高壓，被騙「公開檢討」——《人民日報》11月16日發表周揚〈自我批評〉。原本說好的內部表態性質的檢討，胡喬木施展計謀，「新華社記者訪談」成了周揚公開譴責「精神汙染」的自我批評，等於向追隨者宣佈：我已轉向，拋棄你們了，還反戈一擊指責你們「製造精神汙染」，成了出爾反爾的政治小丑。[16]周揚陷入無法說清的窘境，內心鬱悶，久久枯坐窗前。1983年12月他為《鄧拓文集》撰序，對內心矛盾做了最後自畫——

一個作家發現自己在思想認識上同黨的觀點有某些距離，這是一件痛苦的事。任何一個熱愛祖國、擁護社會主義的作家，在根本政治立場上都應力求和黨中央保持一致。但在特殊情況下，或者由於黨的政策和工作上發生偏差，或者是作家本身存在著錯誤的、不健康的觀點和情緒，出現兩者之間不一致或不協調都是可能的。在這種情況下，一個黨員作家首先應當相信群眾、相信黨，以嚴肅認真、積極負責的態度向黨陳述自己的意見，絕不可隱瞞和掩蓋自己的觀點，更不可把自己擺在黨之上，以為自己比黨還高明。另一方面，作家也應當在黨的正確方針和政策的引導下改變自己的不正確的認識，使黨的正確主張真正為自己所理解、所接受、所融會貫通，從而在思想政治上達到同黨中央的認識一致。[17]

夏衍祕書李子雲女士（1930～2009）評周揚——

他思想上的矛盾卻似乎一直未得到解決。我的感覺是，通過十年浩劫，他對於過去的許多政策產生了懷疑，對於許多問題有了新的認識，但是他又不能完全擺脫久已習慣的政策執行者的地位。新的認識與舊的習慣發生了不可調和的衝突，卻又誰也戰勝不了誰。這個矛盾弄得他疲憊不堪。……從我與他的接觸當中，我覺得他身上存在著

[16] 陳堅、陳奇佳：《夏衍傳》，中國戲劇出版社（北京）2015年版，頁697～698。

[17] 丁一嵐：〈周揚為《鄧拓文集》寫序〉，載王蒙、袁鷹主編：《憶周揚》，內蒙古人民出版社1998年版，頁603～604。

深刻的矛盾：作為一個活生生的人與作為一個齒輪的矛盾，正常的人以及人性與作為政策執行者之間的矛盾。前一個方面使我們敢於和他接近，而後一個方面則使許多人對他心懷畏懼而與他疏遠。我覺得這個矛盾正是造成周揚同志日後悲劇的主要原因。[18]

李子雲這一評析比較到位，也是周揚作為「紅色文藝沙皇」的歷史價值所在：終身迷赤，晚年欲返人性又不知途徑。

張光年——

周揚內心是一直是有矛盾的。他覺醒得太遲，但還是覺醒過來了，這一點我看就了不起。[19]

《人民日報》副總編王若水（1926～2002）的評點較深刻——

他是知識分子高層人士中比較能反思、有悔悟的人。但終於擺不脫正統觀念。這也是無法對他苛求的。他能走到這一步已經很不容易了。他要編自己的文集，但大部分是適應當時形勢、批判文藝界的所謂問題的，現在看來大部分是站不住的，這使他很難過。儘管這樣，毛澤東和胡喬木還嫌他「左」得不夠，把他當作自由化的人物，這對於他來說，不能不說是一個悲劇。[20]

文革後，周揚成為「解凍」初期紅色士林「反左」標誌性人物之一。1979年春，時任中國社科院副院長的周揚發表〈三次偉大的思想解放運動〉，將突破「兩個凡是」的三中全會與五四運動、延安整風並列。周揚晚年有一些反左「名言」，撮選一二——

《假如我的真的》（話劇）、《在社會檔案裡》（電影劇本），在台灣即使被拍成電影，也沒有什麼了不起。（按：中宣部長王任重認為台灣稱揚大陸作品，性質很嚴重。）

---

[18] 李子雲：《我經歷的那些人和事》，文匯出版社（上海）2005年版，頁129～130、126。

[19] 張光年：〈回憶周揚〉，載王蒙、袁鷹主編：《憶周揚》，內蒙古人民出版社1998年版，頁14。

[20] 〈王若水談周揚〉，載李輝編著：《搖盪的秋千》，海天出版社（深圳）1998年版，頁164。

就是要「自由化」嘛！[21]

與同時代中共意識形態要角相比，周揚有著實質性的「領先」——真誠公開懺悔。1991年10月8日，老友于伶（1907～1997）評點周揚——

文革之後的他和過去有很大不同。我們一談話他就落淚。他原來很剛強的，從來不認為自己有錯，現在就有變化了。[22]

學人徐中玉（1915～）——

（像周揚）不止一次公開向受害者表示歉意表示痛悔的人實在太少了，大都是往「執行上級規定」，只是「奉命行事」一推了事，連最起碼的一點道義、良知都仍未歸來。[23]

學人徐友漁（1947～）——

真誠懺悔的聲音不是沒有，但很稀疏，猶如空谷足音。不懺悔的聲音形成主流，而且顯得理直氣壯。[24]

文革結束後，中國劇協會議，幾十人參加。周揚復出後首次與戲劇界見面。輪到他講話，他看看大家，說不出話，先流淚——

我看到你們，很難過。我整過你們，傷害了許多朋友。現在我同你們有共同語言了，因為我也挨過整了。時間很長了，對不起大家。[25]

周揚將被他整過的劉紹棠請到家裡，當面道歉，老淚縱橫。但絕大多數左派既不懺悔，也不願別人道歉。胡喬木就對周揚的懺悔道歉很不以為然，評曰「黨沒叫他到處道歉」。蕭乾：「有的人從來不

---

21 顧驤：《晚年周揚》，文匯出版社（上海）2003年版，頁12、21。

22 李輝編著：《搖盪的秋千》，海天出版社（深圳）1998年版，頁48。

23 徐中玉：〈歷史真相的一角——追念許傑先生〉，載鄧九平主編：《中國文化名人談恩師》，大眾文藝出版社（北京）2003年版，頁301。

24 徐友漁：〈人的道義支撐點在哪裡？〉，載余開偉編：《懺悔還是不懺悔》，中國工人出版社（北京）2004年版，頁8。

25 〈吳祖光談周揚〉，載李輝編著：《搖盪的秋千》，海天出版社（深圳）1998年版，頁55。

反思，出爾反爾，看風使舵。運動一來，臉就變，事後佯作什麼也沒有發生。」[26]

周揚的複雜在於既要忠於黨忠於領袖，又無法認同黨與領袖的一系列政策，不願扭曲人性以迎合黨性。這一內心衝突使他屢挨毛澤東批評——「政治上不開展」，只能哀歎：「我們是在夾縫中鬥爭啊！」[27]

也有一些人不接受周揚的懺悔。1991年10月「胡風分子」曾卓（1922～2002）評點周揚——

他是錯誤路線的主要執行者，對此我想並不是所有人都能原諒他。……雖然也知道他有所悔改，但我不能原諒他。他打擊了那麼多人，晚年的懺悔已經太遲了。這種感情我扭不過來。[28]

沉默後的井噴

1984年8月，周揚在廣東療養，突然失語。1985年1月第一次病危，有人探望，除了流淚，無力表達意識，不久成植物人，1989年7月31日去世。這麼一位人脈深廣的著名官員，很長一段時間竟無悼文。與周揚有接觸的河北女作家劉真（1930～ ），後撰文〈他的名字叫「沒法說」……〉很有一點代表性。[29]蓋因人們一時不知如何評價這位「是非人物」。許覺民（1921～2006）——

周揚同志是位有爭議的人物，評議的褒貶不一，有讚揚備至

[26] 〈蕭乾談周揚〉，載李輝編著：《搖盪的秋千》，海天出版社（深圳）1998年版，頁52。

[27] 張光年：〈回憶周揚〉，載王蒙、袁鷹主編：《憶周揚》，內蒙古人民出版社1998年版，頁13。

[28] 〈曾卓談周揚〉，載李輝編著：《搖盪的秋千》，海天出版社（深圳）1998年版，頁133。

[29] 劉真：〈他的名字叫「沒法說」……〉，載王蒙、袁鷹主編：《憶周揚》，內蒙古人民出版社1998年版，頁393。

的，也有貶損至極的；有褒多貶少的，也有貶多褒少的。究其緣由，不外乎論者所持資料或所得的印象各異；至於或由好惡或因恩怨出發所得的評議，更顯得截然不同。[30]

後經沉澱與相互啟發，生前友好們漸漸感覺周揚很值得寫，幾年後爆發井噴式「是是非非說周揚」。1997年，龔育之（1929～2007）憶周長文——

那個時期的報紙上卻似乎沒有見到一篇悼念的文字。當然不會是沒有人想悼念他。大概是各種人由於各種原因，當時都感到難以下筆吧。[31]

終於，1998年周揚得到一份真正哀榮——一本厚厚的《憶周揚》（51.7萬字），以及顧驤專著《晚年周揚》。先靜默後泉湧，說明釐清周揚有一定難度。就是筆者這篇拙文，若非出於對他晚年思想的尊敬，也不會動筆。

周揚確是一位虔誠的馬克思主義者，真心信奉紅色《聖經》，終身迷陷赤塵。延安整風期間，周揚不僅整過東北作家羅烽（1909～1991），其妻白朗（1912～1994）在《解放日報》被宣佈與日本人睡覺，一家「特務」，弄得她很慘。1950年代，周揚指責胡風、彭柏山「內奸」、馮雪峰「假黨員」。[32]

最後歲月，周揚感覺不對勁，拼盡餘熱將這點「不對勁」表達出來，成了春寒料峭的1980年代前期中共「往回走」的鮮明腳印。當然，1983年75歲的周揚已不可能走出紅色漩渦，不可能對馬克思主義、中共革命產生實質性反思。是年，他明確表示——

我這一輩子跟著黨，追求革命，千辛萬苦，千回百折，怎麼會

---

[30] 潔泯：〈心曲萬千憶周揚〉，載王蒙、袁鷹主編：《憶周揚》，內蒙古人民出版社1998年版，頁253。

[31] 龔育之：〈幾番風雨憶周揚〉，載王蒙、袁鷹主編：《憶周揚》，內蒙古人民出版社1998年版，頁209。

[32] 蕭軍：《延安日記（1940～45）》，牛津大學出版社（香港）2013年版，下卷，頁435～436。

反對堅持四項基本原則呢？[33]

但在那一歷史時刻，在中共十分艱難的「自我解凍」初期，周揚對馬克思主義原教旨的幾點「探討」，歷史價值甚大。他這關鍵的一步，既成為中共紅色堡壘內部裂變的標誌，也是大陸意識形態「解凍」的信號。胡喬木之所以掀起「反異化」運動，實質還是感到周揚的人道主義危及中共政治基礎——階級鬥爭學說，紅色暴力失去價值支撐，「異化」說動搖了馬列主義哲學根基。

1980年代初，胡喬木在一次內部講話中明確表述：人道主義是修正主義的理論基礎，國外反動勢力反華的理論武器。胡喬木還說蔡元培提倡「相容並包」是進步的，今天大學再提這一口號，「這是歷史的倒退」；因為當年要反動政府「相容並包」馬列主義，今天再「相容並包」就是容忍「反黨反社會主義」。[34]赤裸裸的政治功利主義——此一時彼一時，陰陽二用。很奇怪，為什麼人家必須包容你的馬克思主義，你的馬克思主義卻不能包容別家學說？為什麼中共可以反對人家，人家就不能反對你？如此不平等的荒謬邏輯，胡喬木居然說得理直氣壯?!將人道主義「歸謬」資產階級，難道無產階級可以不講人道嗎？

1983年「周胡學案」，實為中共黨內漸醒派的一次理論努力，企圖轉向五四人文傳統，重新尊重個體價值，與頑固堅持馬列原教旨的僵化派發生正面衝撞，體現中共「黨文化」的裂變。周揚雖敗，精神不死，打而不倒。胡喬木很快轉勝為敗，民間貶封「左王」，釘上歷史恥辱柱。顧驤2003年出版的《晚年周揚》，批胡為「主旋律」之一。

---

[33] 龔育之：〈風雨幾番憶周揚〉，載王蒙、袁鷹主編：《憶周揚》，內蒙古人民出版社1998年版，頁249。

[34] 顧驤：《晚年周揚》，文匯出版社（上海）2003年版，頁43、87～88。

丁玲現象

「莎菲女士」丁玲，踩著五四節拍，以時代新女性形象登台，青年丁玲很有些骨頭的，自剖——

我年輕的時候，不太懂事，好像有點孤高自傲，不大容易喜歡人，特別是對一些妄自尊大飛揚浮躁的女人。除非她是非常聰明、非常漂亮、非常會做人的，才會引起我給以注意或喜愛。我總是容易看到別人的缺點。[35]

延安時期——

革命既然是為著廣大的人類，為什麼連最親近的同志卻這樣缺少愛？她躊躇著，她問她自己：是不是我對革命有了動搖呢？[36]

這麼一位很「小資」的莎菲女士，歷經「左聯」薰陶、延安改造、22年右派（五年蹲秦城），最後竟成為「心甘情願的受虐者」，不僅無有一點反思，還反過來諛頌施虐者與營建暴虐的「主義」。

又一個郭沫若

1981年丁玲寫詩〈歌德之歌〉，竟如此美化文革前的紅色大陸——

我們生活在一個和睦的大家庭裡／資本家接受和平改造／地主也分到了土地

幹部參加勞動／工農參加管理／我們經濟發展／一天好比二十年

人們彼此信任／互相尊重／取長補短，刻苦學習，蒸蒸日上

中華民族的優良傳統和共產主義新道德相結合

戰士雷鋒捨己愛人民的作風是我們學習的模範

---

35 丁玲：《風雪人間》，人民文學出版社（北京）1989年版，頁239。

36 丁玲：〈在醫院中〉（1940），原載《谷雨》（延安）第1期（1941-11-15）。收入《丁玲文集》第3卷，湖南人民出版社1983年版，頁262。

我們團結一心搞建設／國家面目一天變一個樣

世界上旁人已經做到的／我們能做到／旁人還沒有做到的／我們來創造

我們天天在春天的大道上／呵！祖國的春天呵！[37]

如此歷史觀、如此階級立場——地主明明被奪田產，反說「也分到了土地」；回避血腥鎮反、恐怖肅反、高壓反右傾、慘烈大饑荒，連直接打在身上的「反右」都隱匿了，居然將暴烈肅殺、民不聊生的赤難歲月說成「春天」，與早年的莎菲方向澈底悖反，既失五四品味，也就不可能得到後人「原諒」。當然，也凝成「丁玲現象」基色——澈底擰歪的腦僵者，又一個郭沫若！

打爛屁股提褲謝恩

丁玲熬受的「紅色考驗」遠甚周揚。周揚文革才倒，入秦城近九年。丁玲1943年在延安就遭懷疑，老黨員夏大姐「已經不以丁玲為同志了，因丁玲政治上已失了節」。[38]1953年，丁玲內部挨批，1955年公開「倒掉」，1957年毛澤東嚴厲要求對丁玲等人公開「再批判」（毛再三修改〈關於……再批判〉）[39]；1958年流放北大荒，1970年入秦城，1975年流放山西長治農村；1979年復出，長期拖著尾巴——「自首問題」。按說，她應該比周揚「覺悟」得早，更有動力「反思」，偏偏丁玲「雖九死其猶未悔」，黨對她的每一寸冤枉，反而成為她黨性彌堅的反作用力，冤屈越深，剖呈忠心之願竟越強烈。

晚年丁玲不僅為施虐者大唱諛贊，還攔著擋著他人反思，竭力

---

37 丁玲：〈歌德之歌〉，原載《光明日報》（北京）1981年7月5日。收入《丁玲文集》第3卷，湖南人民出版社1983年版，頁371。

38 蕭軍：《延安日記》，牛津出版社（香港）2013年版，下卷，頁222。

39 張光年：〈回憶周揚〉，載王蒙、袁鷹主編：《憶周揚》，內蒙古人民出版社1998年版，頁10。

表現「黨性」，向黨示忠，以證明當年打錯自己。她很享受這一「以德報冤」，自我感覺特好，以為很高尚很高明。1980年7月，丁玲堅持文藝作品必須有「光明尾巴」，只反對社會特權現象，不反對根源——

要批評社會的缺點，但要給人以希望。

要反對特權，但不要反對老幹部。[40]

很奇怪，社會有沒有希望，難道靠作家詩人「給」麼？為什麼反對特權不能反對老幹部？當時只有老幹部才享有種種特權。老幹部享有「批評豁免權」，不正是一種更深層次的「特權」？

文革後，大陸出現「三信危機」——對共產主義失去信心、對馬克思主義失去信仰、對共產黨失去信任。丁玲以受害者身分為中共挺台，成為文藝界的「曲嘯」（將所受冤屈說成娘打孩子），真正犯了十分低級的「政治錯誤」。

1979年秋，丁玲接受美國愛荷華大學聶華苓女士邀請，參加「國際寫作計畫」，發現美國並不是一個「垂死沒落」的醜惡世界，而是「滿眼都是綠樹、青草、流水、美麗的小屋」，居住的五月花旅館相當方便舒適。[41]「眼見為實」應該對丁玲有所教育吧？但1980年8月廬山，全國高校文藝理論研討會，她還是蹦出一段晚年代表語——

文藝為政治服務，文藝為人民服務，文藝為社會主義服務，三個口號難道不是一樣的嗎？這有什麼根本區別呢？只要活著的人，就脫離不了政治。……創作本身就是政治行動，作家是政治化了的人。[42]

---

[40] 丁玲：〈談談文藝創作〉（1980年7月），原載《文匯增刊》（上海）第7期（1980-8-10），收入《丁玲選集》第6卷，湖南人民出版社1984年版，頁233、236。

[41] 蘇潔：〈愛荷華河邊的聶華苓〉，載《新聞週刊》（北京）2015年第8期。

[42] 丁玲：〈作家是政治化了的人〉，原載《文藝理論研究》（上海）1980年第3期。收入《丁玲選集》第6卷，湖南人民出版社1984年版，頁230～231。

政治＝人民＝社會主義？？三個完全不同範疇的名詞，怎麼會一樣？丁老太太的理論能力委實太低了。1980年1月16日，鄧小平在中央會議上做報告——

我們堅持「雙百」方針和「三不主義」，不繼續提文藝從屬於政治這樣的口號，因為這個口號容易成為對文藝橫加干涉的理論根據，長期的實踐證明它對文藝的發展利少害多。[43]

大作家丁玲的思想解放居然不如鄧小平?!可笑的是：丁玲這會兒還認為自己能夠達到「最解放」。1984年8月，中組部下文為丁玲徹底平反，「叛變問題」最終平反，她很激動，想辦一份大型文學刊物：「我要辦一份思想最開放的刊物，最開放、最解放。」但她還能「開放」「解放」麼？一個明確反對「自由化」的馬列主義老太太，還可能「最開放」、「最解放」麼？

丁玲諛共的〈歌德之歌〉——

（中共「一大」）把最偉大的事業來探討／制定出最崇高的綱領

（參加大革命）誰參加了，誰感到幸福／誰沒趕上，誰滿懷惆悵[44]

1985年春，丁玲重回延安，對當地文學青年說——

從1932年入黨至今已有幾十年了，但真正要徹底革命，必須改變自己的世界觀，紮紮實實到人民中去，和人民結下深厚的感情，真正在這塊土地上生根，這一點是我到了延安以後才確定下來的。延安時期是我真正扎根人民中去成熟的時期。……我為什麼能熬過來，而且活得很好呢？這不止是因為我堅信社會主義優於資本主義，堅信經歷了半個世紀複雜鬥爭的中國共產黨的核心力量始終是健康可靠的。……我的體會是，要使生活過得紮實、有意義，一定要樹立對黨對人民對社會主義的堅定信心。這種堅定的信心不應只是來自書

[43] 《鄧小平文選》（1975～1982），人民出版社（北京）1983年版，頁220。

[44] 丁玲：〈歌德之歌〉，原載《光明日報》（北京）1981年7月5日。收入《丁玲文集》第3卷，湖南人民出版社1983年版，頁365、367。

本、旁人的言詞或理論，而應該是自己在實踐中一點一滴地長期積累……[45]

還在販賣赤色黴貨——「改造世界觀」、「與工農結合」、「對黨對社會主義有信心」……可「改造世界觀」無畢業之日，「走向人民」無終點，「對黨對社會主義」已無信心。自己一輩子被縛，見下一代不願受縛，跌足頓腳，大歎人心不古。事實上，正是「改造世界觀」極大限制丁玲文學才能的發揮，延安時期作品成了她一生文學活動的價值終點，此後一路滑坡，再也沒達到〈「三八節」有感〉、〈我在霞村的時候〉、〈在醫院中〉的水準。當丁玲失去小資作家的藝術敏感，自覺成為「歌德」作家，作品便失去思想鋒芒，價值頓萎。

三則民意

——丁玲復出後，女祕書王增如（1950～ ）一次外出開會，火車上同行青年作家探問其職，她答：「丁玲祕書」，青年作家們一聽，紛紛離去，王增如頓被冷落，涼意陣陣。[46]瞬間的「民意」，已說明丁玲落伍，未能與青年「心連心」。

——1980年代初，北京作協會議，一位中國現代文學教師對袁良駿先生說：

你那位研究對象（按：丁玲）我在課堂上不講了，她太「左」了！[47]

——1981年9～12月，丁玲出訪北美，巡迴演講美國十所著名大

---

[45] 杜鵬程：〈痛悼丁玲同志〉，載丁玲研究會編：《丁玲紀念集》，湖南文藝出版社2004年版，頁185。

[46] 劉真：〈丁玲和她的後代〉，載《開放》（香港）1991年11月號，頁80。

[47] 袁良駿：〈丁玲同志印象記〉，載《丁玲紀念集》，湖南文藝出版社2004年版，頁325。

學，高調挺共，大失「國際分」。她所持的理據相當低級。一、我受苦，黨和國家也在受苦，個人之苦算不得什麼；二、打倒四人幫、撥亂反正，「勇於改正錯誤的政黨，古今中外少見」。硬從沒理處找出表揚中共的理由，糾正最低級的罪誤也是「我們黨的偉大表現嘛！」「中國共產黨的核心力量始終健康可靠」。[48]港刊立濺回應：如果糾正罪誤都是「偉光正」，是不是還該再來一次反右、文革，以便提供再次糾正的機會，再體現一次「偉光正」?!

丁玲巡美演講承認中國落後、階級鬥爭擴大化、官僚主義嚴重，但認為這些弊端並非源自社會主義，只是工作中的失誤，社會主義終究優於資本主義並將最終取代資本主義。此前，一位美國女研究生興沖沖準備研究丁玲，上北大找到袁良駿教授要求輔導。丁玲在美國大學演講後，美國女研究生接到國內導師來信，要她換題，不要研究丁玲，丁玲太讓他失望了。[49]

不過領先一小步

周揚與丁玲晚年思想差異根於兩人文化層次，理論能力最終「救」了周揚，使他意識到可能被赤潮異化，閃出最後一抹晚霞。丁玲因理論層次較低，缺乏反思能力，無力從理論層次剖析赤說之謬。長期被剝奪人權的丁玲，因失去個權意識一併失去是非標準，黨說即正說，黨聲即正聲，成為施虐者的「精神幫兇」，還自以為很高尚。1983年3月，丁玲對一生文學活動有一段「很深刻」的總結——

幾十年來，自己很後悔一件事，就是一開始寫小說就走的西洋的路。現在湖南人民出版社要出版我的文集，我翻看自己過去的作品

---

[48] 杜烽：〈緬懷丁玲〉，載《丁玲紀念集》，湖南文藝出版社2004年版，頁621～622。

[49] 袁良駿：〈丁玲同志印象記〉，載《丁玲紀念集》，湖南文藝出版社2004年版，頁326。

都不順眼，哪來那些彆彆扭扭的話。……我想，如果我能從中國的民族形式、民族傳統出發，那該多好啊！[50]

如此倒是為非，明明從內容到形式全盤借鑒西方現代小說才一步登頂的莎菲女士，明明啜吸西方現代派藝術乳汁才成為中國現代文學代表作家，晚年竟如此澈底「悔少作」，認為不該走西化之路。真是被「澈底改造」，走出一條錯誤的「否定之否定」曲線。丁玲晚年之所以如此「一顆忠心向著黨」（李銳很感慨）[51]，根柢在於深迷馬列，認定國際共運乃人類解放大道。丁玲的悲劇再次證實「思想的力量」。

周揚也是一條「否定之否定」曲線，但最終拐向正確。按說，丁玲長期受周揚打壓，理應得到更多同情，筆者青年時代天然同情丁玲忌恨周揚。但兩人的晚年言行，使我發生自己都很詫異的180度大轉身——親周揚而遠丁玲，點贊晚年周揚而×掉晚年丁玲。

兩位紅色文藝人物之所以引起「是是非非」，當然在於評判「是是非非」的標準不一，「是是非非」鉤掛的各方理論尚在激烈交戰。分清是非之日，有待標準趨同之時。兩人之所以成「現象」，還有一個因忌諱而隱蔽的原因：如何看待紅色革命？只要「無產階級革命」一天還說不清楚（或曰不讓說清楚），兩位紅色文藝人物也就一天難得安寧，只能繼續「被說清」，繼續被「是是非非」。尤其當現實還存在某些「不讓說」的政治力量，哪兒有壓迫自然哪兒就會有反抗，激起不同意見者的「想說」、「要說」。

不過，周揚儘管晚年有功，一生主要歲月畢竟大量鑄錯，功難抵過，「紅色文藝沙皇」（蕭乾：「一段時間裡，可以說周揚對於我們是

---

[50] 丁玲：〈根〉，原載《個舊文藝》1983年第5期。收入《丁玲文集》第6卷，湖南人民出版社1984年版，頁412。

[51] 李銳：〈懷丁玲〉，載《李銳文集》第8冊，中國社會教育出版社（香港）2009年版，第15卷，頁232～233。

個God。」[52]），打了多少人、批了多少作品，傷害無數。隨拈二例：

一、「四把椅子」。1950年3月14日文化部大禮堂，周揚向京津文藝界做報告，指著台上四把椅子：有你小資產階級一把坐的，如果亂說亂動，就要打！狠狠地打！反胡風後，已犧牲的丘東平烈士，因屬「胡風小集團」——

為革命犧牲是值得尊重的，但當做作家看，那死了並沒有什麼可惜。[53]

二、「一條漢子鬥三條漢子」。1964～65年文化部整風，周揚在毛澤東嚴厲批評下，只得佈置批鬥田漢、夏衍、陽翰笙，夏衍大罵周揚「王八蛋」。[54]毛澤東捏著康生、江青搞來的材料，認為「四條漢子」把持文藝界，命令周揚公開批判另三條「漢子」——夏衍編劇的影片《早春二月》、陽翰笙編劇的影片《北國江南》、田漢改編京劇的《謝瑤環》。

毛對周揚說——

你和這些人有千絲萬縷的聯繫，下不了手吧？[55]

1993年8月26日，蕭乾對採訪者說周揚的懺悔是真誠的——

我覺得他的悔改還是真誠的。從1942年到後來，多少有才華的作家都倒在他的手下。最後，魯迅手下的大弟子，像馮雪峰、胡風等也都在他手下倒了楣。一個人做了那麼多值得反思的事情，經過幾十年，如果還不是麻木不仁的，良知這盞燈還沒滅的話，悔悟是必然的。我不能相信他是假的。[56]

---

[52] 〈蕭乾談周揚〉，載李輝編著：《搖盪的秋千》，海天出版社（深圳）1998年版，頁52。

[53] 胡風：《胡風三十萬言書》，湖北人民出版社2003年版，頁56。

[54] 露菲：〈夏公是一本大書〉，載《憶夏公》，文化藝術出版社（北京）1996年版，頁130。

[55] 張光年：〈回憶周揚〉，載王蒙、袁鷹主編：《憶周揚》，內蒙古人民出版社1998年版，頁9。

[56] 〈蕭乾談周揚〉，載李輝編著：《搖盪的秋千》，海天出版社（深圳）1998年版，頁51。

雖然歷史無法苛求，論古須恕，不能苛求周揚，但他終究不是時代的先行者，僅為中共大革命一代的「掉隊者」、最後的猶豫者、「立場不堅定」的修正主義者、1980年代的「兩頭真」。周揚的反思實在相當稚拙，尚在初級階段，非但未突破「四項基本原則」，還是「四項基本原則」的忠實執持者。1983年老部下龔育之去看他——

他說，他不知道為什麼會有人指責他不贊成堅持四項基本原則。他抑制不住激動，眼中含著淚光，說：我一輩子跟著黨，追求革命、千辛萬苦、千回百折，怎麼會反對堅持四項基本原則？我只是根據過去的歷史教訓，認為應該注意不要輕易地把一些不同意見說成是反對四項原則。我不可能反對四項基本原則嘛。[57]

周揚長子周艾若（1927～ ）、筆者黑大座師，因周揚拋棄其生母一直怨父，1996年最後評父——

「異化」要了他的命。其實他自己是一個被異化了的人，早就被異化奪走了他少見的才華，最後以身殉異化。……他的晚節我以為不錯。[58]

可見，周揚只是與馬列原教旨者胡喬木、鄧力群稍稍不同，稍稍拉出一點距離，只是因了胡鄧的「左」，才襯出其一點「右」。同時，也說明後人的寬容，不過四項基本原則框架內的一點小調整，朝著歷史理性中軸一點點小突破，就給予周揚如此「身後哀榮」。

墓誌銘是自己刻的，自傳終究也是自己寫的。周揚、丁玲最後自刻的一筆，群眾的眼睛雪亮呵！

2015-2~3於滬

原載：《領導者》（香港）2015年6月號

---

57 〈龔育之談周揚〉，載李輝編著：《搖盪的秋千》，海天出版社（深圳）1998年版，頁191。

58 〈周艾若談周揚〉，載李輝編著：《搖盪的秋千》，海天出版社（深圳）1998年版，頁211～212。

讀《鄧力群自述》・析中共難行民主

2005年，鄧力群（1915～ ）內部印行自述《十二個春秋》——1975～87年參與中共高層政治，言行見聞涉及重大國務。封面標明「徵求意見稿・不得外傳・不得引用」（該書新近在港出版）。中國當然是國人之中國，非一黨之中國，國人對國務擁有一份不能褫奪的知情權、評議權。《十二個春秋》提供的國務活動，自屬社會「公共資料」。

真是諷刺，一直封殺別人言論的意識形態總管，自己亦無言論自由，還得到資本主義香港享受這一權利。2006年，李鵬要求出版回憶錄《關鍵時刻》（又名《六四日記》），也遭「中央」拒絕。壓制別人自由者，自己也沒自由。

小平講話

《十二個春秋》記述1986年12月底鄧小平在中央高層的講話——

自由化是一種什麼東西？實際上就是要把我們中國現行的政策引導到走資本主義道路。……自由化本身就是資產階級的，沒有什麼無產階級的、社會主義的自由化。（頁625～626）

最高領導人說話毋須論證，個人感覺便是論據，怎麼說都是絕對真理，口含天憲，反正沒人駁詰他。鄧小平將民主訴求斥為「資產階級自由化」，實在滑稽，全人類都需要的自由，還分階級麼？誰掰扯得清「無產階級自由」與「資產階級自由」？兩個階級的自由有什麼區別？難道無產階級不要「自由」只要「紀律」？鄧小平的潛台詞當然全國人民都懂的：「只能聽我的！不許自由！」

國人多數不知，「資產階級自由化」一詞舶自蘇聯。1956年中共提倡「雙百方針」，赫魯雪夫不認同，批評「資產階級自由化」。毛澤東不以為然，認為此詞不正確不清晰，不引入意識形態。[1]1979年為關閉西單民主牆，借用此詞。

上引「鄧論」清晰表明鄧小平對自由的憎惡，表明中共階級論框架內無法容納自由。儘管1949年前中共一再抨擊國民黨如何「假民主真獨裁」，一再許諾給民眾「真正自由」；1949年奪國後，權柄在手，就只講專政不講民主了，自由就分階級了，誰要「自由」就是「化」了，就是「右派」了。將自由歸為資產階級，就是從根子上否定「自由」的正當性，要對自由揮動「無產階級鐵拳」。眾所周知，一黨專政的政治格局，不可能長期容忍異聲。1950年代初，歐洲知識分子就敏銳指出：共產黨與知識分子的蜜月長不了。

1980年8月18日政治局擴大會議，鄧小平的發言整理成〈黨和國家領導制度的改革〉。鄧力群記述未進入《鄧選》的一段話——

封建主義的影響在黨內主要是家長制，毛澤東同志的家長制，毛受封建主義的影響表現在他在黨內實行家長制，走向個人獨斷。

毛澤東早年一再抨擊陳獨秀家長制，長征中費了老勁拱翻「最高三人團」。輪到自己掌權，有過之而無不及，遠遠超過陳獨秀。文革中，鄧小平吃盡老毛獨裁苦頭，感受深刻，準備著手解決政治體制，可最後還是縮回去，只有「言」無有「行」，依循老皇曆乾綱獨斷。據說，鄧小平此時收到胡喬木一封勸阻信。政治改革止步，除了鄧小平對民主缺乏價值認識，也存在集權制不得不然的形格勢禁。既然自己說了算，搞得定，何必冒風險擴大決策參與面？七嘴八舌的民主到底又麻煩又受縛。萬一自己的意見被否決，咋辦？更深層的擔憂：一旦還政於民，真正選起來，共產黨有自信麼？這種需要最高領導「開恩式」的走向民主，或曰必須依靠獨裁者「階級覺悟」的頂層設計，倒用得上那段「最高指示」——

[1] 杜潤生：《中國農村體制變革重大決策紀實》，人民出版社（北京）2005年版，頁338。

凡是反動的東西，你不打，他就不倒。這也和掃地一樣，掃帚不到，灰塵照例不會自己跑掉。[2]

禁止社團

從操作層面，政策正誤在決策階段無法自證，須通過實踐檢驗。一上來就討論「正確」「錯誤」，作為劃定標準，表明這一茬中共高幹深陷非此即彼思維定勢，看不到世事的複雜與決策的艱難。非此即彼的思維定勢幾無容異度，這一茬中共領導人從思維方式上就不具備走向民主的可能。因為，民主的前提必須容異。

1980年秋，周揚主張給文藝社團合法地位，他在四屆文代會上提出：自發組織應成為文代會當然團體會員。林默涵、劉白羽等反對，胡喬木更不同意搞「出版法」、「結社法」。胡喬木致函鄧小平、陳雲、胡耀邦、彭真，說如制定上述法律，給予「非法組織」、「非法出版物」合法權，很可能被反黨分子鑽了空子還不知道。陳雲接到胡喬木的信，將胡喬木與鄧力群找去，明確指示：無論如何不能讓所有祕密或半公開的組織與刊物登記，要讓它們處於非法地位，禁止它們活動。這就是1981年2月20日中共中央、國務院聯合頒佈的〈關於處理非法刊物非法組織和有關問題的指示〉（頁272）。可看出中共高層根本不理解言論自由與自由結社乃基本人權，從宏觀上有利於國務效率與品質。

1945年7月，毛澤東在延安與黃炎培有一段著名「窯洞對」。黃炎培問毛，中共能否跳出革命黨週期律——「其興也勃，其亡也忽」？毛回答中共定能避免重演「政怠宦成」，我黨已找到一條新路——民主，民主能使我黨不斷糾錯保持正確。然而，現實呢？中共執政57年了，尚未列示兌現這張政治支票的時間表。

2　《毛澤東選集》，人民出版社（北京）1960年版，1966年7月橫排版，第4卷，頁1077。

鄧小平認為：社會主義無比優越，政治上有利發展社會主義民主。然而，近年《南方週末》、《南方都市報》、《中國青年報》、《21世紀環球報導》一系列言禁事件、民主直選長期徘徊於村級。至於官吏選拔，八旗子弟盡紫袍——紅二代全面接班，還有層出不窮的買官賣官，根本不符合「總設計師」允諾的優越。

西單民主牆

《十二個春秋》透露西單民主牆與中央理論務虛會的微妙關係。1979年1月18日，理論工作務虛會啟幕，2月16日休會；3月28日復會，3月30日鄧小平發表結論性〈堅持四項基本原則〉（胡喬木起草）。

1978年末「西單民主牆」初興，鄧小平、葉劍英表態支持。1978年12月13日，鄧小平在十一屆三中全會準備會議的中央工作會議閉幕式總結發言——

我們的各級領導，無論如何不要造成同群眾對立的局面。這是一個必須堅持的原則。[3]

惟胡喬木「火眼金睛」，看出言論自由的殺傷力，一再要求鄧小平封牆。理論務虛會原本旨在打破僵化狀態，解放思想，加強攻訐台上的「凡是派」。隨著會議進程，鄧小平、陳雲、胡喬木、鄧力群等覺得「離譜的東西也就愈來愈多」。第一階段結束後，胡喬木找到鄧力群——

這個會越開越不像樣，這個也否定，那個也否定，歸納起來是五個否定，即否定社會主義、無產階級專政、黨的領導、馬列主義和毛澤東。他為此感到很不安。……（鄧小平對《會議簡報》）越看越看不下去。（頁206～207）

---

[3] 《鄧小平文選》（1975～1982），人民出版社（北京）1983年版，頁135。

鄧小平有一段話未收入文件：「本來對理論界抱有很大希望，現在黨中央對理論界感到失望。」（頁210）會上主張繼續「放」的有胡耀邦、王若水、胡績偉，與主張「收」的胡喬木發生激烈爭論，最後決定權在鄧小平，鄧支持胡喬木，左派再次戰勝右派。理論務虛會結束，西單民主牆「關閉」。此時，京滬各地發生遊行抗議，上海臥軌阻車，社會上出現心驚肉跳的言論：「萬惡之源是無產階級專政」、「堅決澈底批判中國共產黨」。（頁208）

理論務虛會，批左始批右終，又一次「翻燒餅」。最初想解放思想，下決心搞民主，讓大家都抖出心裡話，一旦真發出不同聲音，尤其出現「聽不下去」，立即縮回去再行「集中」。「聽不下去」，表明第二代中共領導人的容納度仍很低，對「存異」缺乏價值理解。所謂民主集中制，缺乏操作性，「民主」根本無力抗衡「集中」。「一把手說了算」乃中共政體基調。鄧力群也承認——

規定在黨的會議上，黨員有對各種問題充分發表意見的權利，有權批評黨的任何一級領導乃至中央領導，並有權向任何一級乃至中央提出自己的意見。這當然只是條文，實際執行不一定能真正做到。（頁268）

不僅普通黨員不可能暢所欲言，高層也不敢放膽縱論，不僅字斟句酌，而且處處錄音，深加防範。除了「班長」，所有人都怕被抓小辮子。

思想活躍為社會發展之必需，不同意見亦為各項糾錯之必需。如何對待不同意見，乃民主與專制的分水嶺。壓制不同意見的「安定團結」，飲鴆止渴，時久必爆。

個體經濟

《十二個春秋》透出改革初期個體經濟合法化之艱難。按鄧力群的思路，「要引導他們（按：個體經濟）向合作經濟發展」，是否允許個體經濟的雇工？雇多少人為限？糾纏了很長時間。因為，馬克思說雇工七人以上即為「人剝削人」。1987年「十三大」前夕，李銳致函趙紫陽、鄧小平，指斥鄧力群反對發展私營經濟，從《資本論》中搬出雇工七名即形成資本剝削為理論根據。[4]鄧力群除了恪守馬列原則，還恪守惟小平是瞻的政治原則。他批評胡耀邦的重大理據就是「同小平同志頗不一致」（頁473）

鄧力群再三強調：「權力掌握在什麼人手裡，是至關重要的。」（頁718）僅此一語，就可看出這位左爺毫無民主意識，且不具備接受民主理念的能力。就是按共產黨的「民主集中制」，還裝飾一下「集體領導」，至少表面不承認集權獨裁的合法性。鄧力群一語掉底，除表明「政權萬能論」，亦抖出中共始終存在「權力掌握在什麼人手裡」這一問題，不啻承認中共的集權屬性。

誠然，將政權交給任何人都不可靠不放心，最可靠的是將政權交給歷史經驗凝聚而成的現代政制——執政與立法分開，輔以時刻監督防範，錯誤初露即能糾正。三權分立，乃歷史現階段最高智慧的政制設計。至於中共的「無產階級專政」、「社會主義優越性」，誰都明白的「司馬昭之心」——只能我黨專政。

值得一述的內容

——1983年12月23日中宣部《宣傳動態》刊載胡耀邦講話：

要注意八個問題——第一，不要干涉人家的穿衣打扮，不要用「奇裝異服」一詞。第二，歌曲方面，我們提倡有革命內容的歌曲，提倡昂揚向上的歌曲。對不是淫穢的不是色情的沒有害處的歌曲及輕音樂，不要禁止。第三，文學方面，所有世界公認的名著不能封

---

4 李銳：〈致趙紫陽鄧小平信〉，原載《開放》（香港）2006年4月號，頁50～51。收入《李銳文集》第10冊，中國社會教育出版社（香港）2009年版，第19卷，頁223～226。

閉。……即使有點色情描寫也不要緊。我們要禁止的是專門描寫性生活的作品。第四，電影、戲劇、舞蹈、曲藝、雜技等，凡是中央沒有明令禁止的都可以演，不能濫禁亂砍。第五，節假日中，應允許青年人跳集體舞、少數民族舞。第六，對繪畫、雕塑，不能禁止表現人體美的作品。第七，是從正面提出加強兩個文明建設。（頁470）

雖是解禁講話，清晰透視國人被中共管束到何等程度。1985年文化部進口一批「大尺度」影片，內部放映，有些孩子也看了。鄧穎超看後嚴厲致函中央：「救救孩子！」（頁532）鄧穎超個人審美觀，直接影響全國審美尺度與接受西方影片鬆緊度，人治痕跡十分清晰。

——1984年12月全國作協第四屆代表大會，在「三個失誤、兩個不提、一個無效」的基礎上召開，即「清汙」的三個失誤——擴大化、將「不能搞」弄成了「要清除」、一哄而上；二個不提——不提清汙、不提資產階級自由化；一個無效——內定人事名單無效。巴金選為主席，劉賓雁第一副主席。夏衍說這次大會乃中國文學史的「遵義會議」。鄧力群則認為「會議開得一塌糊塗」。李先念：這個會實際是一個反黨的會。（頁488）

——1986年9月20日，政治局擴大會議討論〈精神文明指導方針的決議〉，陸定一提出去掉「資產階級自由化」，萬里附議，一部分人鼓掌。鄧小平即席講話，堅持要寫上。楊尚昆、余秋里、薄一波、宋任窮、趙紫陽、陳雲、李先念、彭真都同意保留，遂保留。（頁621）

——1986年9月18日，鄧小平將鄧力群找去談話：「你和胡喬木不要擴大我和陳雲同志之間的分歧和矛盾。」鄧力群答：「小平同志，你們兩位之間在有些問題上有不同意見，我看出來了。」（頁615）

——1987年1月中旬，政治局開胡耀邦的「生活會」（批胡鬥爭會），要求胡下台。趙紫陽發言中有一段講劉賓雁、王若望如此狂妄，乃胡耀邦的「寬容」所致，想在國內外維持開明形象，以致這些搞自由化的人有恃無恐。趙紫陽還說：「他們寄希望於你，反正黨的格局已經定了，小平同志今年83了，現在如果你還不能自由行動的話，將來你是可以自由行動的。」趙紫陽說他已感覺到胡耀邦不遵守紀律，不管你常委會怎麼定，黨代會怎麼定，他要怎麼樣就怎麼樣。

鄧力群說——

趙紫陽的發言很用了一點心機……趙的話說得很巧妙……表面上看，趙紫陽說的就是上面的那幾句話，但仔細想來，趙是話裡有話的，有些話是在給人一種暗示：即胡耀邦要獨裁，眼前所以還沒有這樣做，是他自己有意識地克制自己。趙紫陽是說胡耀邦這個人用心很深，不可低估和輕看啊！（頁681～682）

鄧力群這麼說趙紫陽，或有抹黑趙紫陽的心機，或借趙訐胡。不過，無妨聊備一格。就算趙紫陽有此一筆，也不折減他否定「六・四」開槍的光芒。

——胡喬木文革後期的軟弱。1976年3月2日，胡致函毛澤東揭發鄧小平，毛立轉政治局傳閱。胡喬木後承認想報毛恩，既然毛決定批鄧，才向毛提供子彈。胡妻谷羽對鄧力群說：胡寫那篇東西，寫了一兩個月，也不給她看，送出去也不告訴她。家人都埋怨：你怎麼這樣？胡喬木回答：要對得起主席，想報答主席。他後來還對鄧力群說：我就是想挽回毛主席的信任。（頁124、81）

鄧小平說胡只是軟弱，並未報復。王震對鄧力群說：

唉呀，你的那個喬木啊，葉帥也不滿意啊，說，老幹部，在主席身邊那麼多年，揭發鄧小平，不能原諒。

余秋里也有意見。李先念、陳錫聯對鄧力群說：「你們頂住了，胡喬木就頂不住啊。」羅瑞卿也找到鄧力群：你們的胡喬木怎麼這樣幹？胡耀邦對胡喬木的意見也很大。（頁122～123）

——鄧力群談及自己尷尬的「滑鐵盧」：十三大兩次落選：中委落選、中顧委常委也落選。鄧力群說趙紫陽做了手腳，派人到鄂遼滬等代表團活動。差額選舉，鄧力群失票500餘張，僅得1600多張，落選中委。鄧力群耿耿於懷——

費孝通這些人當天知道了我落選的消息，互相打電話說：鄧力群落選了，大快人心啊。當然有一些人是會幸災樂禍的。（頁721）

鄧力群承認——

對落選一點反應和不高興都沒有，也不是，我的思想境界還沒有修煉到這樣一個高水準。中委和中顧委常委落選，對我有刺激，當天晚上睡得不太好，情緒有那麼幾天不舒暢、不愉快，總覺得不太公平，也有點尷尬。（頁720）

鄧力群在此隱去關鍵情節——李銳上書趙紫陽、鄧小平的那封信，揭露他反對改革開放及延安搶救運動中姦占李妻的惡劣行為。[5]

鄧力群還自塗脂粉——

一次，我和王震聊天，王老說你這個人不願意做官、清高，這是一個大缺點。他說：你那個不行，太清高，不行。他就講：我這個人就要掌權，就是要權啊！沒權你就什麼事情也辦不了！（頁718）

江西女省委書記萬紹芬（1930～ ）同屆落選，急得不行，跑到王震處訴苦，央王震替她想辦法。

——鄧力群「嚴正駁斥」胡績偉的人民性：

他（指胡績偉）認為按照少數服從多數的原則，黨中央就要服從全國黨代表大會；全國黨代表大會就應服從全體黨員；全體黨員就要服從全國人民。這樣把少數服從多數的原則作為我們黨和國家處理一切重大問題的唯一原則，可以代替一切的原則。按照這個邏輯，就要求一切重大問題都要經過全民投票表決。另一個王若水，與他的觀點相彷，認為黨性來自於人民性，因此人民性高於黨性。在講話中我都作了分析批評。（頁386～387）

以鄧力群的「正確立場」，應該倒過來：全國人民服從黨員，黨員服從黨代表，黨代表服從中央，人民性也應服從黨性。好像「民

---

[5] 李銳：〈致趙紫陽鄧小平函〉，原載《開放》（香港）2006年4月號，頁51。收入《李銳文集》第10冊，中國社會教育出版社（香港）2009年版，第19卷，頁223～226。

主」本就不該「少數服從多數」，只能產生於「黨主」、「黨魁」。可您的「少數」脫離了「多數」，還有什麼代表性？尤其發生偏誤（如反右、文革），咋辦？如何糾正？1949年以來，「偉光正」一直脫離多數，一直沒代表人民，難道就該永遠「多數服從少數」麼？如此公然否定民主基本原則，如此「馬列水準很高」?!

——胡喬木作為鄧小平帳下意識形態主管，先封殺「西單牆」，理論務虛會為鄧小平起草「堅持四項基本原則」，後於「四千人縱論毛澤東」堅決護毛——「三七開」，再於「五講四美」掛上「三熱愛」——熱愛祖國、熱愛社會主義、熱愛黨。強迫國人愛黨愛社會主義，還有一點五四氣味麼？再結合其他資料，中共最佳糾錯期的1980年代前期，胡喬木、鄧力群多起歷史逆向「反作用力」。

1980年10月中共高幹「四千人縱論毛澤東」，那麼多人要求否定毛澤東，鄧小平、胡喬木不敢投票表決，硬用「集中」將「民主」壓下去，以自己觀點強行統一。如此重大國務，還是幾個人說了算。

通讀《鄧力群自述》，清晰可見中共高層決策全無法度，真正摸著石頭過河，走到哪兒算哪兒。發生歧見，也沒有表決程序，誰是老大誰說了算。眾多國家大事，幾個頭頭一竅不懂，硬敢拍板定奪。最噁心的是：明明幾個大佬未經任何程序就決定國家命運，典型集權獨裁，還要立牌坊——自稱代表「最廣大人民的根本利益」！

——1985年9月上旬，鄧小平發起「清汙」，遭胡耀邦抵制，鄧小平非常嚴肅找到鄧力群：「我不收回我的那個講話（按：十二屆二中全會發起清汙的講話），將來編我的《文選》，我要原樣不改地收進我的《文選》裡面去。」（頁527）鄧力群說鄧小平對胡耀邦的抵制很不滿，強硬堅持「兩手硬」。1985年8月28日，鄧小平接見外賓時說：「如果不堅持這四項基本原則，糾正極左就會變成『糾正』馬列主義、『糾正』社會主義。」[6]這段話當然不是說給外賓聽的，借

[6] 《鄧小平文選》第三卷，人民出版社（北京）1993年版，頁137。

話筒內播耳。

——1988年，胡耀邦對鄧力群提及一則政治時諺「四個堅持」：

堅持社會主義無方向、堅持人民民主專政沒對象、堅持黨的領導無力量、堅持馬列主義太抽象。（頁742）

既放棄計劃經濟，社會主義沒了方向；既停止階級鬥爭，民主專政失去對象；既沒了指令性經濟的權威、沒了恐怖的政治運動，黨的領導還有什麼「力量」？既然經濟上政治上旗幟已憔，馬列主義只能「抽象」。胡耀邦雖不認可此諺，但也實質性說明赤左思潮在大陸失去價值支撐。

——1988年，「十三大」落選後，鄧力群回到闊別近60年的湖南桂東老家：

國家的扶貧政策給地方的好處，各級幹部比基層群眾要多得多。這個問題，恐怕很多貧困縣都是如此。……這就使人想到，我們的憲法、黨章和文件上寫的，以及口頭上說的，要求幹部要為人民服務，但也有相當數量的幹部不能真正貫徹這個宗旨，按文件、條例來辦事。有了好處幹部先得，老百姓得不到多少，只能得點殘羹剩飯。這個問題沒有完全解決。這算是回故鄉的一點感想吧。（頁737）

——鄧力群評王力：

王力去世之前，提出要見我。他感到自己快不行了。由於當時的種種原因，我不好見他。他去世之後，他的家人給我發了訃告，請我去告別，也因為政治原因我沒有去。我的心裡總感到這樣做會有一種遺憾。政治這個問題確實不簡單，太複雜了！我要去見他，他不說也會傳出去。這就又會引起于光遠這類人給你找麻煩。從這點上，我不見他為好。但就同志之間的感情上說，總覺得留下了一點遺憾。這個人還是一個同志，也有才。從總的方面來評價王力這個人，他對黨是堅定的，對毛澤東思想是相信的。文革初期，他成為風雲人物。這有他本人的責任，但也不能說所有的壞事都是他主張的。全面公正地看，還應該承認他是一個共產黨員。當然，這個人也確實有點毛病，有職有權時，他好表現自己；一旦無職無權，他又不甘寂寞。這一點上，他和關鋒就不一樣。關鋒後來確實是閉門讀書寫作，成績不小。王力也寫了不少東西，現在留下的一些東西也有價值。但是，據反映，其中不實不妥之處也不少。（頁762～763）

王力、關鋒對劉少奇《修養》前後變臉。文革前劉少奇編《文選》，他倆盛讚《修養》，文革一來，180度大轉彎。（頁294～295）鄧力群的書記處研究室有個梅行，1985年還反對農民經商，認為包產到戶有片面性。（頁521）

從該書可嗅出鄧力群除了馬列、古書，基本不讀（或根本不讀）近現代西方人文名著。思維方式、價值理念，均是馬恩列斯毛階級分析那一套，且以終身堅持紅色信仰自豪，對民主自由、人權平等普世價值不屑一顧。

該書亦帶你順道認識胡喬木：胡認為階級鬥爭才是解決人道主義問題的惟一途徑：「不經過階級鬥爭解決不了人道主義提出的問題」（頁400）。胡喬木還認為同發達國家資產階級打交道的社會主義國家，有可能產生一個新的資產階級，這個新的資產階級要依附於國際資產階級。（頁73）胡喬木從骨子裡不認同改革開放。

鄧力群全身紅色細胞，憎惡個人主義，堅持共產主義，反對市場經濟、反對思想多元，擔心資本主義復辟。該書清晰裸呈：赤潮澈底擰歪此人價值尺規，是非標準澈底歪斜。該書再次證實：改革開放初期阻力，即來自陳雲、胡喬木、鄧力群等守舊派。陳雲很欣賞鄧力群「馬列主義水準高」，在陳雲支持下，王震力薦鄧力群出任總書記。[7]而他們所持根據，全來自馬列教條以及對中國不切實際的認識。所謂改革開放，還不就是突破這批人頭腦中的「社會主義」？掙脫那些強縛國身的馬列教條？

鄧力群對「清汙」、「反自由化」、「四項基本原則」特別來

[7] 李銳：〈懷念同趙紫陽的交往〉，載《李銳文集》第10冊，中國社會教育出版社（香港）2009年版，第19卷，頁209。

勁，高談闊論；對1992年以後的市場化，未置一詞，政治態度十分鮮明：反對小平「南巡」後的國家走勢。1987年7月10日，李銳致函趙紫陽、鄧小平——

我一直認為鄧力群同志是中央改革開放方針的反對派，「十三大」後，絕不能再讓他留在中央領導班子之內。這樣可以使黨在前進的道路上除掉一塊絆腳石，去掉一個隱患。[8]

鄧力群的一段話清晰凸現其思想底版——

說這些人（按：胡績偉、李銳、王若水等）參加革命就是投機，不好完全這麼說。民主革命的要求推動他們參加革命，革命越深入與他們的資產階級世界觀就越來越衝突，這個也不行，那個也不對。用這種世界觀來判斷和觀察一切，以至走到現在這個地步，也就一點都不奇怪了。從現在的情況來看，當年毛主席講黨內有同路人的意見的確是有先見之明。（頁544）

毛澤東當年這麼說可是包藏政治意圖——打倒黨內政敵，鄧力群活學活用，借用批斥黨內「覺醒者」。

讀罷全書，一聲長歎——天下本無事，「左」人多擾之！以鄧小平、胡喬木、鄧力群等黨內主流派如此認識水準，當然不可能使中共轉型民主。

2006年2～3月於滬；後增補

原載：《開放》（香港）2006年4月號

---

[8] 李銳：〈致趙紫陽鄧小平信〉，載《李銳文集》第10冊，中國社會教育出版社（香港）2009年版，第19卷，頁226。

陳永貴是巨人嗎？

暴烈毛時代漸行漸遠，遺老遺少仍在，所持紅尺不時晃動，加上中共還在「打左燈」——堅持馬列主義，左腔歪調就像紅屍上的爛瘡，仍在發黴發酵。

映泉（1945～）的《陳永貴傳》（長江文藝出版社1996年），竟將陳永貴列入巨人。為盡可能體現作者原意，摘錄原文——

陳永貴，當在巨人之列！

他臉朝黃土，經營著一方貧瘠的土地，探索著中國農業的大課題，影響著億萬人民跟著奮進；他的探索飛出國門，吸引那麼多國家元首登門求教；他沒有文化，卻在人民大會堂面對千萬聽眾侃侃而談，傾倒了一生寫作的老作家老哲人們……真可謂前無先例，千古絕唱！（頁2）

筆者再三掂量，無論就陳永貴的副總理政績，還是淪為文革笑話的「大寨精神」，實在找不到他有什麼資本躋身巨人？就是按映泉先生支撐立論的上述兩段「根據」，也無法為陳永貴鋪設進入巨人行列的紅地毯。

陳永貴（1915～1986），大躍進43歲才掃盲，斗大的字不識兩口袋的老農，只能跟在別人後面畫圈圈的主管農業副總理，文革政治標本人物。一個最多只能管管百戶小村落的土垃垃，飆升政治局委員，本身就是一齣荒誕。陳永貴領導下的中國農業退回小農作業，與科技化機械化整個反向，大多數農民煎熬於半饑餓。1978年春節剛過，鳳陽縣委書記陪同滁縣地委辦公室主任、新華社記者採訪鳳陽條件最好的蔣巷大隊，「大隊煮紅薯招待我們。那個時候，能夠飽餐一頓鮮紅薯是很不容易的事。」

至於陳永貴傾倒國家元首、老作家、老哲人，那也原因多多。

時勢、造假、矇騙……不能成為「巨人」升起的台階。也正因陳永貴被捧得太紅，倒台後被「揭蓋子」，劣跡斑斑。中共投鼠忌器，規定「對陳永貴的錯誤只在內部總結經驗教訓，不進行公開報導」。[1]

名人就是巨人麼？

巨人可以隨便封麼？沒有起碼的標準麼？映泉先生的巨人標準是不是也太鬆了？如以進政治局為界，文革政治局其他工農委員，包括「四人幫」，豈非一個個都是巨人？如以影響中國歷史進程為標準，有影響人物多去了：袁世凱、曹錕、吳佩孚、張作霖、張學良、張宗昌、閻錫山、李宗仁……對國家歷史進步的實際影響，絕對在陳永貴之上，也一個個都是「巨人」麼？

很清楚：陳永貴只是毛澤東政治棋盤上的一粒棋子。僅僅因為毛澤東強調階級鬥爭、強調精神第一、強調工農至尊、尤其強調「人民公社」，陳永貴才一步步蹭上赤潮浪尖，成為合作化「就是好」的欽定樣板、「工農也能進入上層建築」的文革標誌。

巨人的標準應該是文藝復興三傑、莎士比亞、托爾斯泰、華盛頓、林肯、亞當·斯密、康得、黑格爾、牛頓、愛因斯坦……這些巨人，以歷史理性與各種貢獻深刻且正面影響歷史進程、改善人類生活品質，馬恩列斯毛都排不上哩。陳永貴這一檔次的小人物，無論從哪一方面，挨得上嗎？

瞎折騰

就是對農業，陳永貴非但毫無貢獻，而是反向折騰可憐的農民——不計成本、不講效益的「學大寨」。映泉先生也承認：

[1] 張廣友：《抹不掉的記憶——共和國重大事件紀實》，新華出版社（北京）2008年版，頁188、201。

（他）將幾億人驅趕得居無寧日，疲於奔命，就有不可推卸的責任。（《前言》）

大寨社員的日子過得十分可憐——

上工天不亮，放工點了燈；

上工擔著糞，下工扛石頭，時不空過，路不空行。

大寨的幹部出工350天以上，青年男女談戀愛都沒功夫，只好憑人介紹說合。結婚不請客，上午還得出半天工，下午才去接媳婦，新娘子第二天就要下地。村裡老人只說：「天可憐見……」（頁211）

他將全國城鄉都弄得雞飛狗跳牆，收自留地，批資本主義，早晚開會，人都快成了機器，可他還嫌轉得不快。（頁239）

如果他能以普通人的身分到全國走一趟，他將看到有多少森林被毀而造了梯田；有多少魚塘被填變成了收不到糧食的旱田；還可以看到多少人死於那種窮過渡；而又有多少人手裡因為攥著老百姓的命運而為非作歹；更可怕的，是一個民族把學文化搞科技視為可有可無，以體力勞動作為衡量人好壞的惟一標準，致使國家越大幹越落後……（頁284）

大寨人在陳永貴的領導期間，的確進行的是高強度的勞動，吃的是最低標準的伙食。（頁305）

陳永貴的本事就是下死力蠻幹。大旱之年，他說——

沒有見過的大旱，要沒有見過地大幹，來個沒有見過的大變。

他規定全縣幹部工人一律得跟農民一起挑水澆田，挑一擔水平均20里，來回40里，只能澆10棵小苗，每人一天兩趟80里，澆苗20棵。韋君宜當時就說：「這莊稼是沒法用使用價值和交換價值來計算的，簡直是用人命換來的！」四個大寨人一下午的成績就是從山下搬上四塊石頭來壘梯田，「中國人的勞力真是比牛力馬力還要低賤了！」

陳永貴規定昔陽機關幹部天天上班，而且「早晨睜眼上班，晚上上床下班。這是老陳說的，農民有什麼上、下班？」晚上各辦公室燈火通明，辦公桌後的幹部一個個在看報。韋君宜當時就覺得難以理解——

要他們不管孩子，不休息一會兒，不買東西不上街，甚至不換衣服不洗澡，可就太難了。這不得不使人做出壞的推測：弄不好，天天都是星期天。[2]

陳永貴很晚才認識到「休息權」——

他曾跟一個人談起他的過去：「我算是吃夠虧了，上面提出九十九，我就能幹一百一。過去，我最看不慣機關的八小時工作制，以後才知道，那是巴黎公社用命換來的一點自由。」（頁294）

陳永貴只能憑他那點低智商低水準瞎指揮瞎胡鬧。昔陽的西水東調工程，耗資5000萬，全省水利基建投資1/10，建成後雖能改變昔陽缺水狀況，但該工程投資效益遠低於平均值——每畝地獲澆成本數倍於全省平均成本。

以中國的財力而論，這類工程本來屬於搞不起也不該搞之列。

為迎接第三次全國農業學大寨會議，為了讓參觀者一眼就能看出大寨又上新台階，本埋一根管就可將水引過山溝，硬是修建了氣勢如虹的大渡槽，多花了成百萬的錢。[3]

「出成績」、「扛紅旗」，陳永貴拼了命在錯道上奔，驅趕全國農民一起瞎折騰。1980年代初，陳永貴激烈反對農村改革，堅決反對包產到戶，一句掛在嘴邊的名言——「堵不住資本主義的路，邁不開社會主義的步」[4]，視多種經營為資本主義道路，一人只許養一羊一雞，多了就是資本主義。[5]陳永貴最多也就是左瘋年代的符號人

---

[2] 韋君宜：《思痛錄》，北京十月文藝出版社1998年版，頁135～137。

[3] 吳思：〈陳永貴：在副總理的位置上〉，載杜導正、廖蓋隆主編：《政壇高層動態》，南海出版公司（海口）1998年版，頁157。

[4] 張廣友：《抹不掉的記憶——共和國重大事件紀實》，新華出版社（北京）2008年版，頁204。

[5] 杜潤生：《中國農村體制變革重大決策紀實》，人民出版社（北京）2005年版，頁166。

物，正劇都進不了的文革小丑。

陳氏故事

陳永貴的段子多了。大寨青年進城下館子，陳永貴認為是資產階級思想，大柳樹下當眾語重心長教育該青年。1970年代大寨開始有農機，一位青年希望能用機械運糞上山，陳永貴也在大柳樹下開這位青年的教育會，說是有了機械化，也不能丟了艱苦奮鬥的精神。以手段為目的，為幹而幹，為艱苦而艱苦，故意找苦體現「無產階級精神」。永貴大叔渾然不知邏輯歪斜，愚蠢到家，還一本正經訓導青年。

大寨很窮，當地歌謠——

扛長工，沒鋪蓋；賣兒女，當乞丐；有女不嫁窮大寨。

陳永貴不准大寨姑娘外流，反對她們與外村小伙搞戀愛，團員會議上大講正確戀愛觀。陳永貴甚至不許記者給大寨姑娘照相，說是傳播資產階級腐朽思想，要大寨青年抵制「資產階級香風侵襲」。夏天，幾個青年聊天：「最好坐沙發，開起電扇，喝一瓶汽水。」大寨黨支部聞知，一通「語重心長」幫教。1962年整整兩月晚上，四名黨支委輪流對青年憶苦思甜。

在陳永貴「大批促大幹」的管理下，凡超出一豬一雞一兔的副業都是資本主義尾巴，包括坑頭編織草帽也是資本主義。原本十分不錯的昔陽草帽業澈底完蛋，還得從外邊進口草帽。

1975年8月，陳永貴向毛澤東建議窮過渡——核算單位由小隊過渡到大隊，同時提出——

不准社員個人蓋房，一律由集體投資建造；痛痛快快免除社員欠集體的糧債。

毛澤東交政治局討論。陳永貴在會上高聲烈腔，再三強調大隊核算的好處。四川省委書記趙紫陽、山東省委書記譚啟龍堅決反對，張春橋也反對窮過渡，農村核算單位才未從小隊過渡到大隊。

昔陽城關公社作為向「大隊核算」過渡試點，各村副業收歸公社，當年副業收入直線跌降，四濺怨聲，只得將收上來的副業再放回去。陳永貴在大寨搞公費醫療，費用成倍增長，郭鳳蓮告急：「吃不住了！」陳永貴只得取消公費醫療。十一屆三中全會通過的「關於加快農業發展若干問題的決定」，幾乎指著陳永貴的鼻子：「三級所有、隊為基礎的制度適合於我國目前農業生產力的發展水準，絕不允許任意改變，搞所謂『窮過渡』。」沒了毛澤東，陳永貴「不行了」。

1973～78年，農業副總理陳永貴跑遍各地，以「大寨經驗」到處發話指示，留下一系列傳為笑話的「名言」，當時就遭各地鄙棄。1978年初，陳永貴訪問柬埔寨，讚歎紅色高棉以紅色恐怖「驅趕入共」（沒收所有私產，全民無產，從而一致信仰馬克思主義）——

馬列、毛主席還沒有實現共產主義，人家柬埔寨實現了。

打擊提攜人

陳永貴還打擊提攜人——昔陽縣委書記張懷英（1925～2005），借批鄧在全縣狠批張懷英，折騰一年多。「四人幫」倒台後，還在批張。新華社記者反映大寨的自力更生失實——接受國家資助，陳永貴指這位記者「反大寨」，投入監獄。新華社長穆青找陳永貴放人，陳遲遲不放，還說《山西日報》總編吳象「反大寨」，壓得吳象在山西抬不起頭，「四人幫」倒台後仍揪住不依不饒，逼得吳象投奔安徽萬里。[6]

陳永貴早就「修」了。文革初期，15歲的田壯壯去大寨修梯田

---

[6] 吳思：〈陳永貴：在副總理的位置上〉，載杜導正、廖蓋隆主編：《政壇高層動態》，南海出版公司（海口）1998年版，頁151、159、154～155。

跟每個人都握過手，像賈進財、郭鳳蓮、陳永貴，只有陳永貴的手一個膙子都沒有。當時握著這雙手的時候就覺得跟宣傳中的印象完全不一樣。賈進財的手簡直就像鐵板一樣。[7]

巔峰時期的陳永貴作風霸道，在昔陽一手遮天，其子其戚無不借風凌雲，昔陽形成「陳家天」。其子陳明珠任縣委宣傳部長，昔陽村支書一個個放任縣委書記。「現在昔陽附近各縣，已經全由昔陽人做主，包了。」[8]

新華社農村記者張廣友（1930～2008）如此評述陳永貴——

在他的眼裡，除了毛澤東、周恩來，幾乎誰也不在話下。他批過鄧小平、罵過胡耀邦，至於一般幹部，誰不合他的心意就整誰。新華社山西分社社長李玉秀，因為在「四清」中寫了一篇內參，講到大寨地畝不實，「文化大革命」開始不久，陳永貴把李玉秀揪到大寨進行批鬥，說他是大寨紅旗旗杆裡的「蛆蟲」，是劉少奇的「黑幹將」，罰他在大寨勞改了半個月才放走。陳永貴把記者都看成是資產階級的，動不動就訓斥就批判，甚至鬥爭。因此，到大寨採訪的許多記者見到陳永貴都噤若寒蟬，生怕不留意說了不合陳意的話，被他叫去訓斥一通。[9]

揭開蓋子

農業部副部長、中國農學會創始人楊顯東（1902～1998），1937年美國康乃爾大學農學博士，出席1978年第三次「全國農業學大寨」會議；見虎頭山光禿禿一片，為搞小平原砍掉樹林，小麥種到山頂，

---

7 查建英：《八十的訪談錄》，三聯書店（北京）2006年版，頁402。

8 韋君宜：《思痛錄》，北京十月文藝出版社1998年版，頁140。

9 張廣友：《抹不掉的記憶——共和國重大事件紀實》，新華出版社（北京）2008年版，頁196。

嚴重破壞生態平衡；已近收割季節，麥苗僅五六寸高，抽不出穗，偶有抽穗也是幾粒癟籽；那幾塊吹得神乎其神的「海綿田」，竟是推土機推出來的堆堆黃土。農業部兩位知情幹部說：所謂自力更生，還不是靠國家每年支援那麼多人力物力。楊顯東很難受，各種會議揭露大寨問題，甚至當著陳永貴的面「揭」，揭蓋大寨第一人。[10]

1972年5月，美國漢學家費正清參觀大寨。1980年代費正清回憶錄——

由於它虛報產量和僅僅偽裝自給自足的醜行被揭露而變得聲名狼藉了。[11]

農村經濟一轉向私有化承包制，大寨旗幟靈光不再。而沒了大寨精神，陳永貴也就從虎頭山落下來，進了歷史垃圾堆。國人當然會問：九牛二虎之力普及大寨縣，25年硬普及不下去，安徽鳳陽縣小崗村的包產到戶，不脛而走，不普而及，小小鳳陽打敗赫赫昔陽，何故？對包產到戶，陳永貴質疑：「咱大寨人能願意幹嗎？」不料，大多數大寨農民願意：「砸了大鍋飯，磨盤不推自己轉，頭兒不幹，咱大家幹。」1982年底，昔陽全面實行包產到戶。[12]

1979年底，罷免陳永貴昔陽縣委書記；1980年8月再免副總理；1982年落選「十二大」代表，失去政治局委員；1983年京郊農場顧問，趕出中南海，差點發回原籍。

烏紗一丟，陳永貴頓成「昔日之陽」，昔陽蓋子被揭。1980年9月，新華社、中央電台、人民日報、光明日報聯合調查組，深入大寨、昔陽採訪40多天。10月晉省人大會議，長期受陳永貴壓制的一派抬頭，揭出陳永貴一大堆問題，要求罷免他的全國人大代表，追查他

---

[10] 曠晨編著：《我們的1970年代》，中國友誼出版公司（北京）2006年版，頁128。

[11] 《費正清對華回憶錄》，知識出版社（滬版）1991年版，頁512。

[12] 杜潤生：《中國農村體制變革重大決策紀實》，人民出版社（北京）2005年版，頁136～137。

和「四人幫」的關係與法律責任。

聯合調查組——

對十多年無人敢摸、無人敢講的大寨和學大寨的問題，進行了系統調查，分專題寫出了十多萬字的內部報導。其中主要題目有：

〈大寨走向反面〉

〈一部充滿謊言的「大寨鬥爭史」〉

〈「七鬥八鬥」給大寨造成嚴重惡果〉

〈「大寨精神」和「大寨風格」都被拋棄了〉

〈一整套對抗黨的政策的極左做法壓抑了大寨群眾的積極性〉

〈昔陽學大寨，「大批資本主義」的真相〉

〈昔陽整「五種人」的經驗完全是適應「左」傾路線的產物〉

〈造反起家，幫派掌權〉

〈任人唯親——以對大寨「感情」「態度」劃線〉

〈從幫派掌權到家庭統治〉

1967～79年陳家天下期間，昔陽冤假錯案3028起，涉案者占全縣人口1.5%。全縣水利基本建設死傷1040人（其中死亡310人），虛報糧產量2.7億斤，占實際產量26%。

揭出真相，「永貴大叔」形象澈底倒坍。雖未公開報導，但國人根據經驗咸知「陳永貴完了，肯定不少事兒」。[13]最糟糕的是揭露出陳永貴的歷史問題：1942年任村「維持會」代表，加入日偽特務組織「興亞會」。[14]

將陳永貴列入「巨人」，說明社會存在重大暗疾：評尺歪斜，極易偏激。指說一事，非得再三強調。為人立傳，越拔越高，似非此就不足以說明立傳價值。習慣偏激，自然緣於理性黯弱，缺乏起碼辯

[13] 張廣友：《抹不掉的記憶——共和國重大事件紀實》，新華出版社（北京）2008年版，頁200～201。

[14] 李銳：〈《陳永貴本事》序〉，載《李銳文集》第10冊，中國社會教育出版社（香港）2009年版，第19卷，頁307。

證能力。

評價標準

映泉充滿感情地評說「巨人」——

他崇尚犧牲，在要求人家犧牲之前，自己首先就已經作出犧牲了……他赤條條來，赤條條去；該領略的人生起碼溫馨和享受，都被他自己剝奪乾淨。為了什麼？只為那心中的信仰。我們有什麼理由，又怎麼忍心責怪他！（頁3）

評價人物，首在功過，客觀為據，而非主觀動機。如果僅僅動機純美，晚年說過一二反思，就可得到寬容，就可折抵前愆，「不忍心責怪」就可不責怪麼？如此這般，還有什麼史家「直筆」？如果僅僅因為陳永貴是個「好人」，品德無虧（其實大有爭議），就可原諒他的一切，就不能評點他的重大缺陷與對中國的「反作用力」，豈非就得認下他這筆瞎折騰的糊塗賬？明辨是非乃走向正確的第一步，這種不忍說錯的「好心」，只能使我們無法邁向「真實」。

新華社農村記者——

中國這麼一個堂堂大國，人才千千萬萬，竟讓這樣的「一個斗大的字不識兩口袋」的人物當上了中央政治局委員、國務院主管農業的副總理，搞了那麼一套「左」的東西，強加在八億農民的頭上，不能不是令人深思的一大悲劇。[15]

1986年3月26日陳永貴病逝，八寶山200來人相送。親友、農場職工，無現任中央領導人。華國鋒來了——

目不斜視，一言不發地走進告別室，在陳永貴遺體前三鞠躬，又一言不發站了許久、看了許久，流淚慢慢繞著陳永貴走了一圈，又一言不發與親屬一一握手，一言不發走出告別室，上了車。

---

[15] 張廣友：《抹不掉的記憶——共和國重大事件紀實》，新華出版社（北京）2008年版，頁200。

陳永貴在大寨的墓類似中山陵，山道前半身巨像，碑詞「永垂不朽」，三組台階：第一組38階寓黨齡，第二組72階寓享壽，第三組8階寓中央工作時間；墓道「腳下」大寨展覽館，村裡辟設「陳永貴故居」。[16]

更危險的是陳永貴的醜事不能在大陸說，即便「文革」政治局委員亦受特權保護。地下黨出身、《光明日報》高級記者陳英茨（？～2002）參加審查陳永貴，撰有《陳永貴本事》，2005年只能出在香港。大陸只能出版「正說」的《我的爺爺陳永貴》（2008）。

如何評價陳永貴這樣的人物，如何剖析他的「好心辦壞事」，如何評議這種至死都不明白自己斤兩的人物，不僅反映對歷史的把握能力、評價能力，更重要的是標誌今天達到的反思水準，意味著今人是否真正汲取歷史教訓。因此，《陳永貴傳》所裹挾的種種偏誤，就不是可忽略的小毛小病。

2003-7-10於滬；後增補

原載：《開放》（香港）2005年8月號

[16] 李衛平：〈陳永貴的墓地〉，http://www.360doc.com/content/11/1014/15/4913927_156149463.shtml

與「紅岩一代」函辯

2014年7月上旬，筆者與中共南方局老黨員何燕凌先生電函交馳，不期然而然發生激烈論辯。論題牽涉甚廣，從國共內戰責任、「紅岩一代」歷史作用，一直到中共革命價值、馬列主義褒貶……應該說，1947年入黨的老幹部，能與齡差32歲的「反革命」對話，本身就是歷史進步。不同政治觀點的代際溝通儘管困難，畢竟有助相互瞭解，至少有利筆者深入把握「紅岩一代」準確脈跳，探觸這一代紅士晚年的思想實況。

與燕凌老的函辯從禮讓到亮劍，漸行漸深、漸尖漸銳，終於「圖窮匕見」。很快，雙方發現入徑不一、主義有別、邏輯各異，溝通極吃力，再深入就要撕破臉，只能到此為止。精確地說，我們因「紅岩一代」受壓而合，因深層次歷史觀價值觀豁距太大而分。

本文三呈燕凌老過目，四函回覆，封封火藥味濃烈，從指責上了筆者「大當」，到對紅岩一代「人格侮辱」……筆者持守古訓「不出惡聲」，出語儘量中和，總算艱難溝通下來。

據說京上左右兩派根本無法對話。右派願意與左派溝通，而奉持馬列原教旨的左派卻對右派嗤之以鼻——冰炭不同器、漢賊不兩立。燕凌老屬於中共民主派，我則屬於「異見分子」，又隔著一代半以上代溝，成長背景各別、資訊組裝不一、價值體系錯歧、思維邏輯異軌，最初因「地下黨宿命」走到一起，真正一交鋒才發現同少異多，驢唇馬嘴，說不到一塊去。

1949年後，「紅岩一代」整體受壓、不得重用，但仍對黨忠心耿耿，終身持守馬克思主義，一張口紅味濃烈。但作為歷史存在，瞭解「紅岩一代」晚年思想，當代中國思想一翼，似有必要記錄存檔，以備查考。

燕凌老這一撥1940年代紅色青年，跟錯主義，至今囿於馬列繩範，難脫黨派立場（燕凌老認為是對紅岩一代的人格侮辱）。他們雖然極端厭惡毛澤東、不滿當今現實，但對造成毛澤東現象的根源，只限於對毛的個人批判，至多對馬列主義有限批評，仍陷於「歪嘴和尚念歪經」——馬克思主義是本好經，被史達林、毛澤東念歪了。筆者認為，「紅岩一代」基本價值歪斜，整體歷史觀迷惘失據，晚年思維奔突混亂，盤旋較低層次。

緣起

何燕凌（1922～ ），西安人，1943年考入中央大學外文系，次年轉復旦大學新聞系，參加南方局復旦祕密據點「核心組」；1946年7月入晉冀魯豫赤區，1947年初入黨；1949年後《人民日報》編輯、編委、農村部主任，多次挨整；1979年《中國社會科學》總編室主任、副總編，1987年離休。

2010年，筆者收到燕凌老寄贈港版《紅岩兒女》第三部。這部大型回憶錄乃何燕凌、穆廣仁等四位南方局老黨員編著。我從中選材，於港刊《開放》發表〈地下黨員被摧殘的一生〉、〈紅色川妹子〉等四篇述評。老資格黨員、大陸最高社科刊物副主編，晚年回憶錄都只能「上香港」。出於對中共地下黨1949年後冤屈的唏噓，筆者再撰書評〈前後「十六字方針」——白區地下黨的宿命〉（載《二十一世紀》2014年8月號）。

2014年4月，台版拙著《烏托邦的幻滅——延安一代士林》，十分「反動」地用史料論證中國共運何以走歪、馬克思主義何以為謬，既出於回贈，亦想聽聽「老革命」的意見，不怕挨罵地寄贈幾位「老延安」（李銳老、何方老）、「老紅岩」（燕凌老、廣仁老）。與燕凌老這場「函辯」，即起於他對拙著的讀後感。燕凌老只認同拙著的研究方法與研究態度，但從根子上不認同我的歷史觀價值觀，更不同意我對中共革命、馬克思主義的「兩個否定」。

92周歲的燕凌老，思維清晰，反應迅速，「與時俱進」熟練打字，能與後輩網上交流。更難得燕凌老激情仍在，願俯垂與晚輩溝通，尊重我的言論自由。如此這般，機緣巧合，擦碰出這場跨代「函辯」。得承認，與燕凌老討論赤潮罪誤與馬列偏謬，對他實在太殘酷，類乎「與虎謀皮」。無論如何，他一生都與這場紅色革命、與馬列主義血肉交融、難以剝離。

觀點

「函辯」涉及龐雜，只能擷精聚濃。先列示共同點：一、中共專制統治給國家造成巨大傷痛；二、毛共披馬列外衣行封建之實；三、1946年如避內戰，歷史最佳選擇。

燕凌老主要觀點：一、反毛不反共，批左不批「馬」；二、打倒國民黨正確必要；三、中共1953年變質，從民主轉向專制，評價中共得分階段。具體如下——

1949年前中共進行的民主革命推動了歷史進步；不能以「社會主義革命的錯誤」否定其前「民主革命的正確」。1953年後，毛澤東獨裁，中共從民主轉向專制；毛復辟皇權，國家罪人，但不同意將毛妖魔化。

中共走歪路與馬克思主義無關，大躍進、文革正是違背馬克思主義所致；馬恩晚年已放棄階級鬥爭、暴力革命，要求走議會道路，伯恩斯坦及歐洲社會民主黨才是馬克思主義衣缽傳人。

筆者對應觀點：

一、不能將「走歪路」全堆給老毛一人，中共終究以決議形式通過老毛種種提案，得承認自己的集體簽字。

二、馬克思主義以「階級鬥爭」為暴力革命提供合法性，公有制、計劃經濟造成各赤國大災難，中國以巨大實踐代價證明馬克思主義的烏托邦。追溯赤潮禍華，必須追責馬克思主義。指說伯恩斯坦及社會民主黨才是國際共運主流，實為燕凌老「自說自話」，列寧的第三國際拖出龐大社會存在——二戰後「東風」陣營，國際共運當然「正宗」。

三、1953年前後的中共，不僅一直宗奉馬列主義，土地革命、公有制的「三大改造」乃江西蘇區以來「既定方針」。1953年怎麼可能成為「分水嶺」？燕凌老的「1953年前後論」，要害在於捍衛中共革命的合法性，維護打倒國民黨的必要性，顯攜黨派利益。

激辯

至此，由於還是宏觀問題，燕凌老儘管不認同我觀點，火氣還不大，來函還控制在學術討論範疇，我亦就他的論點論據一一探討，提出自己的論點論據，雙方尚能和平共處。再往下，涉及具體問題：國共內戰、「紅岩一代」學運、台灣國民黨政改……燕凌老黨派立場漸濃、對立漸銳，逐句駁斥我的第三函、第四函，幾無一句同意。我終於意識到代溝豁口太大、政治立場迥異，只能踩煞車——掛出免戰牌。

燕凌老認為我這個「年輕人」不懂歷史、立場偏誤、幫國民黨講話……在我看來，這位紅色長輩一生浸「左」、積赤難返、黨派立場頑固……（燕凌老認為也是侮辱）

成分

最使我無法接受的是燕凌老不經意問起本人成分，質疑我研判歷史的「公正起點」，拖露出意識深處以政治劃派的紅色大辦。

裴君大概並非國民黨員或國民黨員的親屬，但傾向國民黨的黨

派立場居然如此明顯而且頑強，實在大大出乎我的意料。（第四函）

接閱此函，感覺不便再進行下去，因為得先交代本人成分了，而本人成分，說來話長，又是人生之痛。覆函中，儘管感覺不宜多說，還是忍不住寫下——

作為研究者，當然不可能也不應該只站在中共角度看國共內戰的責任，站在國民黨角度掂量一下也是必須必要的，您老據此質疑我的公正動機，實在……即使我是國民黨親屬，難道就自動失去對國共內戰研究、評議的資格了？

只允許站在中共立場，只能得出有利中共一方的結論，這種規定這種預設，公正公平嗎？退一萬步，您能幫共產黨說話，我為什麼就不能幫國民黨說話？何況我認為國民黨對內戰也得負50%責任。

9月12日，接燕凌老審閱本文後的第五函，告知他家成分也是「剝削階級」，不過抗戰期間上大學仍賴國府公費。燕凌老，您能背叛家庭與階級，「公正」選擇中共，別人為什麼不能「公正」？再說討論國共內戰責任，有必要「查三代」麼？這不是暴露出您老頭腦中根深蒂固的「階級分析」——拖著赤色長辮。（燕凌老認為純屬汙蔑！）

燕凌老一聲「國民黨親屬」，觸痛本人陳傷。我於港刊數次自報家門——國軍少校之後，〈公安六條〉規定的黑崽子。不過，家祖乃湖北枝江董市鎮赤貧雇工，雇主以女妻之，做點小生意，1938年斃命匪劫，土改劃定「城市貧民」。家父16歲抗日從軍，1949年初升銜少校，1949年後淪落底層，月薪33元的菜場會計。嚇破膽的父親從未向我灌輸任何「反動思想」，我直至1966年才知他的「少校」。父母對我進行的都是紅色教育，生怕孩子上外面亂說，追究他們的「階級根源」。筆者年過五旬，家父還囑我「無產階級專政不是吃素的！」本人的「反動思想」確實不是來自家庭。當然，如果一定要追究階級根源，我也承認幼時所受的「階級壓迫」有一定的催化作用。

再退一步，無產階級受資產階級壓迫，造反有理；那麼受無產階級專政壓迫的「狗崽子」，為什麼就不能質問赤色「階級壓迫」是否合理？這種階級壓迫的大轉移，豈非以暴易暴，其暴仍在？有什麼實質性革命？我為什麼就必須承認紅色「階級壓迫」合理？就不能「哪兒有壓迫哪兒就有反抗」？

本人16歲上山下鄉大興安嶺，當了幾個月通信員，因成分不佳被擼。姐姐因成分連街道衛生院小工都不讓幹，怕她會向無產階級下毒，嚇得她差點精神分裂。如今60歲了，再遭一聲「成分」之喝，想想還是得將自己所受的「歷史委屈」倒出來，至少讓老一代革命家知道成分論對下一代的傷害。粗粗估略，全國至少1/4人口因「成分論」受到各種傷害。隨拈一例：1957年北師大中文系學生嚴景煦「鳴放」——

都說志願軍是最可愛的人，我是志願軍，可沒人愛。為什麼？因為我是地主家庭出身！

嚴景煦劃右，判刑15年，發配漠河，加刑「無期」，1979年無罪釋放。[1]

階級論之荒謬，稍駁即倒。筆者財東之女的奶奶不是嫁給赤貧祖父，現實版「階級融合」？林妹妹不愛焦大，七仙女卻愛董永，高門大戶的張妹妹李妹妹也有愛貧家漢的。順便再交代一下：本人與拙妻也是「國共合作」，她乃中共處級幹部之後。還有魯迅之孫愛上台灣女，江姐之子加入美國籍，「階級分析」還有什麼說服力？

再按平等原則，「反動家庭」出身就得淪為賤民？子女為什麼要為祖上行為負責？所有社會「正能量」都集中無產階級，資產階級就活該被剝奪精光？無產階級能表示自己的觀點，資產階級為什麼不能？無產階級可以反對資產階級，資產階級為什麼不能反對無產階級？無產階級要打倒資產階級，資產階級為什麼不能反抗自衛？尤其如今一部分國人「先富起來」，資產階級「文藝復興」，前度劉郎今

---

[1] 范亦豪：《命運變奏曲——我的個人當代史》，人民文學出版社（北京）2014年版，頁44～45。

又來，難道再來一場「生產資料所有制改造」？歷史證明：階級學說實為赤禍之源，破壞安定團結，澈底摧毀社會生產力，造成制度性貧窮——誰都不能富，一富就是「革命對象」呵！

9月12日燕凌老覆函為「成分」之問真誠示歉，筆者很感動。對「成分論」的駁斥當然不是針對燕凌老，而是針對他思想深處的「階級論」。燕凌老儘管從理性上反對「階級論」，但瞬間思維還是迸出「深厚的歷史積澱」——理直氣壯走在「階級論」的甬道上。如此熟練搬用馬克思主義「階級論」，竟認為中共革命與馬克思主義、與國際共運沒多少關係?!

內戰

燕凌老認為1946年內戰國民黨全責：一、中共時弱，不可能首啟戰釁；二、國軍進攻中原李先念部，打響第一槍。

筆者認為內戰責任國共各負50%，理據亦二：

一、重慶談判確定軍隊國家化，額定全國50個師，中共要19個師，國府初意中共9個師，最後讓步至15個師，只要求簽約後立即縮編。周恩來同意，毛澤東不同意。主持調停的赫爾利：「達成統一的障礙來自共產黨的要多於來自國民黨的。」[2]毛不肯放棄軍隊，抱定槍桿子裡出政權，缺乏談判誠意。毛共對內戰至少得負50%責任。

二、儘管國府師出有名，武力解決總是下策。據當時態勢，主動方的國府如能避免內戰則為國家大幸。從結果看，國民黨失敗，共產黨獨大，大陸赤沉——走向土改、鎮反、抗美援朝、三大改造、反右、文革。當時對國家「總負責」的國民黨對內戰也要負50%責任。

---

[2] 吳國楨：《夜來臨》，吳修垣譯，香港中文大學出版社2009年版，頁190～194。

燕淩老以「打響第一槍」為據，無視毛澤東暗竊神器缺乏談判誠意在前，只說其一，不說其二，只維護毛共利益，無視國府利益，對我未站在中共立場評判內戰責任「強烈抗議」，且不承認他是黨派邏輯，而是「尊重史實」?!

燕淩老還認為中共內戰獲勝乃「民心向共」，並以此作為中共奪權正義性證據。本人簡短反駁——

國民黨失敗原因多多，也有失去民心的一面，但這並不自動證明中共奪權的正義性。中共奪權的正義性只能由其奪權後的績效予以證明。歷史往往走曲線，太平天國造反，一半成功，能自動證明它的歷史合理性麼？元、清外族入主中原，也得到全國政權，能說明他們因得民心而得天下麼？

黨綱

燕淩老不認為階級鬥爭、暴力革命、公有制、專政論乃中共政綱基本面，抱定抗戰後的中共是爭取民主自由的政黨，論據是毛澤東1946年的〈論聯合政府〉。至於1949年後中共種種暴虐，燕淩老歸為老毛改變民主革命航向。燕淩老否定蔣經國的還政於民與三民主義之間的價值連繫，不承認台灣走向民主有指導思想的作用。

與其他高齡赤士的接觸中，發現他們有一共同點：表明觀點的意願十分強烈，出示論據的意識稀薄寡淡。即便涉及論據，也只出示有利己方的論據，淡化甚至忽略不利論據。如涉及國際共運以及蘇聯東歐各國拋棄馬列主義，燕淩老答覆——

對於國際共運，老實說，我不大關心，沒研究過。對於中共革命的全程，我所知也很少，能說出來一些認識和感受的，也只是自己經歷的上世紀四十年代以來的一小部分。

如此「謙虛」，承認對國際共運、中共革命全程「所知很少」，那麼就不該對中共黨史發表宏觀意見。調查研究不夠，沒有發言權呵！

他們確實無力反思馬克思主義，因為在他們的思想庫存中，並不理解民主自由的真正價值，也不太明白「主義」「學說」應該為國為民服務，而非倒過來國家、人民為您的「主義」服務。燕凌老特別反感筆者對紅岩一代的以下評價：因缺乏作為價值基點的人文座標，才會跟著毛共走了歷史大彎折。（燕凌老批註：純屬汙蔑，等於說我們都是白癡，嚴重抗議！）

總結

1940年代，青年何燕凌投身中共「第二戰線」——國統區學運，推聳紅色大神毛澤東的歷史進程中有他的一鍬土，而毛共專制又與燕凌老等「民主青年」追求的政治目標完全悖反。面對這一尷尬，我請燕凌老梳理一下，給予總結，以便後人明瞭他們的最後總結。他回答——

我自己一概不可能也不願意做出什麼「總結性意見」或「歸納性觀點」，任何人都可以根據我的言行做出各自的評判。正解或是誤解，我都不在乎。

回避歸納與總決算，似成數代紅士捍衛人生價值的最後防線。不總結不決算，當然是不便總結不好決算，難以面對人生成績單。守著二十世紀一則最糟糕的學說奮鬥一輩子，最後發現既折騰自己又折騰國家，營造一個連自己都差點不讓入住的「新社會」，但又不願承認一生成為「歷史負數」，只好別開臉去——江山留與後人愁。

但是老一代赤士中的李慎之、謝韜則勇敢承認「英特納雄耐爾」不可能實現，世界正在走向全球化。李慎之、謝韜提出「削肉還母，剔骨還父」[3]——要送還「『十月革命一聲炮響』送來的東

[3] 謝韜：〈我們從哪裡來，到哪裡去？〉，載燕凌等編著：《紅岩兒女》第三部（上），真相出版社（香港）2012年版，頁19。

西」。

2008年，18歲入黨的宗鳳鳴（1920～2010）——

過去所要消滅的資本主義，正是人類社會發展的正常道路，過去反對的所謂「西化」乃是人類社會發展的普世文明。相反，我們走的卻是一條脫離人類文明的軌道，這就是我晚年的醒悟。[4]

9月12日，經我再三要求（幫助提煉），燕凌老認可如下「最後總結」——

1940年代我們投身中共旨在推翻國民黨專制，進行民主革命。1949年後，毛澤東的所作所為與我們的希望完全相悖。但囿於文化能力，當時對「社會主義改造」的嚴重後果未能及時認識，經歷了毛崇拜的漫長過程。中共專制派實為皇權專制性質的政治集團。我至今認為趕走國民黨乃民主革命的短暫勝利，所謂「社會主義改造」完全違背馬克思生產關係必須適應生產力的基本原理，中蘇等赤國實行的都是假馬克思主義。中國應完成民主革命，澈底挖掉皇權專制根子。

局限

筆者從其他紅色老人的晚年文章中，摸知他們堅守的兩條底線：一、馬克思主義；二、紅色革命價值。

「紅岩一代」意識到一生的根本矛盾——1949年前爭取民主自由，1949年後竟容忍老毛獨裁；1949年前桀驁不馴，1949年後乖乖成為馴服工具。他們自問：「明明被整得死去活來，為什麼久久不覺悟」？他們承認浪費青春，但拒絕被評「上當受騙的一代」。他們邏輯難通地自評——

他們理想中的目標大部分未能實現，但卻很難說他們當初就作了錯誤的選擇。[5]

---

[4] 宗鳳鳴：《心靈之旅》，開放出版社（香港）2008年版，頁3。

[5] 燕凌：〈《紅岩兒女》第三部前言〉，載燕凌等編著：《紅岩兒女》第

這一立論經不起輕問：目標未能實現，又怎麼證明當初選擇的正確？中共背離此前宗旨，再美好的動機還有什麼意義？伏屍千萬的革命能用「動機」來論證價值麼？實踐不是檢驗真理的惟一標準麼？「紅岩一代」堅持的民主革命，難道實績僅僅體現為推翻國民黨？

9月12日，燕凌老就我發去本文初稿再覆長函，內有一段——

為什麼一些人總是要把中國的事情同所謂馬克思主義和國際共運拉扯在一起？潛台詞無非是：你看，奉行以暴力革命為主要內容的馬克思主義國家，靠國際共運建立的國家，一個個垮台了，1949年中國民主革命的暫時勝利和以後發生的種種悲劇都與邪惡的馬克思主義和國際共運分不開，這樣建立起來的國家也該垮台，當初根本不應該推翻蔣介石政權，民主革命根本不應該進行。其實，如上所述，中國的事情無論好壞，都同國際共運沒有多少關係，同實為皇權專制主義而冒充馬克思主義的做法倒是有些關聯。

僅此一段，可看出燕凌老回避史實、邏輯悖亂。中共革命與馬克思主義、與國際共運難道是「拉扯在一起」？中共奉馬克思主義為指導思想、俄共助立中共、為中共培養幹部、大力財援、二戰後移交日本軍火……燕凌老竟說中共與國際共運沒多少關係?!

至於如何評價推翻國民黨，燕凌老不是認為1946年不發生內戰乃「歷史最佳選擇」，不是已給評價？民主革命當然得進行，否則如何「共和」？這還需要討論麼？至於敏感的中共是否該垮台，首先這是一個能夠討論的問題，不能成為觸碰不得的「紅線」。中共能推翻國民黨的一黨專政，你的一黨專政為什麼就說不得評不得（且不說推翻）？什麼邏輯？還不是典型的黨派思維？說起來，中國歷史上還真沒有「萬歲」的政權，最長的朝代也未超過三百年。中共政權壽命幾何，當然只有「天曉得」。不過，中國必然走向民主自由，這總是「浩蕩潮流」吧？一黨專政還能「萬歲」麼？順應民心推進政改，啟

三部（上），真相出版社（香港）2012年版，頁3。

言禁開黨禁，逐步還政於民，已是中共「為人民服務」的最後歷史機遇。

結語

赤潮禍華，數代紅色士林歪植斜長，一些「老紅岩」還在運行赤色邏輯褒貶歷史、「點撥」後人……當然，沉舟側畔千帆過。與燕凌老的函辯中，仍感覺到時代進步。雖然燕凌老一碰就跳，出語激烈，視我為「敵」，畢竟願意與「大尺度」不同政見者對話，意識到必須保護我的發言權，與此前數代老共幹「以自己之是為必是」，暴力封殺對方之口，已有不小「代際進步」。

夏衍（1900～1995），1927年5月加入中共的大革命一代，1994年生日慶典致詞——

我的一生是與祖國命運、人民利益緊密連繫在一起的。……回首走過的路，無怨無悔。[6]

夏公最後感覺很不錯：一生為國為民謀了大利益，無怨無悔。遠不如「紅岩一代」還有一點怨悔。

函辯中，筆者謙卑下首，燕凌老一路氣勢凌人，用語極端，將筆者對他及「紅岩一代」的負評斥為「精神閹割」、「狗血噴頭的人格侮辱」……筆者在此稍稍回敬：您老參與營建的「新社會」，7000萬國人非正常死亡，前後十多億國人非正常活著，1800萬知青被迫下鄉，還強迫我們必須「向前看」……您老對國家對歷史至少犯有「盲從誤」吧？您們給後輩的可是現實傷害，後輩「還給」您們的僅僅文字耳！您不向受害者道歉，還似乎我短理——未按您老的要求評價您們，似乎還該「正面評價」造成巨烈赤禍的紅色革命，什麼邏輯？函

[6] 夏衍：〈我仍要奮鬥到最後時刻〉，原載《文匯報》（上海）1994年10月31日。參見陳堅、陳奇佳：《夏衍傳》，中國戲劇出版社（北京）2015年版，頁750。

辯中我未出狠話，那是遵守古訓「不出惡聲」，並不等於我缺乏反感您老紅色霸道的本能。老一代赤災參與者比下一代受害者還「理直氣壯」，實在是當今大陸士林值得關注的一處「代際風景」。

不過，燕凌老也有可愛一面——直率真誠，我們最後和解。但造成我們之間價值觀歷史觀豁口如此之大，代際差異如此之闊，實為赤潮禍華又一悲劇。我未能按燕凌老的口徑評價紅岩一代與中共革命，他難以接受，只能請他寬宥。

無論如何，馬列赤旗不再豔，革命無有後來人。一則由各赤國支付巨大代價實踐證偽的學說、一場為全球帶來二十世紀最大災難的紅色運動，當然不可能中興，不會再有新一代紅色信徒了。造成全球一億人非正常死亡、20億人非正常生存，馬列主義當然只能壽終正寢。再囉嗦一句，全球五口水晶棺可是活生生的反面教材，全是紅色教主（列寧、胡志明、毛澤東、金氏父子），有力證明國際共運政治宗教的內質。

（本文經燕凌老三審，凡涉及其觀點處，嚴遵其意。）

2014-8～9於滬；後增補

原載：《開放》（香港）2014年10月號（濃縮稿）

「紅二代」團拜會
——赤潮最後的迴光返照

紅二代團拜會

2012年2月4日北京天地劇場，「延安兒女聯誼會」新春團拜會，1200餘名「紅二代」與會（父母1949年10月前入黨均可參加）。「新春團拜」為名，政治聚會為實，新版「公車上書」，主題——質問改革開放大方向。大會召集人、胡喬木之女胡木英（1941～）致辭——

經過三十多年的改革開放……伴隨輝煌成就的卻是兩極分化、貪污腐敗氾濫、人們精神空虛、思想混亂、道德淪喪，娼妓、吸毒、黑社會等等在新中國建立之初已消滅的醜惡現象又捲土重來，甚至有過之而無不及！

我們這些老共產黨人的後代也不能不想：父輩們流血犧牲創立的新中國是這樣的嗎？為什麼當年打倒和反對的又重現了？當年無數英烈、革命群眾的鮮血難道真的白流了？這樣下去，共產黨的江山還坐得住嗎？

在這樣的困惑中，我們將迎來黨的十八大……期盼新一屆領導人能認識到危機，並能糾正走歪了的路，像老一輩共產黨人一樣，不怕犧牲、不怕困難，堅定帶領我們廣大黨員和人民群眾向著社會主義大步前進！捨此沒有前途和未來！

前陝西省委書記馬文瑞之女馬曉力代表陝籍「紅二代」——

要努力要切記，我們的政權不是為一小撮人服務，更不是為了某些特權階層服務，而是為最廣大人民大眾，是為老百姓服務的！[1]

---

1 金堅：〈從「紅二代」的新春團拜說起〉，載《爭鳴》（香港）2012年3

左網稱：掌聲雷動，許多人叫好。偌大集會規模，對百餘人生日聚餐都會敏感的「有關部門」，居然「放任自流」，當然是得到有關方面允許，認定符合「主旋律」。

公車上書實質

這批紅二代將現實描繪得一團漆黑——兩極分化、貪腐氾濫、精神空虛、思想混亂、道德淪喪，娼妓吸毒、黑社會……聽話聽音，鑼鼓聽聲，這批紅二代意在否定改革開放大方向，不滿現實的「打左燈往右行」，希望「十八大」新一屆領導人扭正國家航向——堅持馬列主義。

這批紅二代不認同國家現狀，認為這樣下去，烈士鮮血白流了，紅色事業完完，「共產黨江山」坐不住了。好像共產黨的江山可以脫離國民利益，只能沿著激情燃燒的1950年代走下去，中國仍須回到紅色公有制……而且，中共政權就該「二世三世至於萬世，傳至無窮」。

正答紅二代

紅二代的詰問有一定「出處」。曲筆描繪的1950年代似乎乾坤朗朗，純淨完美。可真實的1950年代：政治恐怖、道德虛假、官吏欺霸、貪汙腐敗……「舊社會」的附件一個都不少。惟中共獨霸話筒，報喜不報憂，不報導負面資訊，才將1950年代裝飾成「激情燃燒的歲月」。很簡單，如果1950年代真那麼純正那麼美好，怎會出現暴力土改、血腥鎮反、制冤肅反、寡信反右、三年大饑、十年文革？如果1950年代大方向正確，怎會結出一連串災果？赤左烈禍難道憑空

月號，頁49。

而出？沒有蘊育發展過程？紅二代以回到1950年代為號召，以虛假的1950年代「純淨」質問改革開放，有多少史實支撐力？

1978年大陸GDP 3624億人民幣，[2] 人均不到200美元，鄧小平的「小康」提出翻二翻，只有構勒人均GDP 800美元的胃口。2011年，大陸GDP 45萬億人民幣，人均7000餘美元。經濟才是硬道理，真理當然必須體現利益，效益才是真正的「王道」。若非改革開放，恢復私有制，退回市場經濟，能入小康麼？意識形態難道比經濟效益更重要？三塊膿瘡——腐敗、賣淫、吸毒，怎能成為否定改革開放的理據？

邱吉爾名言：「完美主義等於癱瘓」。儘管紅二代有提出政治訴求的權利，但用超越現實可能的衡尺以否定改革開放實績，再走「完美」的共產之路，「革命人民」能答應麼？再說了，紅二代的政治訴求憑什麼代表「廣大人民群眾」？有民調嗎？有選票嗎？

事實上，「老一代無產階級革命家」從未建成他們的「新社會」，共產主義烏托邦原本就建不成。「激情燃燒的1950年代」根本無法入住：只能平均分配貧窮與恐怖，社會價值甲乙大亂，沒有自由遷徙、沒有自由擇業、沒有言論自由、三大改造、視富為仇、不求效益、只求政治、階級鬥爭、互掐互咬、……毛時代能夠「回去」麼？

1994年，筆者執教浙廣高專，月薪450元，窘迫緊巴，業餘辦培訓班扒分，聘請幾位同事上課，課酬稍豐。實驗室一五旬高工，希望為他也安排點課掙點外快，我隨口調侃：「啊唷，雇用你？豈不是剝削你了？」高工一臉莊肅：「我這輩子，苦就苦在沒人來剝削我，所以才這麼窮！」這一聲「宮花寂寞紅」，久埋我心，也是對社會主義「公正式貧窮」最有力的控訴。

紅二代抨擊現實惡弊，起點不錯，社會惡弊應予剷除，但開錯藥方拜錯神，犯了「方向路線錯誤」，即不能以「回到1950年代」的途徑糾治今弊。

高尚全：〈深化改革是中國的唯一出路〉，載《炎黃春秋》（北京）2006年第9期，頁4。

不爭論乃爭不起

出現這一批紅二代，根子當然在三十年跛足改革——「打左燈向右行」。鄧小平的「不爭論」是爭論不起，共產黨怎麼不搞共產了？實在不好意思，只能將這一實踐與理論脫節的難題留給後人。

舉左旗向右行的邏輯悖扭，形成「紅二代」質疑理據——「父輩們流血犧牲創立的新中國是這樣的嗎？」1949年中共所捏的「新中國」圖紙，確實不是今天這樣。奈何馬列原教旨的紅色圖紙為實踐否定，「公有制」實在走不通，這才被迫轉身改革開放——重回私有制，孕育出新一代資產階級。1980年代鼓勵「先富起來」，不就是推聳國人爭當資產階級？因此，不是改革開放搞錯了，而是國際共運本身就捏錯圖紙拜錯神，本就不該走那條赤色絕路。

紅二代捏著紅色圖紙喝斥改革開放「走錯路」，且不說有多少國人願回「乾淨」的社會主義，就是紅二代上台，還能重回1950年代的「新社會」麼？莫非再搞一次沒收私產的「三大改造」？

今天的左右之爭，事關國家方向，在無法全民公投的條件下，只能由中共「乾綱獨斷」。因此，誰成為「中央」很關鍵。人治的危險係數大大高於法治，缺乏既定尺規作為不可突破的底線，這也是一黨專政的「社會主義」之所以難得全球認同的根柢。

已無後來人

六七十歲的紅二代，紅水泡大，「主義」第一，無論思想認識還是階級利益，都使他們自覺捍衛老一輩紅色江山。如今現實與紅色圖紙越走越遠，共產革命的意義被一點點否定——資本主義已經復辟！那麼，革命的價值呢？萬水千山、拋頭顱灑熱血的意義呢？

紅二代未必真想回到貧窮「乾淨」的50年代，他們擁享私有制的富裕，卻呼籲回到公有制的意識形態，明知不可為而為之，根柢實在保住紅色革命的合法性——坐穩共產黨的江山。因為，大陸已出現「歷史虛無主義」（如筆者），否定國際共運、否定馬克思主義、否定……

繼續「打左燈向右行」不行了，用一套與現行價值完全悖扭的學說解釋改革開放的合理性，中宣部自己都不相信了。攤牌（即政改）成為必須面對的歷史任務。但政改又波及維穩，萬斤重擔集中央。民主本可為中央分憂減負，士林也希望國家平穩轉型避免動盪。專政之下，權固集中，擔子也很沉很重。「今上」心慌，士林心拎，百姓張惶，幾頭都累呵！

當今中國乃「銀髮政治」，只有老人關心政治，這對紅二代是致命的。這次新春團拜會有可能是紅色意識形態最後的迴光返照。紅色事業後繼無人，革命已無後來人。新一代青年已明白：經驗不可棄，理性不可否。青年遠離政治，社會也就少了衝動與偏激。

民主派倒不用擔心繼承問題，因為我們以理服人以史傳人，以事實為依據，以經驗為準繩。後人也一定會根據自身利益進行選擇，「主義」不可能再是他們的第一選擇。2009年，華中師大漢口分校一研討會，「90後」女生發言：「喜兒應該嫁給黃世仁，年紀大一點也不要緊。」[3]網帖立應：「現在的喜兒們多數都是主動投入黃世仁的懷抱。」[4]

2012-4-12～13於滬

原載：《開放》（香港）2012年5月號

---

[3] 李豔祥：〈「願嫁黃世仁」的深層社會原因〉，載《北京文學》2011年第12期，頁131～133。
鏈結：http://www.thepaper.cn/newsDetail_forward_1331222

革命無有後來人
——痛苦迷惘紅二代

因研究當代國史及人文知識分子，與幾位「紅二代」漸有交往。他們的父母都是聲名赫赫的紅色大右派。如浙江最大右派沙文漢陳修良夫婦、「丁陳反黨集團」等。饒是「紅二代」，也都年過七旬，很有緊迫感，近年勤於撰述，記敘父輩生平，寄文寄書惠我。

陳恭懷，1940年出生延安，原名陳延安，陳企霞長子，入延安「保小」（陝甘寧邊區戰時兒童保育院小學部），喝過延河水的標準「紅二代」，竟與我這個國民黨後代成為朋友，電函交馳，交談日漸，真正「階級融和」。年深日久，感覺有些內容可曬。當今大陸，正處意識形態艱難轉型，「紅二代」對紅色理念的迷惘與背叛，似應參加這場大博弈，助益社會。

2014年四月，拙著《烏托邦的幻滅——延安一代士林》在台灣出版，因為太「反動」——澈底否定馬列赤潮，小心翼翼致函恭懷先生，問他是否有興趣一讀？他覆函——

裴先生：

你新出的這本書，我很感興趣，希望能早點拜讀到。我的地址沒變。

我出生在紅都延安，從小接受灌輸式洗腦教育，一直對毛領導下的一切都相信都崇拜都熱愛。後來父輩經歷坎坷，我們直接受牽連。但即使受到衝擊，仍堅信毛及共。反而不斷地認為自己有罪，懷疑自己立場不穩。這種信念一直到文革結束前都是如此。包括思維方式，平常用語，都沿襲那個時代的程序。

文革後，特別這兩年，對毛及共的信仰產生了極大疑問，覺得自己這輩子實際上一直是在騙局中生存，一生都在受騙上當。因此想找到真理，看什麼也看不慣，但對什麼也無能為力。

我覺得，中國的所有問題，根源都在毛，對毛的思想和所作所為不澈底批判根除，中國是毫無希望的。特別「文革」，其禍害將影響中國數十年甚至上百年。

但是，現在看來，起碼是目前，否定毛和他建立的制度幾乎是不可能的。不說廣大的工人農民、社會最底層對毛的盲目崇拜，就是一般群眾要明確這一點也是相當困難的。更不用說那些既得利益集團了。

前兩天，我們當年從延安撤退出來的「紅孩子們」舉行一次聚會，當然仍是真誠信仰毛和他的團隊，這樣的信仰對「紅孩子」來說根深蒂固，不可更改了。但我卻成了兩面人，內心充滿矛盾和鬥爭。一方面，童年記憶中深深地留有感恩、懷舊與對昔日的嚮往；另一方面，自己的坎坷人生又使我們對左傾思潮產生極大逆反心理。不斷披露的史實使我們不斷看清、剔除紅色謊言。今天的中國，並不是我們父輩為之奮鬥時所要的社會。毛統治所造成的罪惡，特別是「文革」的破壞和信仰的崩潰，使我們不得不認識到：不澈底清算這些汙泥濁水，中國不會有希望。但是現在看來要做這項工作阻力實在是太大了，困難太多了！

還有一件事也使我深受觸動：我們有一個讀書會，過去借助一個機構每年有少量活動。上次讀書會我們幾個人根據事實對毛頗有微詞，這個機構怕招事，不讓在他們那裡繼續舉辦讀書會。可見，更難觸動的是那些掌握實權的官方機構。有這麼一個龐大的政黨、機構、制度始終頑固地維護它，「維穩」，要真正肅清毛的流毒，阻力多麼大！但這工作總得有人來做，所以我認為你的這類著作是太有用了！

你要的文章，我給你發過去。過兩天我會把《企霞文存》也給你寄去。包括我父親和老丈人在內。他們畢生在毛的陰影下掙扎，深受其害，但也中毒最深。你能從他們的經歷中深入剖析、說明問題，最有說服力。

很多事情一時想不明白，三句兩句更說不清楚，寫出的文章往往詞不達意，這是我時常感到萬分苦惱的。希望得到你的理解和指教，謝謝。

順致

大安

陳恭懷 敬上 2014-4-30

恭懷先生另有懺文〈出賣〉（載銀川《黃河文學》2010年10～11期合刊）——

1966年8月7日（周日），杭州大學外語系畢業班「大右派之子」陳恭懷，遭全校大字報炮轟已三天。他精神恍惚地走出校園，來到西湖邊。正當他面對熟悉湖山痛苦莫名，同班好友俞泉榮（杭籍生）突然出現，安慰他：「這叫什麼『文化大革命』，簡直比『焚書坑儒』還要殘酷得多。」陳恭懷嚇了一大跳，如同一顆重磅炸彈在身邊爆炸。「他怎麼能這麼說？儘管這個比喻倒真有那麼點可比性。」他吱唔著應付：「嗯，嗯。」俞同學繼續說：「秦始皇不過殺了四百多儒生，可咱們國家有多少知識分子呀！這些年來，咱們受的是什麼待遇呀！」

俞泉榮認為「大右派之子」，又正遭受「無產階級專政鐵拳」，當然對文革懷著「樸素的階級感情」，所以才敢向陳恭懷大膽吐槽——攻擊無產階級文化大革命。他萬萬沒想到這個「黑崽子」，心卻是「紅」的。陳恭懷匆匆回校，一晚難睡，覺得俞同學的話「味道有些不對」，「怎麼居然敢把毛主席和殘忍的秦始皇相提並論？太可怕了！他會不會有什麼陰謀？」他腦海裡閃過一幕幕反特影片中猙獰的特務嘴臉。經過一夜思想鬥爭，決定向組織檢舉揭發。

次日，他找到新四軍出身的系總支書徐畹華（省委副書記陳偉達之妻），徐書記認真做了記錄，結束時指示：「你反映的情況很重要，回去後不要對任何人說，相信組織會妥善處理的。」陳恭懷走出總支辦公室，如釋重負。不久，公安局來人找陳恭懷，要他在正式舉信上簽字，第一行「根據大右派陳企霞兒子陳恭懷的揭發……」

1967年11月，1966屆大學畢業生終於等來分配。全班41人，僅兩個留杭名額，杭籍生則有13人。成分好的「紅五類」當然優先留杭或分在離杭最近的縣，「黑五類」則分配到最邊遠最貧困最艱苦的縣分，一般都到公社中學。討論到俞泉榮，掌權的造反派頭頭取出一張紙念起來，正是陳恭懷揭發的那幾句話，俞泉榮正要辯解，陳恭懷雖非理直氣壯，仍「據理力爭」證實此事。俞泉榮只得低頭默認，被分配到全省最邊遠的溫州泰順縣（已鄰福建）。但陳恭懷賣友並未得榮，分配到只比泰順略近的仙居縣下面的廈閣中學當會計，不久再下放至小學，每次運動必挨整，「五類分子」政治待遇。他後悔不已：

我這是幹了什麼事？實在是一件對誰都沒有絲毫意義的蠢事……既不能使自己擺脫困境，也沒有給任何人帶來任何的方便和利益。想來想去，我真是幹了天底下最愚蠢最卑鄙的事……留下心中長久的隱痛和良心上的失寧。我出賣的僅僅是朋友麼？——我連自己的良心、靈魂和人格都賣了！還有自己對人性和信仰的失望和對真實和謊言定位的迷失。

畢業後，陳恭懷與俞泉榮再沒見面。文革結束後，俞泉榮通過岳丈去西班牙開餐館。1983年陳恭懷上溫州開會，與老同學相聚，說起俞泉榮，他正好回國在溫州，邀他一聚，俞未來。陳恭懷：「我沒有說什麼，當然知道他為什麼不來。他要真來了，我將如何面對他？」[1]

近年，北京「紅二代」的新春團拜會越搞越大，每年八一電影製片廠集會，規模近千，唱紅歌、放紅片。今年2月15日，「北京延安兒女聯誼會」會長胡木英（胡喬木之女）致詞：（摘錄）

衷心希望我們紅二代認清形勢……傳承弘揚父輩共產黨人的革命精神，傳遞正能力，發現扶持所有健康力量，不打橫炮、不幫倒

陳恭懷、秦晴：《晨晴·陳情集》，2013年12月自印本，頁131～140。

忙、不信謠不傳謠、不干擾黨中央的部署，像父輩一樣，為了黨的事業，為了人民的利益，拋棄個人的、現在或歷史的各種恩恩怨怨，團結起來，為實現中華民族復興的中國夢而努力。[2]

紅二代中有感覺很好的胡木英，也有痛苦迷惘的陳恭懷。據筆者瞭解，像陳恭懷這種思想狀態的紅二代，實為大多數。畢竟建成的「新中國」並不是他們父輩所嚮往的，歲近齒暮的紅二代不可能沒有起碼的史識能力，不可能因為「分得一杯羹」而不愛國憂民。更何況他們中很多人並未分得一杯羹，而是「被革命吃掉的兒女」。像陳恭懷青少年時代炙烤於毛時代，全家度日似煎，戀愛季節受盡「成分」羞辱。晚年回首，傷痕累累，沒有幸福只有痛苦。小妹陳幼京（1955～1984），1978年考入寧夏大學中文系，畢業分配寧夏作協，旋調北京《文藝報》，相當不錯的境遇了，仍自殺棄世。這個「新中國」，且不說「黑九類」破帽遮顏苟活性命於亂世，就連相當一部分紅二代都「不宜入居」哩！

2014年9月24日，筆者再接一位七旬「紅二代」來函——

（對紅色革命）不能僅以個人動機好壞斷定是非。上一代有一批優秀的理想主義青年，革命動機很單純，但不能接受後來的結果。我很理解他們，但並不能因此可以解釋一切，這撥紅色青年畢竟參與其間（受騙上當也好），也有其責任的。當然，在說理的時候應顧及和尊重他們一生的痛苦和感情，但不能因此抹殺是非的標準。

一場革命者都不能接受結果的革命，一個革命者都失去入住資格的「新社會」，一則子女都謝絕繼承的「主義」，如何讓人評說這場要死要活的革命？

紅三代、紅四代還在延續，但以「消滅剝削」為宗旨的共產赤潮，不僅沒有「傳萬代」，至紅二代就已斷撚，「革命」沒有後來人矣。

---

[2] 胡木英口述：〈我的父親胡喬木〉，載《同舟共進》（廣州）2014年第5期，頁37。

（本文經陳恭懷先生審定）

2014-5-12～13於滬；後增補

原載：《爭鳴》（香港）2014年10月號

結語

必然出現的修正

無論從哪一角度，馬列主義接受檢驗修正都是必然的。任當年各國布爾什維克如何自堅信仰，百年實踐證偽，血光四濺，代價如此慘巨，事實終勝雄辯。以消滅私有制為旨歸的馬列主義金光褪盡，一件烏托邦破衣耳！

古諺再次顯靈：沒有一次完成的認識，沒有一步到位的學說，越是裝飾輝煌的學說，越須提高警惕。何況如此宏大的共產主義，拆樑換柱重起爐灶，推倒此前所有歷史經驗。

近年，海外民運界重新檢視考茨基、伯恩斯坦、普列漢諾夫等老牌修正主義，提醒人們回頭看看這些先知，再讀讀他們被塵封的先識，相信每一位關注「大陸赤沉」的國人都會發出無限感慨。

國際共運推進人、列寧引路者普列漢諾夫（1856～1918），十月革命第三天就指出——

在無產階級不占多數的國家建立無產階級專政，只會引起一場大災難。

當然，即使無產階級占多數的國家，無產階級專政仍會引發大災難。很簡易，無知的無產階級怎麼可能理解複雜的歷史理性？只會破壞的革命者怎麼可能成為合格的建設者？

普列漢諾夫還像上帝一樣預言布爾什維克必然垮台，準確指出「解體的過程可能拖上幾十年」。

伯恩斯坦（1850～1932），也一針見血評論十月革命——

用恐怖主義的暴力，用刺刀在俄國進行一場社會主義冒險試驗。

重讀修正主義鼻祖的語錄，不知大陸八千萬「共產主義接班人」，感受如何？

馬克思主義是對資本主義十分偏頗極端的「修正」，極端誇大資本的「剝削」，偏激宣導消滅資本、公有共產，故意忽略人性本私及資本的歷史合理性，實屬歪學謬說。由於新生兒登場，巨弊尚伏暗處，一個「新」字，大大延緩對馬列主義的檢視驗別，最初的荒唐被善良地理解為成長中的缺點，致使赤潮鼓湧，物極才返，代價實在太大。

由於與歷史理性與客觀可能完全脫節，當馬列主義走下書閣——從理論化為實踐，成為一場冒險實驗。無論利益驅動、經濟結構還是政治制度、民主自由等一系列社會運轉要素，共產主義均無從落實，四腳懸空，立即受到實踐「報復」——經濟倒退、政治暴虐、大肅反、大饑荒……

按說，社會進步應該無產階級越來越少，資產階級越來越多，而非倒過來無產階級日益壯大，難道越革命，窮人越多麼？直至1970年代，波爾布特還在驅富為貧（將所有金邊居民趕進叢林，砸掉所有「資產階級電器」，廢除貨幣），全民無產，從而接受無產階級的聖經——共產主義，成為「社會主義新人」。所謂世世代代永葆無產階級革命青春，真不知道誰願終身受窮，去當這樣的「無產階級接班人」？

今天，數點馬列荒謬不算好漢，因已「實踐而後知」，難的是當年的先知，憑經驗與邏輯就看到共產主義包裹的災難，敲響警鐘。可惜中俄思想界都未聽取修正主義的聲音，未濾擋嚴重偏斜的赤左學說，以全球至少一億人「非正常死亡」、二十億人「非正常生存」的巨大代價，為修正主義大師的預言作注，證實先知的「不幸而言中」。

用歷史經驗、理性邏輯，還是用巨災實踐修正一則邪說，以什麼樣的代價換取正確認識，當然體現一個國家的集體智慧與文明層次。西歐出現的馬克思主義未由當地實踐試驗，而由俄中東歐朝古蒙越柬「實證」，替西歐打赤色試驗針，替全世界繳納赤色學費，還不是這些赤國思想落後、認識能力低下？今天捧接修正主義大師的預言，不能不發一聲潼關浩歎！先哲的偉大總是墊襯著俗眾的愚蠢，但這是怎樣的愚蠢呵！

修正主義先哲的偉大在於當他們呼籲的階級鬥爭剛一上演，血腥面前，他們就回頭檢視自己的「主義」，檢視通往「主義」的途徑、方式，並不拘泥「政治需要」。他們在「政治需要」之上還有更高的人道標準，從而意識到「革命的暴力也是不法行為」。

1895年，25歲的列寧抱怨法國大革命的失敗乃是殺人太少，普列漢諾夫就意識到列寧不是年少輕狂而是策略在胸。1918年布爾什維克執政之初，普列漢諾夫預言列寧將成為二十世紀的羅伯斯庇爾，會砍掉幾百萬俄人的頭顱。當看到布爾什維克半年之內就封掉比整個沙皇時期都多的報刊，普氏立即指責一黨專政將比沙皇還可怕。普氏尖銳指出列寧使用暴力的根源——

不講道德、殘酷無情、毫無原則，從本性上說是個冒險主義者。

修正主義諸賢持守非暴力原則，他們最受布爾什維克攻擊的也是這一點。筆者少時有一書簽，馬克思頭像下一條語錄：「暴力是革命的孕母」。如今，自然明白列寧抓住暴力攻訐修正主義確為抓住「要害」。列寧非常清楚：放棄暴力，一旦承認紅色暴力的非法性，失去對不同政見者的鎮壓，便會立失政權，自己根本無法通過民主選舉得到執政授權。紅色暴力在列寧手中徹底合法化，成為二十世紀國際共運「刺刀為意識形態開路」的起點。

從革命動員角度，旗號越豔越炫自然越吸引人，越能得到「憤青」趨附，平穩中庸則有失新奇。但旗幟越新豔，必然理想成分越多，越缺乏經驗支撐。共產赤說之所以為五四左翼士林接受，乃此前知識界接受達爾文主義的進化論，架設起「凡新必美」、「新必勝老」的價值邏輯，為共產學說鋪設了台階。因此，當馬列主義披著最新最美的旗幌登台，五四左士便認為覓得改造社會最佳藥方，可跳過資本主義的陣痛，畢其功於一役，直入最高級的共產主義。

「最後的審判」，任何學說任何人物在歷史的長鏡頭下一覽無遺。自說自好總是爛稻草，自封「偉光正」，徒留笑柄耳。

人類每一重大人文錯誤總是輕視前人經驗，輕棄前輩傳統，狂妄要求「太陽從我腳下升起」。正如普列漢諾夫批評列寧——

許多為每一文明人承認的全人類概念列寧一概加以否定，或者從消極意義上加以詮釋。[1]

從思想史角度，馬克思主義只是修正資本主義的一次認識錯誤，偏離理性中軸蕩出去的一脈彎岔，已經「俱往矣」，全球知識界已從「赤色試驗針」中得到足夠免疫力。但作為經歷赤禍的我輩士子，有責任留給後代一些簡明警語，以防下一代「憤青」再去搞紅色革命：

告別革命，堅持改良。堅持非暴力，方式乃目標的保證。

傳統乃人類最重要的經驗結晶，可修正修補不可全盤推翻。

完美只能是不斷修正的一個過程。

民主必勝！自由萬歲！

2008-1-5～6於滬

原載：《開放》（香港）2008年2月號

---

[1] 〈普列漢諾夫政治遺囑〉，載《開放》（香港）2007年12月號，頁37、40～41。

跋

文革乃國史「不能承受之重」，血滴尚鮮，痂疤未結。再述四例文革細事：一、1968年一位八歲滇女「現反」陪綁法場，當了十年反革命。1979年，她對人說：「我是在童年就低下頭的，這頭不好揚起來呀……」二、文革初期，醫院不收治黑色出身者，就是收治，也組織紅色病人批鬥黑色病人。[1] 三、衡陽鐵路中學一女教師，將「毛主席万万歲」誤寫「刀刀歲」，立淪「現反」，判刑20年。[2] 四、遼寧阜新東方紅機械廠一調皮青工，將車間時鐘從16點悄悄撥至17點，工人以為到點下班，青工以「破壞生產」定罪反革命，判刑15年。[3]

毛澤東率中共造反進城，開朝之威使他一言九鼎，隻手禍國。文革首惡，還有第二人麼？還能賴上「美蔣反動派」麼？劉少奇也是被自己架設的赤色邏輯所打倒。1945年4月28日，「魯藝」為中共七大獻演歌劇《白毛女》，次日傳達首長意見：地主黃世仁要槍斃（不槍斃就「右」了）。要求判黃世仁極刑的正是劉少奇。[4]文革初期，528人龐大工作組進駐清華，112名清華幹部打為「走資派」、16名教授淪為「反動學術權威」、50多人「牛鬼蛇神」，高帽遊街。7月3日劉少奇在家聽了王光美、女兒劉濤的彙報，指示——

要把蒯大富當活靶子打！要把蒯大富他們一派搞成少數，批判

---

1 馮驥才：《一百個人的十年》，江蘇文藝出版社1991年版，頁77～85、57。

2 向繼東：《歷史深處有暗角》，秀威資訊公司（台北）2013年版，頁322。

3 張兆太：〈1957，我的厄運人生〉，載陳生璽、張鎮強主編：《抹不去的歷史記憶——南開大學「五七」回憶》，中國國際文化藝術出版社（香港）2015年版，頁330。

4 景凱旋：〈一個革命話語的產生〉，載向繼東主編：《遮蔽與記憶》，湖南人民出版社2010年版，頁149。

了他們才能鞏固工作組的地位。資產階級不給我們民主，我們也不給他們民主。[5]

劉少奇滿懷階級義憤槍斃黃世仁、不給蒯大富民主，毛澤東也用階級義憤不給他民主。文革終於使相當一批赤士覺醒，意識到「走錯了路」。1978年長沙，紅青右派劉賓雁（1925～2005）——

如果反右不可避免一定要發生，一個中國知識分子最好的命運，就是當一名右派。（按：可避免當左派而充任幫兇打手。）[6]

社會永遠存在私心臟用的小人，中共不提供從土改到文革的「階級鬥爭」大氣候，他們又如何折騰得起來？中共自封「偉光正」，竟整出比「萬惡舊社會」還萬惡的文革？文革不僅調動人性的缺點——嫉妒、怯弱、自私、陰暗，還調動人性的優點——忠誠、虔敬、無私、勇敢。紅色信徒還真以為「替天行道」，打造一個紅彤彤的新社會。後人很難想像「偉大毛時代」的種種荒謬，無法理解那一條條極左邏輯。因此，檢討文革的社會根鬚與歷史原因，不僅為送葬赤禍應有之義，亦為總結災因必須之工程。

中共當然明白文革的「意義」，劉少奇、賀龍、彭德懷，張聞天、陶鑄、李立三、李達、陳伯達、林彪……「無產階級革命家」再演作法自斃，太反諷太醜陋，只能封堵「憶舊」，寄望時間——集體遺忘，以火化成淡化。不過，畢竟網絡時代，無法封堵境內外澎湃浪濤，中共已不可能回到隻手遮天的毛時代——隨心所欲「做歷史」。大批文革遺老遺少，人還在心未死，還有力氣與他們擺事實講道理。一位少年女志願軍（英語向美軍喊話），後上北師大，文革時懷孕，被一女教師狠踢腹部，生下智殘女，傷痛終生，禍及後代，能「放

---

[5] 唐少傑：《一葉知秋——清華大學1968年「百日大武鬥」》，香港中文大學出版社2003年版，頁2～3。

[6] 朱正：〈《命運變奏曲》序〉，載范亦豪：《命運變奏曲》，人民文學出版社（北京）2014年版，頁4。

下」麼？[7]

為了七千萬罹難同胞，也為了提醒後人。天安門廣場必將矗立赤災紀念碑，刻上波蘭馬丹涅克納粹集中營萬人墓上那行字：

我們的命運是你們的警鐘

大陸人文環境仍很惡劣，普世價值還是「資產階級謬說」，馬列主義尚未去魅，最基礎的民主自由尚未築基，危險濃度仍未散去。薄熙來進了秦城，文革幽靈卻還在神州大地遊蕩。

〈七律・文革赤飆〉

紅旗未引天堂近，地獄卻隨革命來；
兔死狗烹五嶽舊，天傾地陷四維歪。
簪纓盡散詩書棄，風雅全失孔孟埋；
妻鬥丈夫子鬥父，開天闢地第一災。

2016-11 上海

[7] 述弢：〈哭泣的青春〉，載俞安國等編：《不肯沉睡的記憶》，中國文史出版社（北京）2006年版，頁94。

Do歷史74　PC0515

紅色史褶裡的真相（三）
——文革紅血．遺老紅態

作　　者／裴毅然
責任編輯／林世玲
圖文排版／周政緯
封面設計／葉力安

出版策劃／獨立作家
發 行 人／宋政坤
法律顧問／毛國樑　律師
製作發行／秀威資訊科技股份有限公司
地址：114 台北市內湖區瑞光路76巷65號1樓
電話：+886-2-2796-3638　傳真：+886-2-2796-1377
服務信箱：service@showwe.com.tw
展售門市／國家書店【松江門市】
地址：104 台北市中山區松江路209號1樓
電話：+886-2-2518-0207　傳真：+886-2-2518-0778
網路訂購／秀威網路書店：https://store.showwe.tw
國家網路書店：https://www.govbooks.com.tw

出版日期／2016年12月　BOD一版　**定價**／440元

|獨立|作家|
Independent Author
寫自己的故事，唱自己的歌

紅色史褶裡的真相. 三, 文革紅血.遺老紅態 / 裴毅然著. -- 一版. -- 臺北市 : 獨立作家, 2016.12
面； 公分. -- (Do歷史 ; 74)
BOD版
ISBN 978-986-93630-2-0(平裝)

1. 中國共產黨 2. 歷史

576.25 105018132

國家圖書館出版品預行編目

讀者回函卡

感謝您購買本書，為提升服務品質，請填妥以下資料，將讀者回函卡直接寄回或傳真本公司，收到您的寶貴意見後，我們會收藏記錄及檢討，謝謝！

如您需要了解本公司最新出版書目、購書優惠或企劃活動，歡迎您上網查詢或下載相關資料：http:// www.showwe.com.tw

您購買的書名：________________________________

出生日期：________年________月________日

學歷：□高中（含）以下　□大專　□研究所（含）以上

職業：□製造業　□金融業　□資訊業　□軍警　□傳播業　□自由業

□服務業　□公務員　□教職　□學生　□家管　□其它____

購書地點：□網路書店　□實體書店　□書展　□郵購　□贈閱　□其他

您從何得知本書的消息？

□網路書店　□實體書店　□網路搜尋　□電子報　□書訊　□雜誌

□傳播媒體　□親友推薦　□網站推薦　□部落格　□其他________

您對本書的評價：（請填代號　1.非常滿意　2.滿意　3.尚可　4.再改進）

封面設計____　版面編排____　內容____　文／譯筆____　價格____

讀完書後您覺得：

□很有收穫　□有收穫　□收穫不多　□沒收穫

對我們的建議：________________________________

____

____

____

請貼
郵票

11466
台北市內湖區瑞光路 76 巷 65 號 1 樓
獨立作家讀者服務部 收

（請沿線對折寄回，謝謝！）

姓　名：＿＿＿＿＿＿＿＿ 年齡：＿＿＿＿ 性別：□女 □男

郵遞區號：□□□□□

地　址：＿＿＿＿＿＿＿＿＿＿＿＿＿＿＿＿

聯絡電話：(日) ＿＿＿＿＿＿＿＿ (夜) ＿＿＿＿＿＿＿＿

E-mail：＿＿＿＿＿＿＿＿＿＿＿＿＿＿＿＿